Oelschlegel · »Wenn das meine Mutter wüßt'«

Vera Oelschlegel

»Wenn das meine Mutter wüßt'«

Selbstportrait

Ullstein

Verlag Ullstein GmbH Frankfurt/Main – Berlin

Satz: Dörlemann-Satz, Lemförde
Druck und Binden: Mohndruck, Gütersloh
Printed in Germany 1991
ISBN 3 550 07509 X

CIP-Titelaufnahme der Deutschen Bibliothek

Oelschlegel, Vera:
»Wenn das meine Mutter wüsst«: Selbstportrait / Vera Oelschlegel. – Frankfurt/Main; Berlin: Ullstein, 1991
ISBN 3-550-07509-X

Verdammt, glaubt ihr, ich bin leichter zu spielen als eine Pfeife? Haltet mich für welches Instrument ihr wollt, ihr könnt mich verstimmen, aber ihr könnt nicht spielen auf mir.

Shakespeare *Hamlet*

JANUAR

Ich zähle meine Pleiten. Ich bin der Chronist meiner Niederlagen. Mein erstes Leben ist eine einzige Katastrophe. Die blödesten Momente rollen beschämend vor mir ab wie eine Fernsehserie. Meine Vita ist ein Zerrbild und Spiegel dieser Zeit. Ich bin ein Produkt der Erziehung meiner Mütter und der Manipulation meiner Lehrer und Männer. Ich komme aus dem Bürgertum und habe Karriere in einem Arbeiter- und Bauernstaat gemacht. Ich versuche, die Teile in meinem Konterfei-Puzzle zusammenzusetzen. Bin ich eine Sonderanfertigung, bin ich ein Klischee? Bin ich eine Femme fatale oder eine tüchtige Kuh? Zwischen zwei Feuer gebannt, immer verbrannt. Mein Vater der Staat, meine Mutter die Partei, ich wollte ein Zuhause haben. Ich wollte angekommen sein. Überlebt habe ich durch Theater. Als Schauspielerin und Frau bin ich unendlich geliebt, aber auch endlos gehaßt worden. Ich lebe und lebte fast immer in Spannung – kurz vorm Zerreißen: meine Erdbeben, meine Sturmfluten, meine Steppenbrände, Lawinen, Zyklone, Gewitter. Ich lache über meine Defizite am lautesten, ich kann von meinen Mißerfolgen am besten erzählen. Hier sitze ich, Tochter Sachsens, lebend in Preußen: Rucke di guh – Blut ist im Schuh.

Ich überlege, wie alles gekommen ist. Ich erzähle das Jahr des Abschieds.

Am Beginn des Jahres 1989 waren noch alle da. Nicht, daß ich später, wenn die große Flucht, das Sterben, die Rücktritte beginnen, jeden Einzelnen vermissen werde, aber jetzt waren eben noch alle da.

Das Leben geht seinen gewohnten sozialistischen Gang.

Der Neujahrstag fällt auf einen Sonntag. Das ist ein gutes Omen, aber auch ein freier Tag weniger. Ab Mittag klingelt das Telefon, Freunde und Verwandte rufen an, wünschen Glück, erkundigen sich: »Seid Ihr gut reingerutscht?« Es sind eben noch alle da und rufen an.

Gregor und ich waren über Weihnachten in Moskau bei Genia gewesen. Sie war eine wunderbare Frau und treue Freundin, sie war im Krieg Matrose der Baltischen Flotte, eine Jüdin aus Bjelorußland, Journalistin und Übersetzerin von Max Frisch und Peter Weiß.

Moskau war in seiner Tristesse deprimierend mit den leeren Geschäften und endlosen Schlangen an den Verkaufsstellen für Alkohol. Auf der Straße waren die Menschen mürrisch, verdrossen und grob. Aber in ihren vier Wänden verwandelten sie sich in tolerante, neugierige und ungebeugte Menschen. Sie bewiesen uns, daß Bewegung, Kreativität und Innovation nicht notwendig in einem Staat, der in seinem Namen das Attribut »sozialistisch« führte, sterben mußten.

Wir hatten mit den Frauen gesprochen, die in der Parterrezone des ehemaligen Wohnhauses von Konstantin Simonow die Gesellschaft »Memorial« betreuten und nach den Opfern Stalinscher Repression forschten. Von unseren intellektuellen Freunden hörten wir nächtelang von den Kämpfen gegen die Neuetablierung der alten Appartschiks unter dem Deckmantel von Glasnost. Wir hatten die mutigen Leute von *Moscow News* besucht und den Journalisten Valentin O. von *Literaturnaja Gaseta*. Im Militäruniwermag hatten wir für Heiner Müller eine Uniformjacke zum sechzigsten Geburtstag gekauft, und Valentin hatte uns für ihn einen Stalin, als Teufel mit einem Pferdefuß, gemalt. Als wir ihn baten, das Portrait zu signieren, setzte er den Stift an, aber als ob unsichtbare Fäden ihn vom Papier zogen, nahm er die Hand weg und sagte: »Lieber nicht!« Er lachte und fügte erklärend hinzu: »Man weiß ja nie.« Die Angst saß tief. Vierzehn Sprachen beherrscht er, alle autodidaktisch angeeignet, und er hat in einem englisch-malaiischen Slangwörterbuch vier Fehler entdeckt. Der Mensch wird erfinderisch im Kampf gegen die Angst.

Wegen einer Livesendung im Rundfunk mußten wir auf Silvester in Moskau verzichten und zurückfliegen. Aber über der Stadt tobte ein Schneesturm, nichts ging mehr, nichts flog mehr. Der Flugplatz Scheremetewo war überfüllt. Weder für Geld noch für gute Worte waren Stuhl, Butterbrot oder Mineralwasser zu bekommen. Die Monitore und Anzeigen standen still.

Jetzt müßte man Nomenklatura sein! Dann könnte man in die Komnata Deputatow gehen und bei den Dewuschki alles bestellen – will sagen in eine Art Aufenthaltsraum für VIPs, und die Serviererinnen würden alles bringen. Man hätte einen bequemen Sitzplatz und würde aufmerksam gemacht, wenn sich das Wetter beruhigt hatte und die Maschinen wieder flogen. Und alles ohne Bezahlung – besplatno.

Das System der Nomenklatura galt für den neuen, sozialistischen Adel, ernannt für treue Dienste an der Partei und dem Vaterland. Bedurfte es noch der Selbstaufgabe und Disziplin, um in den Kreis aufgenommen zu werden, so bedurfte es nur der geringen Anstrengung des Konformismus, um darin zu bleiben. Ein Stück gestempelter Pappe, ein Ausweis, ein Propusk wies, wer ihn besaß, als besseren Menschen aus. Das unauffällige Dokument, schonend zwischen durchsichtige Plastikfolie geklemmt, war mehr wert als ein Koffer Dollars.

Vor wenigen Jahren hatte ich noch zum inneren Kreis der Nomenklatura gehört, heute war ich ausgeschlossen. Ich saß auf der Treppe.

Langsam wird es brenzlig. Im Rundfunk in Berlin sind sicher alle da, aber wir nicht. Endlich kommt die befreiende Durchsage, und wir landen buchstäblich fünf vor zwölf in Berlin und stürzen vom Flughafen direkt ins Rundfunkstudio. Die Moskauer Erlebnisse halten mich noch so besetzt, daß ich vor dem Mikrofon ganz vergesse, wo ich inzwischen bin – zu Hause, »an der Nahtstelle zwischen Sozialismus und Kapitalismus«, wo sowjetische Filme und Zeitungen gerade verboten worden waren.

Ich lasse mich hinreißen und sage »unverantwortliche Dinge«. So ein Jahresende animiert, zurückzuschauen im Zorn und vorauszuschauen voller Hoffnung. Jeder weiß, so geht es nicht weiter.

Drei Tage nach dieser Sendung würde ich Auftrittsverbot im Rundfunk haben und der Journalist Peter Liebers drastisch eingeschränkte Arbeitsmöglichkeiten. Über mein theater im palast (tip) darf ab sofort nicht mehr berichtet werden.

Es war eben alles noch ganz wie immer. Warum auch nicht? Es waren ja auch noch alle da.

Als wir am frühen Morgen hundemüde aus dem Rundfunk nach Hause kommen, müssen wir die Tür aufbrechen. Der Schlüssel geht ins Schloß, rührt sich aber nicht. Es ist ein Zeichen: Der Schlüssel paßt nicht mehr! Doch an jenem kalten Silvestermorgen verstehe ich den Wink des Schicksals nicht.

Ich wohne seit Oktober 1988 bei Gregor im Prenzlauer Berg, dem historischen Berliner Bezirk, Arme-Leute-Gegend. Die Intelligenz hat sich auf die Hinterhöfe zurückgezogen.

Es ist unser erstes gemeinsames Silvester. Ich habe Karpfen blau gekocht, und wir begrüßen liebend das neue Jahr im Bett. Ich lebe aus dem Koffer, ich traue dem Glück einer neuen Liebe nicht. Meine Erwartungen an das neue Jahr formuliere ich mit einem Spruch meiner Großmutter: »Keine Überraschungen!«

Die Glocken läuten 1989 ein, und Berlin jagt Feuerwerk in die Luft. Die ohnedies stickige und dreckige Berliner Luft wird vollgeknallt mit Pyrotechnik für Millionen.

Allerdings war es keine Leuchtspurmunition wie 1983, als mein damaliger Mann Konrad Naumann seinen »Jungs« befahl: »Los, Feuer, Armeebestände müssen umgewälzt werden.« Auf unserer Datscha am Parsteinsee schossen die Bewacher von der Stasi bunte Lichter in die Luft. Der Präsident der Volkspolizei, der Chef der Bezirksverwaltung der Stasi Berlin und alte Freunde von mir standen frierend in der feuchten Nacht. Wir waren ganz privat, ganz unter uns, es sollte eine richtig nette und zwanglose Silvesterparty sein. Der Genosse Präsident war ein Witzbold, der zum Beispiel sagen konnte: »Wie schwer es ist, das Wohnungsbauprogramm zu erfüllen, habe ich gemerkt, als ich ein Vogelhäuschen gebastelt habe.« Aber obwohl alles organisiert war, Stimmung stellte sich nicht ein. – Kurz vor zehn waren wir zu den Nachbarn gegangen, hohe Militärs von der Eberswalder Sowjetgarnison, die eine kleine und bescheidene Datscha hatten. Viele Flaschen Wodka waren geleert worden und nach einem dreifachen militärischen »Hurra, hurra, hurra!« wurden Toaste auf das neue Jahr, das ja in Moskau zwei Stunden früher begann, die KPdSU, die Völker-Freundschaft, die ruhmreiche Sowjetarmee und so weiter und so fort ausgebracht. Dann wurde gesungen: »Durch's Gebirge, durch die Steppe zog unsre kühne Division« und »Ach, ihr Wege, endlos, steppenweit«. Alle schmetterten inbrünstig die ersten Strophen, dann ging der Text aus.

Der Genosse von der Militärspionage war der einzige, der mäßig trank. Er küßte mir die Hand und lobte meinen eingelegten Hering: »Chäring sehrr gutt!« Ein Lied, ein Wodka, ein Toast, ein Wodka – sto Gramm, hundert Gramm. Mein Mann Konni war bald betrunken, hielt große Reden und mußte von den Bewachern abgeschleppt werden: Nobody is perfect.

Es ist seltsam, was als Merkwürdigkeit im Kopfe bleibt. Warum erinnere ich dieses Silvester, ein anderes aber nicht? Die letzte Woche des Jahres haben sich die Menschen seit Gedenken für Besinnung reserviert. Sie legen sich Rechenschaft ab und leisten Schwerarbeit: Die Guten ins Töpfchen, die Schlechten ins Kröpfchen.

Meine Mutter lehrte mich immer: »Alles im Leben ist wertvoll, was man nicht mit Geld bezahlen kann!«

Es gibt kein Vorrecht auf Glück. Ich habe immer wieder ein Haus gebaut, um dann nicht darin zu wohnen.

Im Vorhofe des Olymp, erzählt Homer, stünden zwei große Behältnisse, das eine mit Genuß, das andere mit Entbehrung gefüllt. Wem die Götter, so spricht Homer, aus beiden Fässern mit gleichem Maße messen, der ist der Glücklichste. Wem sie ungleich messen, der ist unglücklich. Doch am unglücklichsten ist der, dem sie nur allein aus einem Fasse zumessen.

Noch eine Silvestererinnerung: Zigeunermusik in der Uliza Gerzena im Haus der Schriftsteller 1975 in Moskau. Mein damaliger Mann Hermann Kant war bester Laune, er war die eben gekaufte Second-hand-Kamera wieder los. Sie hatte sein ganzes übers Jahr angelaufene Autorenhonorar gekostet und war kaputt. »Nje rabotajet!«

Gestern waren wir im zuständigen Geldbüro gewesen. Fünfzig oder hundert dicke Frauen saßen und stellten Arbeit dar. Auf keine Frage eine Antwort. Die Tür flog auf, und Jewtuschenko erschien: »Wer ist hier der Höchste«, schrie er. Beflissen sprangen alle auf, zwitscherten, überboten einander in Freundlichkeiten und wiesen auf eine Tür, hinter der Jewtuschenko verschwand und mit seinem Honorarschein wiederkam.

Jahre nach diesem Auftritt werde ich Jewtuschenko im »theater im palast« wiedertreffen, angetan mit weißen Hosen, einem schwarzseidenen Hemd und einem großen Brillanten am kleinen Finger. Nach der Lesung wird er mir lange erklären, warum die erotischste Stelle des Körpers die Kniekehle ist und wird Dieter Mann, Schauspieler und Intendant, und mir zwei Filmstoffe und seine Kindheit erzählen.

Als wir den beeindruckenden Auftritt mit dem Honorarschein kopierten, hatte auch Hermann bald sein Geld. Nun feierten wir Silvester mit vielen Dichtern und kauften Kaviarbrote und Sekt für das Honorar. Die Roma sangen, Genia war da, die Lyrikerin Rimma Kasakowa, Konstantin Simonow, auch Jewtuschenko und viele, viele andere.

Es war rundum schön, und als wir am Neujahrsmorgen über den Roten Platz zur Impressionistenausstellung ins Puschkin-Museum gingen, tanzten vor uns drei lustige Burschen, die Schildmütze auf dem Ohr, die kesse Locke in die Stirn, wie aus den Russenfilmen meiner Kindheit in Leipzig.

»›Wer sich nach Silvester noch liebt, der bleibt zusammen das ganze Jahr, das kommt‹, sagt man. Natürlich wäre es mir am liebsten, es hieße: der bleibt immer zusammen. Aber so heißt es nicht. Also müssen die Liebenden hoffen von Silvester zu Silvester zu Silvester, und mit der Angst vor dem Verlust bezahlen sie die Liebe, die bleibt.«

Einen gelben Zettel mit diesem Text hat mir Gregor an den Spiegel geklebt. Die Welt ist in Ordnung. Es sind ja auch noch alle da. Wir lieben uns – erstmal bis zum nächsten Silvester. 1989 muß ein gutes Jahr werden.

Offenbar waren die vergessenen Jahreswechsel in meiner Biographie nicht wichtig.

Das erste Jahr im Theaterengagement und Silvester 1959 in Putbus auf der Insel Rügen aber waren unvergeßlich. Es war nun verdammt ernst mit der Schauspielerei geworden. Es war mein Beruf, und ich verdiente Geld damit – 400,– Mark brutto im Monat.

Ich war dem sächsischen Sprachraum entflohen. Das von Fürst Malte von Putbus 1821 erbaute Theater sah südlich leicht aus, heiter, klassisch. Ein eiskalter Winter war schwer vorstellbar. Aber es war saukalt, und die Insel Rügen tief verschneit. Stürme fegten über das Eiland und eine Schaufel, um sich aus den Schneewehen zu befreien, war ein obligater Ausrüstungsgegenstand. »Künstler vom Theater, macht Euch keine Sorgen, wir kommen!« hatten die Soldaten vom Armeeobjekt Prora durchtelefoniert. Seit sieben Uhr hockten wir Schauspieler im kalten Theater, geschminkt, verkleidet, studiert – von uns aus konnte es losgehen. Wir versuchten, uns an den großen Öfen, mit denen das Theater geheizt wurde, zu wärmen.

Gegen neun, oder war es schon zehn, donnerten Panzer. »Sie kommen!« Hinter den Panzern der Armee, die den Schnee einfach niedergewalzt hatten, kamen die Busse mit Zuschauern. Die hatten sich man vorsichtshalber wegen der Kälte und Silvester einen Korn mitgenommen und waren durchaus fröhlich.

Mein damaliger Mann Günther Rücker nahm das alles wie einen heiteren Film aus dem Leben in der Provinz. In meinen Augen war er ein sehr erfolgreicher Schriftsteller und Regisseur, und an seinen kritischen Anmerkungen zu meinem Debüt trug ich schwer. Den Silvester-Sekt hatten wir auf dem Hof kalt gestellt, und alle Akteure bemühten sich, etwas schneller zu spielen, damit noch vor Jahresende der Stückschluß erreicht wurde.

Als ich in Putbus das erste Mal, das heilige allererste Mal, auf der Bühne stand, es war eine Probe, faßte mich ein Kollege unter, der hier sein fünfzigstes Bühnenjubiläum feierte, und gab mir den Rat fürs Leben: »Erstens, wenn du auf die Bühne kommst, mußt du immer laut sein. Hast du keinen Text, dann huste, wirf die Tür oder stampfe auf! Zweitens, stelle dich immer dahin, wo das Licht ist, ganz gleich was der Regisseur sagt! Drittens, auf dem Theater mußt du entweder groß oder dick sein!« – Darauf stießen Günther und ich zu meinem ersten Theatersilvester an: auf das Laute, das Licht und die Größe!

Berlin wird langsam still. Die Einsamen können endlich schlafen, und die anderen feiern weiter – ins vierzigste Jahr der DDR hinein. Das wird, so hat es in den Vorbereitungskomitees geheißen, alles Bisherige in den Schatten stellen.

Im Palast der Republik tobt noch der Silversterball. Die Ballgäste sind durch einen mehrfach beim Direktor des Hauses beratenen Kartenschlüssel nominiert: die Genossen der Zollverwaltung, der Ministerien für Hoch- und Fachschulwesen, für Auswärtiges, für Elektrotechnik, für Finanzen, des Zentralkomitees und der Bezirksleitung der SED, des Staatsrates, der Grenztruppen, der Staatssicherheit, alle, alle sind da, die den Staat festhalten. Sie tanzen, das Parkett braucht keinesfalls geschont zu werden, in vier Wochen wird neues gelegt, eigens importierte Nußbaumhölzer für den Nationalfeiertag am 7. Oktober. Prosit Neujahr! Sie sind unter sich, und sie sind alle noch da.

In meinem Postkasten liegen zwei Briefe:

»Alles, was ich von Ihnen weiß, kann ich nicht richtig beurteilen, und ich bin völlig hilflos, ich staune über Ihren Mut und Ihre Kraft. Bestimmt bin ich auch nicht der Richtige, darüber zu reden. Ich wünsche Ihnen für 1989 alles Gute: Kraft, Leichtigkeit für alle Entschlüsse . . . Ihr Horst Sagert« – Für mich ist er einer der wunderbarsten Bühnenkünstler. Was er an optischen Phantasien eingebracht hatte, vom *Drachen* am Deutschen Theater bis zum *Faust* am Berliner Ensemble, hatte alle Theaterleute geschult. Wie ahnt er, daß ich gerade diese Wünsche so nötig brauchen würde, daß ich in diesem Jahr Entschlüsse von Reichweite und Konsequenzen treffen müßte?

»Zwar ist es bekanntlich am besten, nicht geboren zu sein,

aber es ist mir nun einmal passiert, und ich würde mich freuen, dieses Leid am 9. Januar 89 mit Dir teilen zu können.« – Heiner Müller lädt zu seinem sechzigsten Geburtstag ein.

Aber gern, wir haben ja für ihn die Uniformjacke, Zigarren, die Stalin-Zeichnung und – das war eigentlich schäbig – die Genehmigung des Ministers für Kultur zur DDR-Erstaufführung von *Quartett*. Ein kleiner Zettel, eigentlich ein Wisch, war ein Dokument mit Konsequenzen, auf dem stand:

»Sehr geehrte Genossin Professor Oelschlegel!

Dem Antrag des Theaters im Palast zur DDR-Erstaufführung Heiner Müller *Quartett* stimme ich zu. Mit sozialistischem Gruß – Dr. Hans-Joachim Hoffmann.«

So schlicht war eine Genehmigung. Warum mußten wir so lange darauf warten? Alle Welt spielte seit sieben Jahren dieses Erfolgsstück, aber uns wurde die Erlaubnis »wegen Pornographie« verweigert. Die Kulturpolitiker *verboten* nicht, es wurde lediglich *nicht genehmigt*. Es gab noch eine Zwischenstufe: Der Minister »sagte nicht Nein«. Das war ein Progreß, wenn auch ein bescheidener.

Der Mechanismus eines Genehmigungsverfahrens war folgender: Der Intendant mußte eine Uraufführung oder eine DDR-Erstaufführung mit einer Konzeption, die die Interpretation erhellen sollte, dem Minister einreichen. So reichte ich zum Beispiel unverdrossen seit drei Jahren Müllers *Mauser* ein. Der Erfolg war mäßig – kein Nein, aber auch keine Genehmigung. Als gelernter DDR-Bürger wußte man, was die Stunde geschlagen hatte: Nicht daran rühren! Auch Autorenlesungen mußte ich beantragen. Dann kam nach längerer Zeit und Warten – wenn man Glück hatte – folgendes Schreiben:

»Ich übermittle Ihnen die Zustimmung zu den von Ihnen geplanten Lesungen:

Bert Papenfuß-Gorek
Gerhard Leo

Christoph Hein
Urs Widmer/Schweiz
Christa Wolf
Magda Szabo/Ungarn
Von einer Lesung mit G. Grass bitte ich Abstand zu nehmen.«

Der erste Auftritt von Grass in unserem Theater hatte seinem Verlagsleiter Gruner vom Verlag Volk und Welt fast die Nachauflage der *Blechtrommel* vermasselt. Der hatte aber auch Sachen gesagt, der Grass, zum Beispiel: »Beide Deutschland werden sich annähern, und die Unterschiede zwischen ihnen werden verschwinden.« Oder: »Dubček war die Vorwegnahme von Gorbatschow.« Die fleißigen Berichteschreiber, deren bei solchen Anlässen viele waren, hatten alle Hände voll zu tun.

Aber *Quartett* war durch, und Freitag, den 13. Januar, beginnen die Proben mit dem Regisseur Bernd Peschke, dem Schauspieler Manfred Ernst aus Brandenburg, Jörg-Michael Koerbl und Gregor Edelmann als Dramaturgen. Ich werde die Merteuil spielen. Das ist Zündstoff genug. Es sind alle da, und es kann losgehen.

Ich werde in der Arbeit die Ratschläge aus Putbus berücksichtigen: Immer laut, immer ins Licht! Und was die Frage groß oder dick betrifft: Groß bin ich, Größe würde ich beweisen müssen! Ich ahne, daß mir die Rolle der Merteuil das Äußerste abverlangen wird. Hinter ihr kann ich mich nicht verstecken, durch sie muß ich mich zeigen. *Quartett* ist ein Stück aus dem Tollhaus, aus dem Zentrum des Lebens – Erotik.

»Theater findet zwischen Bäuchen statt, und wenn man Glück hat, kommts im Kopf an«, hatte Müller in einer Diskussion gesagt. Man könnte das Wort »Theater« auch durch das Wort »Leben« ersetzen. Erotik ist der Energiekern, das Spiel mit dem Feuer. Und das in den heiligen Hallen des Palastes der Republik? Was werden denn die Genossen sagen?

Vielleicht schreiben sie wieder einen Brief, wie damals, als wir in der tip-Galerie den letzten grafischen Zyklus Picassos ausgestellt hatten. Der Kunstsammler Ludwig aus Aachen hatte ihn der tip-Galerie unentgeltlich zur Verfügung gestellt.

Dagegen wandten sich drei Mitglieder des Politbüros der SED und schrieben folgenden Brief:

»Die Genossin Inge Lange, der Genosse Horst Dohlus und ich haben uns, nachdem wir Hinweise erhalten haben, am heutigen Nachmittag die Ausstellung von Picasso im Palast der Republik angesehen.

Wir alle drei teilen die berechtigte Empörung – von der man uns unterrichtet hat – über den Inhalt der Ausstellung.

Nach unserer Auffassung entspricht diese Ausstellung nicht der Hochachtung, die wir als Partei der Frau und Genossin im Zeichen der Gleichberechtigung als sozialistische Gesellschaft entgegenbringen.

Für uns ist die Frau mehr als wie nur Geschlechts- und Lustobjekt. Auch wenn es sich um einen Picasso handelt, gibt es für uns als Kommunisten eine Grundeinstellung. Wir sind der Meinung, daß es sich nicht empfiehlt diese Ausstellung zur Besichtigung den Delegierten der Bezirksdelegiertenkonferenz von Berlin in Vorbereitung des X. Parteitages zu empfehlen, weil wir alles andere, als vielleicht sogar eine Diskussion darüber benötigen ...

Unsere Meinung ist die, das zu unterlassen.

Wir wissen auch nicht, ob es stimmt, was uns mitgeteilt wurde, daß diese Ausstellung vom Trumpf-Konzern in der Bundesrepublik kostenlos zur Verfügung gestellt wurde. Wenn das so wäre, empfinden wir das noch als geschmackloser, sie dann den Delegierten der Bezirksdelegiertenkonferenz anzubieten ...

Mit sozialistischem Gruß

Unterschrift. Erich Mückenberger.«

Ich weiß, es heißt nicht »als wie«, aber ich habe kein Recht, in ein solches Dokument korrigierend einzugreifen. Die Sprache der DDR wird gewiß ein lohnendes Forschungsthema künftiger Generationen darstellen.

Da gibt es schöne Funktionärs-Bonmots: »Das ist wieder an die große Glocke provoziert worden.« Oder: »Das ist ein Dorn in unserer sonst guten Bilanz.«

Insgeheim tat es mir leid, daß ich nicht gesehen hatte, wie die drei alten Herrschaften, vertrocknet, verklemmt und lüstern auf die fetten Weiber Picassos glotzten. Wie sie sich empörten über die geöffneten Schenkel und die bereitwillige Scham. Hatte der Picasso Glück, daß er nicht im Verband der Bildenden Künstler der DDR war! Die dicken Titten und die runden Ärsche waren in der Tat eine Gefahr für Partei und Staat.

Konnten wir noch unsere Gedanken im Zaum halten, die Triebe waren nicht zu zügeln. Das Unterbewußtsein schlug dem Bewußtsein allemal ein Schnippchen. Erotik war ein Teil meiner Identität, und die war sowieso störend. Eh, die will nicht wie alle andern sein? Zwar wurde aufgehört, sexuelle Abschweifungen zum Thema von Parteiversammlungen zu machen, die Tabus aber funktionierten. Die »Verdammten dieser Erde« sollten um Himmelswillen nicht aufwachen und merken, daß sie zur Trostlosigkeit »zwischenmenschlicher Beziehungen« verurteilt waren.

Konrad Naumann hatte diese fatale Parteierziehung verinnerlicht. Die schizoide Ideologie trieb bei ihm wundersame Blüten. Mit Stolz konnte er sagen: »Ich bin Kommunist auch im Bett.« Hilflos sagte ich dann: »Wie machen Sie das?«

Auch die Mystik des Plans trug Konni ins Private, er verlangte mir regelmäßig einen Plan aller meiner Vorhaben mit genauem Datum, Zeit und Dauer ab. Angeblich um unsere gemeinsame Zeit planen zu können, tatsächlich aber um seine Kontrolle noch perfekter auszuüben.

Er gab mir auch seinen Arbeitsplan, er hatte alles in Kästchen aufgeschrieben, es sah aus wie der Stundenplan eines Schülers. In seinem Geburtsort Holzhausen b. Leipzig hatte da wahrscheinlich »Turnen, Rechnen, Deutsch« gestanden und an der Komsomolschule in Moskau »Marxismus-Leninismus, Geschichte der KPdSU, Politische Ökonomie«. Jetzt stand da: »Politbürositzung, französische Delegation, Sekretariat Bezirksleitung«.

Welch ein Aufstieg! Welch eine Überforderung!

Von Holzhausen in die Parteispitze, das war nicht einfach zu verkraften. Ohne ethische Prinzipien und humanistische Erfahrungen von Generationen in so ein absolutistisches Amt gestoßen zu werden, mußte Fehlreaktionen zeitigen.

Es war dabei nur von geringfügigem Unterschied, ob jemand aus Holzhausen i. Sachsen oder Wiebelskirchen i. Saarland kam, ob er Friseur, Dachdecker oder Knecht gewesen war. Mißtrauen gegen so viel Glück war angezeigt, »revolutionäre Wachsamkeit« gegen alle und alles.

Im Palast der Republik und später, als ich dann in Wandlitz wohnte, wurde die »Wachsamkeit« zu einem Teil meines Alltags. Kein Besuch ohne Passierschein im Palast und in Wandlitz.

Wenn zum Beispiel meine Mutter zu Besuch nach Wandlitz kam, ging das nicht ohne Prozedur ab. Ich mußte sie bei der Wache anmelden mit genauen Angaben: wohnhaft, wann und wo geboren, Grund des Besuch, Dauer des Aufenthaltes? Kam sie mit dem eigenen Auto, mußte das gemeldet werden, dann bekam sie einen Propusk, einen Passierschein, zum »Befahren des Objektes«. Wenn ein Wagen der Fahrbereitschaft sie holte, waren der Fahrer und sein Ausweis Garantie dafür, daß kein falscher Fuffziger eingeschleust wurde.

Meine Mutter kam selten, meine Freunde baten mich, zu ihnen zu kommen.

Einmal nur kam meine Mutter unerwartet, sie war nervös und unruhig. Schließlich rückte sie heraus, sie habe gehört, meine Ehe sei gefährdet. Das mache sie traurig, es habe doch so gut begonnen. Ich tröstete sie, verschwieg ihr aber meine Ängste und Beunruhigungen. Dann kam Naumann, fand uns beide Arm in Arm, Mutti tränenüberströmt. Ich mußte ihm den Grund ihrer Beängstigung erklären. Er reagierte wie immer in Situationen, wenn er sich ertappt fühlte: »Wer hat das gesagt?« Nicht der Fakt oder die Botschaft waren wahr oder unwahr, der Bote der schlechten Nachricht war ein Feind und mußte bestraft werden.

Meine Mutter, ungeübt in diesen vertrackten Spielregeln, berichtete, daß sie bei einer Sitzung Gisela getroffen habe, die im Gespräch ihre Sorge formuliert habe, daß Naumann sein altes Spiel weiter betriebe, jeder Frau unter den Rock und an den Hintern zu fassen und ganz speziell der und der; diesmal sollte es eine Schlagersängerin sein.

Gisela Steineckert schrieb Lieder, Gedichte, Geschichten. Sie war ein Kellerkind, eine Hinterhofgöre, und vielleicht war ihre Kenntnis, wie arm das Leben sein kann, der Grund dafür, daß sie ihre Möglichkeiten genutzt hat, vielen zu helfen. Ich weiß, daß sie vielen aus dem Dreck geholfen hat.

Sie hatte vor mir ein Verhältnis mit Naumann, daraus machte sie nie ein Hehl. Einmal tauschten wir uns aus, sie schon bitter und abgewandt, ich noch verliebt und voll Zuversicht.

Daß ich den Briefwechsel, der sich entspann nach dem Besuch meiner Mutter, so vollständig habe, danke ich ihr. Als alles vorbei war, sagte sie: »Ich habe das aufgehoben, ganz unten in meinem Schreibtisch. Nimm es mit, nimm es als Zeichen meiner Freundschaft.«

Erst als ich von Naumann getrennt wohnte, habe ich mir die Dokumente einer Niederlage geholt.

Es gab ein Gesetz:

§ 106

Staatsfeindliche Hetze

Wer die verfassungsmäßigen Grundlagen der sozialistischen Staats- und Gesellschaftsordnung der Deutschen Demokratischen Republik angreift oder gegen sie aufwiegelt, indem er

1. die gesellschaftlichen Verhältnisse, Repräsentanten oder andere Bürger der DDR wegen deren staatlicher oder gesellschaftlicher Tätigkeit diskriminiert ...

wird mit Freiheitsstrafe von einem bis zu acht Jahren bestraft.

Naumann war nicht einfach ein »anderer Bürger«, er war »Repräsentant«! Das machte die nachfolgende Korrespondenz existenzgefährdend und bitter ernst. Naumann war bescheiden, er benutzte nicht einmal einen Kopfbogen, auf dem alle seine Würden und Ämter standen: Mitglied des Politbüros der SED, Erster Sekretär der Bezirksleitung der SED Berlin. Er schrieb:

»Liebe Gisela,
zunächst wünsche ich Dir Erfolg in Deiner Arbeit – was wohl jeder nötig hat, und zwar nicht nur für sich selbst, sondern für unsere gemeinsame Sache.

Ich habe die Bitte, daß Du es in Zukunft unterläßt – so interessant das auch sein möchte – Anlaß dafür zu geben, daß man sagt, Du seist der Verbreiter der Legende, daß ›Konni Naumann und Vera Oelschlegel schon wieder auseinandergehen‹ ... Ich bitte Dich, das zu unterlassen bzw. um Hinweise darüber, wer das verbreitet, da eine solche von Neugierde und Sensation gespickte Klatscherei unter der Mehrzahl der Kommunisten nicht üblich ist.

Sollte es sich ergeben, daß die verschiedensten Informationen darüber, Du würdest solchen Tratsch verbreiten, sich als unwahr herausstellen, dann bitte ich, mir dies mitzuteilen.

Ich wünsche Erfolg und Gesundheit für das Jahr 1981. Und im übrigen bin ich froh und glücklich mit Vera.

Mit sozialistischem Gruß«

Ein guter Wunsch am Schluß, es war also doch um die Jahreswende. Wenn man die unverhohlenen Drohungen noch nachempfinden kann, wird man verstehen, daß der Antwortbrief mutig war:

»Lieber Konni!

Gerüchte über Dich und Vera sind seit Anfang Eurer Verbindung im Umlauf. Das ist bei Eurer exponierten Stellung und der menschlichen Natur kaum anders denkbar ... Ich bin diesen Gerüchten begegnet, man begegnet ihnen ja immer ...

Ich habe die Gerüchte über Euch beide nicht aufgebracht und nicht verbreitet. Ich bin der Meinung, daß solche Gerüchte mehr sind als offenkundiger Klatsch, sie sind politisch gemeint und sollen uns schaden ...

Ganz privat wünsche ich Dir und Vera Glück. Ich schätze sie und mag sie auch außerhalb der Tatsache, daß sie Deine Frau ist. Mögen sich unsere jetzigen schwerwiegenden politischen Sorgen ohne großes Unglück abwenden lassen.

Mit freundlichen Grüßen«

Nun holte Naumann zum Schlag aus. Er hatte die Steineckert versichern lassen, daß sie nicht darüber rede, nun kam der Gegenbeweis. Er hatte meine Mutter bedrängt, alles noch einmal aufzuschreiben, und Mutti schrieb:

»... nun gut, wenn es so sein soll – schreibe ich eben auf. Obwohl ich die Reaktion überhaupt nicht begreife, denn eigentlich ist das doch das Gleiche, das ich damals erzählt habe ...

Also: Um es noch einmal zu wiederholen. Damals in der Sitzung erzählte mir Gisela Steineckert etwa folgendes: ...«

Nun erzählte sie mit Widerwillen die ganze durchgekaute Geschichte noch einmal, und Naumann schickte ihren Brief umgehend mit folgendem Zusatzschreiben an Steineckert:

»Liebe Gisela,
ich habe Deinen Brief erhalten und nehme Deine Position zur Kenntnis.

Inwieweit Gerüchte durch offenkundigen Klatsch genährt werden, das kann ich von hier aus nicht überblicken, und ich sage Dir: Ich habe dazu keine Zeit.

Ich übergebe Dir zur persönlichen Verwendung einen Brief von Ruth Oelschlegel.

Mit sozialistischem Gruß«

Die Intrige »sozialistischen Typs« war perfekt. Das jahrhundertealte Königsspiel wurde gespielt: Der Ermordete ist schuld und nicht der Mörder.

Damals konnte ich mich nicht wehren oder meine Mutter und Gisela verteidigen. Ich wußte nichts von dieser perfiden Korrespondenz. Heute frage ich mich, wieviele solcher »Klärungen« mag es wohl gegeben haben, von denen ich bis heute nichts weiß. Wo ist Vertrauen in bitteres Mißtrauen umgeschlagen, wer durch mich tief gekränkt worden? Welche Freundschaften, freundschaftliche Bekanntschaften sind auf diese Weise kaputtgegangen?

Es war nicht nur der Charakter Naumanns und sein boshaftes Talent, die so ein miserables Stück in Szene setzten. So war diese Gesellschaft strukturiert: eine Vision, getragen von einer wirren Ideologie und durchsetzt mit Überwachung, Mißtrauen, Angst.

»Wir stehen alle auf dem Theater und werden am Ende im Ernst erstochen.« Der Satz ist von Georg Büchner.

Es tut weh, sich zu erinnern.

Warum eigentlich? Weil ich mir die Fragen beantworten muß: Warum hast Du ausgehalten? Warum hast Du gekuscht? Ja, ich habe es mir schön geguckt und anderen schmackhaft gemacht. Die erwarteten und ritualen Formeln habe ich hergebetet, habe Marx und Engels zitiert und immer am Schluß »historischen Optimismus« aufklingen lassen.

Schon in Schulaufsätzen, die meine Mutter sorgfältig aufgehoben hat, habe ich Zweizüngigkeit geübt. Das bekam man eingerieben bei Strafe des Untergangs. Wie man hineinwächst in ein solches Leben, wie man zurechtkommt und damit umgeht – das ist die Frage.

Ich habe keine Antworten. Ich habe Fragen, viele.

Geblieben bin ich, weil ich hier Menschen hatte, die ich liebte. Gehalten hat mich ein Heimatgefühl, auch wenn die Leipziger Tiefebene alles andere als eine schöne Landschaft ist. Und ich habe einen Sinn in meiner Arbeit gefunden, ich hatte das Gefühl, gebraucht zu werden.

Im Januar ist der Alltag wie immer lästig, schwierig. Die Proben für *Quartett* laufen auf Hochtouren. Auf der Intendantentagung hat der Minister Linie gegeben. Die vier Feinde des Sozialismus haben wieder zugeschlagen: Frühling, Sommer, Herbst und Winter.

Das normale Leben ist nicht deshalb eine Last, weil der Mangel es diktiert, es ist quälend, weil man für lächerliche Kleinigkeiten wahnsinnig viel Zeit braucht.

»Gewisse Leute gefallen sich darin, Mängeldiskussionen zu führen, und es soll nicht drumherumgeredet werden, wir meinen die Künstler, die sich in Negativdiskussionen wohlfühlen.« – So kommentiert die Partei die Situation.

Zu Hause liegt ein weißer Zettel auf dem Boden:

»Liebste, ich mußte ein Rohr des Boilers mitnehmen nach Thüringen, es hat einen Riß, den mein Vater schweißen kann.

Du kannst leider nicht baden. Ansonsten funktioniert alles. Ich liebe dich. Gregor«

Ja, es funktioniert alles, wenn man sich daran gewöhnt hat, daß nichts funktioniert. Wir haben uns an alles gewöhnt: ein Wasserrohr von Berlin nach Waldau in Thüringen zur Reparatur, ein Genehmigungsverfahren für Theaterstücke, – Überwachung, Denunziation, Mangel. Aber wir kennen die Mechanismen: sie sind unerträglich, aber sie sind berechenbar.

Ende Januar scheint noch alles in Ordnung zu sein. Ende Januar ist die permanente Krise noch stabil. Ende Januar sind noch alle da.

FEBRUAR

»Das wird mir hier zu blöde«, sagte Fanfan, der Husar, gespielt von Gérard Philipe, in dem gleichnamigen Film. Er stand noch auf dem Exerzierplatz, klopfte sich den Dreck von der Hose und ging. Stundenlang hatte er sich peinigen lassen, hatte Kniebeugen und Liegestütze gemacht, das Gewehr über- und wieder abgenommen. Die Sonne hatte ihm aufs Gehirn gebrannt und der Staub zwischen seinen Zähnen geknirscht. Als es vor den Augen zu flimmern angefangen hatte, stand er auf und sagte: »Das wird mir hier zu blöde.«

Mir ist es auch zu blöde. Ich soll disziplinarisch belangt werden, und die Punkte der Anklage sind nicht von Pappe. Ich sitze beim Direktor des Palastes der Republik auf der Anklagebank, das Verfahren ist eröffnet. In den Kategorien seiner Schuldzuweisung kann ich nicht denken, trotzdem habe ich Angst. Es hilft mir wenig, daß ich es blöde finde. Mir ist schlecht.

Neben anderen Untugenden hatte die DDR ein besonderes Geschick entwickelt, unfähige Menschen auf leitende Posten zu setzen. Ungebildet und ignorant, aber: ein zuverlässiger Genosse ohne Westverbindungen, der bedingunglos die Beschlüsse der Partei erfüllte.

Ein ganzes Arsenal von Begriffen gab es, um die Tugend eines leitenden Parteikaders zu beschreiben. Sie bezogen Lexik und Impetus vom Militär: bedingungslose Disziplin, Unterordnung des Einzelnen unter das große Ganze, kritiklose Erfüllung der Beschlüsse. Kampf, Klassenkampf, Front, Gegner, Feind, Sieg, Fahne, Ruhm. Die Sprachregelung war eine Denkregelung. Und: Die Partei hat immer Recht.

Da gibt's einen alten Witz: Auf einer Straße verteilen Genossen Flugblätter. Verdutzt schaut ein Passant auf das Papier: Es steht nichts drauf, es ist leer. Da fragt er den Verteiler: »Was soll denn das?« Der antwortet mit dem Lächeln des Eingeweihten: »Die Genossen wissen schon, was sie tun.«

Ich hatte bezweifelt, daß die Genossen wußten, was sie taten, als sie sowjetische Filme und im November 1988 die Zeitschrift *Sputnik* verboten, und hatte zu den Paul-Dessau-Tagen der zeitgenössischen Musik den ADN-Text des Verbots der sowjetischen Zeitschrift *Sputnik*, komponiert von Reiner Bredemeyer mit dem Titel *Post modern*, aufgeführt. Nicht ich allein. Bredemeyer dirigierte vier Hörner und den Chor, der aus den Komponisten Friedrich Schenker, Friedrich Goldmann, Helmut Zapf, den Sängerinnen Roswitha Trexler, Ute Wollny, dem Gitarristen Dieter Rumstig und mir bestand. Wir hatten Postmützen aufgesetzt und rezitierten, sagen aus vollem Halse:

»Wie die Pressestelle des Ministeriums für Post- und Fernmeldewesen mitteilt, ist die Zeitschrift *Sputnik* von der Postzeitungsliste gestrichen worden. Sie bringt keinen Beitrag, der der Festigung der deutsch-sowjetischen Freundschaft dient, stattdessen verzerrende Beiträge zur Geschichte.«

Bravorufe am Ende des Vortrags. Jetzt kommt die Quittung. Die Parteisekretärin trägt meine Verfehlungen vor: »Du hast die Politik der Partei glossiert. Du gibst dazu ungenügende Antworten. Wir lassen kein Ausweichen mehr zu. Stellung beziehen, . . . Kritik . . . Selbstkritik . . .«

Die Stimme blendet langsam aus, ich denke an das Begräbnis von Paul Dessau.

Es war an meinem Geburtstag 1979. Kein Wort, keine Musik, so hatte er es gewollt. Nur eine rote Fahne. Im Namen dieser roten Fahne geschah das hier alles. Aber sie war wie alle anderen so mit Blut und Dreck besudelt, daß ich nie mehr eine haben wollte.

Dessau hatte auch verfügt, daß seine Frau Ruth Berghaus die Gästeliste bestimmen sollte, damit nicht die, denen er und die ihm im Leben Feind gewesen waren, sich des teuren Toten bemächtigten. So hatte Ruth nur seine Freunde und Schüler zugelassen. Als sie um sein Grab standen, waren es fast alle, die für das Musikleben in der DDR wichtig waren.

Einmal war Heiner Müller bei den Paul-Dessau-Tagen. Er las, unrasiert wie er aus dem Flugzeug gefallen war, seine Hommage für Paul Dessau: »Ich verdanke ihm mehr als die Öffentlichkeit angeht. Und ich weiß, daß ich damit für viele spreche ... Er hielt für lernbar, was gebraucht wird. Vom Komponieren bis zum Stehlen von Notenpapier ...«

Da fiel mir das jugoslawische Hotel Sveti Stefan an der Adria ein, wo Dessau an der Rezeption herumlungerte und klagend auf sein rot-weiß gestreiftes T-Shirt und die weiße Sonnenmütze zeigte: »Meine Frau hat gesagt, ich sähe aus wie Clown Grock.«

Wenn der Portier ihm den Rücken zuwandte, klaute er aus den Fächern die auf Air-mail-Papier gedruckten Zeitungen vom Tage, *New York Times*, *Le Figaro* und andere. Abends in der Bar frotzelte er die Berghaus, so einen blöden Beruf gelernt zu haben: »Tänzerin? Huppdohle! Die vier kleinen Schwäne ...«, und dann pfiff und sang er den Tschaikowsky und tanzte die vier kleinen Schwäne. Für meine Tochter Nina komponierte er ein Liedchen mit Text: »Kleine Nina, feine Nina, wenn Du mal heiratest, nimm keinen Wiena.« Er konnte wunderbare Sachen sagen, so zum Beispiel während einer Orchesterprobe seiner Bach-Variationen: »Meine Herren, Mozart können Sie spielen, wie Sie wollen, der ist immer Kunst. Mich müssen Sie schon genau spielen.«

Er legte Wert auf seine enharmonische Verwechslung: Dessau = Cis-schwein.

Müller hatte Recht, auch ich verdankte ihm viel. Er hatte mich auf einer Probe gerettet, als ich in Leipzig mit Gewandhausmusikern unter Max Pommer Eisler-Kantaten probierte. Keiner nahm Rücksicht auf mich, sie spielten so laut sie konnten. Ich sang wie im Stummfilm – nur Mundbewegungen. Kurz vor meinem Kollaps brüllte jemand aus der Dunkelheit des Saales: »Was für eine beschissene Musik. Könnt ihr denn nichts anderes als Krach machen? Und Du, warum brüllst Du nicht? Die Musik ist doch vollkommen unwichtig, die Hauptsache ist der Text.«

So lernten wir uns kennen. Ich beherzigte alle seine Ratschläge, diese und die vielen, die er mir noch gab. Am meisten liebte ich seine vier Liebeslieder nach Texten von Brecht. Ich bat ihn, in der gleichen Manier Texte von Eva Strittmatter zu vertonen. Lange hörte ich nichts, dann kamen die Noten und ein Brief: »Liebe V. Oe. endlich! Nu man los.« In einem anderen Brief nannte er mich Vera Kantschlegel. Ich lebte damals mit Hermann Kant zusammen.

Einmal traf ich Paul Dessau bei einem Geburtstag von Anna Seghers. Ich saß am Ofen mit einem Stück selbstgebackenen Kuchen, Anna und Paul am Tisch, Pause, dann Anna: »Paul, was machstn Du eigentlich jetzt? – »Ich schreibe eine Oper: Einstein. Einstein verstehst Du, Anna, das ist die Bombe.« – »Paul, da komm ich nicht. Da krachts doch wieder so furchtbar bei Dir.« Pause. »Paul, paß mal acht, spielst Du eigentlich ein Instrument?« – »Geige, Anna, aber nicht sehr gut.« – »Schade, Paul, ich dachte, Du wärst so eine Art Gitarrenkönig.« – Das war ein Gespräch, da paßt kein Satz mehr dran.

Zuletzt war Dessau in meinem theater im palast, als ich mit der Berghaus *Heines letzte Liebe* probierte.

Ach, war das eine schöne Arbeit. Die Autoren Kaltofen und Pfeiffer hatten das Stück nach Originaltexten von Heinrich Heine montiert. Diese Collagetechnik erforderte viel Phantasie vom Regisseur. Die Berghaus! Die Berghaus war nicht mehr Intendantin. Sie hatte sich zurückgezogen. Es ging ihr gesundheitlich nicht gut. Als ich sie besuchte, dachte ich, sie meint es ernst damit, daß sie nie wieder Regie machen wollte. Aber keiner kommt vom Theater los.

Jürgen Holtz spielte den kranken Heine in der Matratzengruft, ich die deutsche Lehrerin Elise Krienitz, die seine »Mouche« wurde. Die Berghaus erfand phantasievolle Vorgänge und Bilder, oft rief sie: »Du, das ist gut, merk Dir das, so wird das gemacht.« Am nächsten Tag wiederholten wir die Szene, da sagte sie: »Nee, mache mal ganz was anderes.« So war es immer. Auch als wir dann später an Goethes *Stella* arbeiteten mit Jutta Hoffmann, Siegfried Höchst und Corinna Harfouch als Lucie in ihrer ersten Berliner Bühnenrolle. Dessau sah bei *Heine* eine Weile zu, dann stand er auf, versuchte tappernd und fast blind die Treppe zu finden. Berghaus: »Paul, gehste schon?« Dessau: »Ich kann alte kranke Männer nicht ertragen.«

Heiner Müller las weiter in seiner Hommage auf Paul, er kommt auf eine Geschichte mit Lenin:

»Der Alte
Lachte, als Lenin die Beschwerden aufschrieb
Das Dorf, Namen und Felder der Genossen.«

Müller stutzte, las aber zu Ende. Während er sich ins Publikum setzte, kam ihm die Erleuchtung, er stand noch einmal auf: »Entschuldigen Sie bitte, jetzt hab ich's, das ist ein Druckfehler: Es heißt nicht Felder der Genossen, es heißt Fehler der Genossen.«

Das ist das richtige Stichwort. Ich höre wieder zu. Schließlich sitzt man ja wegen schwerer Fehler über mich zu Gericht, der Direktor, die Parteisekretärin und der Minister Siegfried Böttger, der unglücklich dreinschaut. Der Direktor brüllt: »Der Palast ist auf Kosten der Arbeiter- und Bauernmacht entstanden. Du hast kein Recht, fest angestellt und gut bezahlt, die Partei unter Kritik zu stellen. Die bisherigen Stellungnahmen sind nichtssagende Aussagen auf konkrete Fragen. Ich betrachte diese Aufführung als ganz persönliche Beleidigung. Du hast das Genehmigungsverfahren für die Uraufführung nicht eingehalten. Du hast Deine Pflichten als Intendantin grob verletzt, und es muß geprüft werden, ob überhaupt noch eine Basis besteht, auf der Arbeit möglich ist.

Ich verlange deine selbstkritische Stellungnahme.«

Ich sehe auf die Uhr. Ich werde euch mindestens fünf Minuten zappeln lassen, denke ich. Fünf Minuten Schweigen können verdammt lang sein. Warum werde ich das Angstgefühl nicht los? Paul hätte sich wahrscheinlich über den ganzen Zirkus kaputtgelacht. Eigentlich müßte ich aufstehen und rausgehen. Das wird mir hier zu blöde. Was nehmen die sich eigentlich raus? Mit welchem Recht urteilen die über Kunst? Übrigens hat *Post modern* keiner von denen gehört. Aber das ist üblich. Das Urteil über das Kunstwerk ist wichtiger als das Werk selbst. So war es damals bei Nono auch.

Luigi Nono. Während ich an diesen Erinnerungen schreibe, ereilt mich die Nachricht von seinem Tod. Welch ein bitterer, schwerer Verlust!

Nono habe ich durch Dessau kennengelernt. Das war schon nach Pauls Tod, da wollten wir Nono, natürlich mit behördlicher Genehmigung, zu einem Konzert einladen. Ich hatte zunächst sogar unerwartet Lob dafür bekommen: »Man muß sich um den Genossen kümmern!« Dann hatte Nono ein *Diario polacco* geschrieben. Es war die Zeit der großen Hoffnungen auf

Polen. Keiner hatte es gehört, aber Polen, das konnte nur konterrevolutionär gemeint sein. Aus dem Genossen Nono wurde der Feind Nono.

Nono mußte bestraft werden. Seltsame Telefonate von der staatlichen Künstleragentur kamen bei mir an, die mir übermittelten, was Nono angeblich gesagt oder geschrieben hatte. Telegramme in meinem Namen landeten bei Nono. Nono wurde abgeschmettert. Schluß. Schweigen. Wieder dem Klassenfeind eins aufs Haupt gegeben.

Nach einem Vierteljahr schrieb Nono einen offenen Brief an Berghaus, mich, Heiner Müller, sechs Komponisten und zur Information auch an die Genossen Kurt Hager und Berlinguer:

»*Diario polacco n.2* – der wahre Grund für das, was passiert???

Auch hier: Je schneller man lernen und anwenden wird – andere Meinung, anderes Denken, andere Analysen, anderes Suchen, andere Probleme, andere Zweifel, andere Unruhe, andere Vorschläge – als die, die man gewohnt oder auf die man begrenzt ist, anzuhören und zu verstehen (besonders unter Genossen und Freunden, befreit von monolithischen akademischen Modellen), ohne sich beleidigt zu fühlen oder wie in der vergangenen Zeit sich dem Monolithismus zu opfern, desto reicher, fähiger wird die Intelligenz werden, die neuen Probleme unseres Lebens (inklusive Kunst) in dem dauernden Werden unseres Daseins wahrzunehmen, um wahres Neuland entdecken zu können.

. . . und es ist not den Himmel zu fragen . . . (Hölderlin *Kolomb*)

Ich hoffe auf nächstes Mal«

Drei Jahre kam Nono nicht nach Berlin. Dann hielt er einen Vortrag in der Akademie der Künste der DDR. Heiner Müller hatte mich ermahnt, hinzugehen und alles zu klären. Ich ging hin und wartete auf Nono an der Tür. Als er mich erkannte, kamen ihm Tränen.

Dann haben wir alles ausgekippt und mit dem Herbstlaub verbrannt. Gemeinsam wollten wir wieder eine Arbeit beginnen, leise, um dann im richtigen Moment laut zu werden. Durch den rauchigen Herbst sind wir durch Berlin zum Checkpoint Charlie gelaufen und haben geredet und geredet. Dann hat er mir seine fünfundzwanzig Mark Pflichtumtausch geschenkt, und ich habe gewartet, bis er nicht mehr zu sehen war.

Die fünf Minuten sind noch nicht um.

Die Gesichter entgleisen durch das Schweigen immer mehr. Vielleicht soll ich doch aufstehen und rausgehen mit den Worten Fanfans: »Das wird mir hier zu blöde.«

Die sitzen hier mit einer Selbstgefälligkeit im Namen des Volkes. Die Ideologie, die beschwörend auf ihrer »Wissenschaftlichkeit« beharrt, hat einen irrationalen Drall. Freiheit wird formuliert als »Einsicht in die Notwendigkeit«. Diese Formel postuliert die Selbstaufgabe. Indem ich alles einsehe, verpflichte ich mich, mein Leben auf Sparflamme, auf Mindestanforderung zu schrauben.

Wenn ein Sachse einen schwerwiegenden Entschluß bei sich gefaßt hat, sagt er: »So!« In Lautumschrift: »Ssou!«

Die fünf Minuten sind um, und ich sage laut und vernehmlich: »So, das wird mir hier . . .« Beinahe hätte mir Fanfan einen Strich durch die Rechnung gemacht, aber ich konzentriere mich und sage: »Ich nehme die Kündigung an!«

Jetzt macht mein Tribunal eine Pause.

»Davon war keine Rede«, knirscht der Direktor. Ich weiß, alle drei denken jetzt: »Was das für einen Skandal geben wird! Und die Westpresse!« Meine Popularität war ein Schutz für mich. Natürlich baute ich auch darauf, wenn ich das tolerierte Maß an Renitenz überschritt. Und nun loben mich alle drei säuerlich, und der Minister versteigt sich sogar: »Das ist ein Mißverständnis. Das Kulturministerium hat volles Vertrauen in Deine Fähigkeiten, ja wir schätzen Dich außerordentlich.«

Sicherlich würden Wochen zusammenkommen, zählte ich alle Sitzungen zusammen, die ich als Intendantin durchsitzen mußte. Nichts hätte sich geändert, hätten sie nicht stattgefunden. Sie dienten lediglich dazu, die Bürokratie fester zu installieren.

»Die Bürokratie ist ein Kreis, aus dem niemand herausspringen kann. Ihre Hierarchie ist eine Hierarchie des Wissens ... Die Bürokratie hat das Staatswesen, das spirituelle Wesen der Gesellschaft in ihrem Besitz, es ist ihr Privateigentum. Der allgemeine Geist der Bürokratie ist das Geheimnis, das Mysterium ...« (Marx)

»... Ich habe mich keineswegs verändert; auch das Zarte, Private hat seine kollektive, politische Seite ... Ich glaube, das Problem ist, alles zu erweitern, alles zu vertiefen, um Änderungen zu schaffen, Änderungen menschlich, Gefühl, sozial, Denken ...«, schrieb Nono, als endlich sein Konzert mit *Risonance erranti* im Mai 1987 stattfinden konnte. Berlin feierte sein 750jähriges Bestehen, und Ost und West wetteifern darum, wo die besseren Berliner seien. Das ließ man sich auf beiden Seiten etwas kosten, aber die Hauptstadt der DDR wollte die Nase vorn haben.

Nono hatte sich zwei Tage Proben ausbedungen, um den Raum in die akustische Konzeption einzubeziehen. Trotz Absprachen, Bitten und Betteln war es nicht möglich, im Palast Probenruhe zu schaffen. Im Gegenteil, man erweiterte eine Kinderveranstaltung im Nebenraum durch Herausnehmen einer Wand, so daß Nonos Proben unter lautem Kindergeschrei zu leiden hatten.

Den Konzertabend begann Nono mit einer Rede:

»Ich freue mich, daß ich von Berlin-West nach Berlin-Hauptstadt zur 750-Jahrfeier eingeladen worden bin. Dafür danke ich Vera und dem tip. Meine Musik sollte ein wichtiger Beitrag zu diesem Jubiläum sein. Leider konnte ich nicht genügend proben, um das Stück in der Qualität vorzuführen, die ich mir wünsche. Sie müssen also statt eines Konzertes eine Probe hören. Das schmerzt mich umso mehr, da die Welt uns in allen Stücken Meisterschaft abverlangt, eine Welt, die durch neues Denken und die Worte Glasnost und Perestroika geprägt ist. Ich kann nicht verstehen, warum die DDR zu diesem Jubiläum so viele Popsänger eingeladen hat, die in der westlichen Welt durch ihre rechte und kommerzielle Haltung bekannt und verachtet sind und ihnen noch alle Bedingungen erfüllt, einschließlich der finanziellen. Ich kann es deshalb nicht mit meinem künstlerischen Gewissen vereinbaren, daß ich hier nur eine Probe vorführen kann und das für lächerliches Geld, gemessen an den Popstars. Vera«, damit wandte er sich an mich und bat mich nach vorn, »bitte nimm dieses Geld«, und dabei zog er zweitausend Mark aus der Tasche, »und gib es der Künstleragentur zurück. Wenn sie zehntausend drauflegen, können sie noch einen Schlagersänger einkaufen.«

Mir brannte das Geld in der Hand, und vor Scham konnte ich nichts sagen. Natürlich hatte er Recht, tausend Mal.

Ich weiß nicht mehr, was ich von dieser Musik gehört habe – Klangmomente, Schmerz, schweres Atmen, bedrückende Bilder.

Am nächsten Tag klingelte das Telefon: »Kulturabteilung ZK. Die Genossin Ragwitz möchte von Dir eine schriftliche Stellungnahme, was gestern wieder mit Nono passiert ist.« – Seitdem haben wir uns nicht mehr gesehen.

Stellungnahme. Das Wort schlägt seit geraumer Zeit an mein Ohr. Ich bin wieder nicht ganz bei der Sache. Die Instrumente sind vor mir ausgebreitet, und ich habe zu wählen zwischen den verschiedenen Graden der Folterung. Bereuen kann ich nicht. Tief atmen, keine Angst anmerken lassen: »Ich hoffe, daß die Partei die Entscheidung für das *Sputnik*-Verbot heute anders sieht. Es war unüberlegt und hat auf allen Seiten zu heftigen

Reaktionen geführt. Bredemeyer war da vergleichsweise schelmisch. Ich fasse das ganze Verhör so auf, daß ich als Künstlerin politisch entmündigt werden soll. Theater ist doch keine Fortsetzung der Politik mit anderen Mitteln.« Der Direktor unterbrach mich lautstark: »Ich bin auch sensibel!«

Nun stehe ich wirklich auf, sage aber nicht den Fanfan-Satz, sondern: »Entschuldigt mich bitte«, und verlasse schwankend das Zimmer. Ich gehe aufs Klo, stelle mich ans Fenster und sehe auf den Hof.

Es drückt mich wieder, als hätte ich einen schweren nassen Mantel an. Einen Mantel aus einer alten Militärdecke. Die Schultern schmerzen und der Rücken tut weh. Ich kompensiere meine Ängste mit Rückenschmerzen und, wenn es schlimm kommt, mit Blockierungen.

Dann erinnere ich mich immer an das Ungetüm von Mantel, aus einer Decke, den ich als Kind hatte, die Mäanderkante war geschickt unten am Saum verarbeitet. Wenn es regnete, wog er Zentner.

Ich hatte ein Kleid, geschneidert aus der Gardine unseres ehemaligen Musikzimmers. Die Schuhe waren aus Igelitt. Ich fürchtete mich, durch Trümmer zu gehen, und bis heute hasse ich die lila Blumen, die sich so bereitwillig zwischen geborstenen Wänden, an denen noch ein halbes Waschbecken hing, verkohlten Balken und Fensterhöhlen ansiedelten. Das war Nachkrieg. Immer hatte ich Hunger. Ich schmecke die pappigen Hefeflocken, den zähen, weißlichen, gesalzenen Schweinemagen, die erfrorenen Kartoffeln. Zum Geburtstag gab es eine Torte aus Malzkaffee mit Mehrfruchtmarmelade gefüllt, und der Anlaß machte sogar, daß sie schmeckte. Was für ein Wunder, als ich in einem alten muffigen Tontopf Brühwürfel fand. Wir haben sie bröckchenweise im Munde zergehen lassen. Lange habe ich noch Begriffe gebraucht wie »gute Butter« oder »echten Bohnenkaffee« oder »weiße Brötchen«.

Ich weiß nicht, wie es meine Mutter fertigbrachte, uns drei Kinder nicht verhungern zu lassen. Sie verkaufte oder tauschte alles. Ich erinnere mich an eine Kette mit einem großen Rauchtopas, an einen großen roten Perserteppich – eines Tages waren sie nicht mehr da. Dafür gab es Brot.

Damals habe ich gelernt, wie unwichtig Besitz sein kann. Meine Mutter war in meiner Erinnerung fröhlich und schön. Erst heute verstehe ich, wie sie gelitten und gekämpft hat. Sie hat eine Zeitlang Tagebuch geführt, und da steht:

7. Mai 1945:
»Axels Geburtstag. Ich koche mir schon zum Morgen eine Tasse Kaffee. Der Kleine strahlt vor Glück. Er saß auf dem Bettchen, drückte immer wieder die Blumen an sich: ›Ich bin das Geburtstagskind.‹ Vor acht Wochen sagte ich für diesen Tag den Frieden voraus: Welch Wunder – 16 Uhr kam die Meldung. *Deutschland hat bedingungslos kapituliert.* Ich fuhr ins Dorf, wollte Veralein ein Kleidchen anprobieren. Christian ruft: ›Amtlich, Ruthchen, amtlich.‹ Mein erster Gedanke: Gott behüte Dich, mein Mann! Der Krieg ist zu Ende. Axels dritter Geburtstag und – Kriegsende. Das Zimmer steht voll Blumen. 15 Uhr spricht Churchill. ›God save the king.‹ Und wir? Ich bete um den inneren Frieden, da uns der äußere versagt ist. Ein deutsches Volk geht zugrunde. Es war nichts, nichts umsonst, wenn du wieder bei mir bist, Geliebter. – Veralein hat einen unglaublichen Ausschlag, der sich verschlimmert.

Nacht – Sterne. Die neunte Symphonie von Beethoven ist verklungen. Draußen Böllerschüsse. Der Krieg ist zu Ende.

Sonntag, 4. Juni

Am Mittwoch um 7 Uhr geht die erste Fuhre nach Leipzig ab. Trotz Hungers nach Leipzig: 150 Gramm Fleisch pro Monat! Zwei Pfund Brot die Woche! 100 Gramm Fleisch und 50 Gramm für die Kinder! Die Wohnung sieht irrsinnig drekkig aus, die Wände zum Teil zerschossen. Ich nahm Dein Bild, Geliebter, mit ins Wohnzimmer. Was ist mit meinem Beruf? Wir sind noch lange nicht ›pressereif‹. Im Dorf ein Junge von Kindern erschossen im Spiel. Der Russe besetzt ganz Sachsen. Eine Panikstimmung überall. Mir sind die Kräfte gelähmt.

8. Juni 1945

Die ersten Russen. Ein Offizier hält Brückenwacht. Unerhört schneidig. Die anderen Soldaten? Mir steht das Herz still, denke ich daran, daß mich so etwas vergewaltigen könnte.

9. Juni 1945

Vor acht Tagen, wie sah die Welt aus! Heute bin ich restlos fertig. Ich sehe alles zusammenbrechen. Des Nachts träume ich von dir, Geliebter. Du hattest nur noch ein Bein – aber du warst da, und es war unsagbar schön. Alles Träume – die Wirklichkeit ist unerträglich. Meine Welt ist zusammengestürzt.

23. Juni 1945

Habe heute Kaffee ertauscht gegen Uhr. Kinderkarten gesperrt. Vera beim Arzt, er wird nächste Woche mit der Drüsenbehandlung anfangen. Axel spricht immer vom Vati: ›Aber wenn er wiederkommt, dann nimmt er mich mit im Auto. Den Vati hab ich lieb. Mutti, wann kommt denn der Vati?‹ Ich wollte, ich könnte diese Frage beantworten: *Wann kommt er wieder, Mutti?* Dieser Tag wird der schönste meines Lebens sein.

20. Oktober 1945

Geliebter, mein Mann, meine Welt! Ich warte auf Dich – nichts anderes erfüllt meinen Tag. Ich liebe Dich . . . Es ist kaum noch zu ertragen – wie lange noch? Wirklich, wirklich, Liebster: ›An das Eine, das Letzte dürfen wir nicht glauben! ‹Herrgott im Himmel, beschirm meinen Mann. Laß es wahr sein, daß wir nie daran glauben müssen.«

Das letzte war ein Brief, der nie abgeschickt wurde, und heute nach fünfundvierzig Jahren liegt er vergilbt auf meinem Tisch. Mein Vater ist in meinen Gedanken ein junger Mann. Ich könnte schon fast seine Mutter sein. Die Sehnsucht meiner Mutter hat sich auf mich übertragen, ich habe immer einen Vater gesucht. Wenn meine Mutter mich strafen wollte, brauchte sie nur mit einer Miene, einem Blick zu sagen: »Wenn das Dein Vater wüßte!« Dann war ich verloren. Ich war zu jeder Buße, jedem Opfer bereit, um den Vater zu versöhnen. Er wurde für mich ein Gott, eine Legende.

Meine Erinnerungen reichen tief hinab. Ich glaube zu wissen, daß er, als er zu den Soldaten mußte, sich neben mich hockte und sagte: »Ich gehe jetzt weg. Wenn ich nicht wiederkomme, darfst Du nicht traurig sein. Aber wenn Du ganz lustig bist, mußt Du denken, es wäre schön, wenn er jetzt dabei wäre.«

Solange ich auf dem Dorf lebte, habe ich bei den Bauern Knochen gesammelt. Dafür bekam man Marken, auf die konnte man Seife kaufen, und die schickte ich meinem Vater.

Kindheit ist Nullzeit. Es gibt kein Minus, es gibt nur Plus. »Du hast doch gar nichts von Deiner Kindheit gehabt«, sagte meine Mutter oft zu mir.

Wieso, ich habe bunte und schöne Erinnerungen.

Ich habe nie ein Fahrrad besessen. Aber das alte Herrenfahrrad mit der zusammengenagelten Hartgummibereifung, das ich mir bei einem Nachbarskind auslieh, war ein Traumflitzer.

Sehnsüchtig wünschte ich mir Schlittschuhe – natürlich gleich am Stiefel. Die alten von meiner Tante mußten mit einem Vierkantschlüssel an die Schuhe geschraubt werden: Drei Schritte nach rechts, drei nach links, und der Schlittschuh war ab. Doch diese drei Schritte waren wie im »Weißen Traum«.

Die schönste Apfelsine habe ich beim Aufwachen gesehen. Meine Mutter hatte eine Dienstreise nach Berlin. Obwohl es verboten war, ging sie nach West-Berlin, tauschte Geld und kaufte für jedes Kind eine Apfelsine. Als ich früh die Augen aufmachte, lag sie auf meinem Nachttisch. Ganz rund, ganz orange. Sie strahlte und blieb da, als ich die Augen öffnete.

Am Fenster, im Klo, nach dieser Demütigung, fühle ich mich klein. Ich heule ein bißchen, das erleichtert. »Ist Ihnen schlecht?« fragt mich eine Sekretärin, die kommt, um ihren Kaffeetopf auszuwaschen. »Nein, danke, es geht schon wieder.« Wenn ich müde, zerschlagen oder traurig bin, falle ich in Kindergewohnheiten. Auf der Bühne, hat meine Mutter beobachtet, greift meine linke Hand suchend nach einer anderen Hand.

Mich quält die Vorstellung, daß mir das dreieinige Tribunal wegen *Post modern* weitere Theatervorhaben zerschlagen wird.

Als gelernter DDR-Bürger habe ich mich an den Alltagsfaschismus gewöhnt, und mit meiner Gewöhnung rechnet man. Ich bin erpreßbar, denn ich liebe mein Theater. Es ist mein Kind, und ich will es behalten. Als normaler Angestellter ist man unkündbar, ein Intendant kann innerhalb von vier Wochen abberufen werden. Dann ist die Arbeit von Jahren perdu. Ein perfides System.

Das Wort Faschismus durfte auf die DDR nur mit dem Zusatz »Anti-« angewendet werden. Aber faschistoides Verhalten war tief verinnerlicht. Die Zeit nach dem Kriege hatte nicht gereicht, um dieses Erbe auszumerzen. Die Übernahme faschistischer Strukturen und die Zurückeroberung der Übungen, die der Faschismus von der Arbeiterbewegung übernommen hatte, ergaben immer wieder fatale Kongruenz. Fackelzüge und Aufmärsche, der Hausgemeinschaftsvorsitzende und der Blockwart, die Napolaschüler und die Parteischulkader waren Ausdruck der inneren Verwandtschaft. Das hatte man schon gehabt, das kannte man, da machte man weiter, so erzog man die Kinder.

Es ist Heuchelei, zu erschrecken über das Ausmaß von Überwachung und Denunziation. Das war deutsches Brauchtum in diesem Jahrhundert. Durch meine Kindertage geisterte das Wort »jemanden anzeigen«.

Jetzt habe ich den Kopf zu weit rausgestreckt, es wurde scharf geschossen. Oder war es vielleicht nur ein Manöver mit Platzpatronen? Vielleicht konnte ich noch gehen, mit dem Satz: »Das wird mir hier zu blöde«?

Wer war ich denn? Frau, Mutter, Geliebte, Schauspielerin und Regisseurin, Mitglied und Teilnehmerin, Kollegin und Genossin, Intendatin und Ausweisinhaberin, Mitwirkende und Kontrahentin, Mitarbeiterin, Angestellte und künstlerische Intelligenz.

Ein »Winkelement« war ein Mensch, der den Oberen im Präsidium, auf der Tribüne oder in den schwarzen Autos mit einer Fahne, Blume oder mit der bloßen Hand zuwinkte.

Eine »Einsatzreserve« war ein Mensch, der für die Oberen bei Staatsakten, Jubelfeiern oder Meetings Volk darstellen und die freigebliebenen Plätze besetzen mußte.

Ein Intendant war ein Mensch, der für die Oberen ein progressiver Künstler oder ein konterrevolutionäres Element war.

MÄRZ

Es ist leichter, über die Welt zu schweigen.

Es ist einfacher, über alle Welt zu reden.

Die schweigen kriegen Magengeschwüre und zeitig einen Herzinfarkt.

Die Lauten sind lästig. Sagen, was man sieht und weiß ...

Die Wahrheit wird sowieso nicht geglaubt, mit ihr kann man sich am besten verstecken.

Durch meine Marienburgerstraße im Prenzlauer Berg fahren die Krankenwagen und jaulen durch meinen unruhigen Schlaf. Wir probieren nachts *Quartett* im Theater, wenn die Vorstellungen zu Ende sind. Wir brauchen die Architektur des Palastes. Sie ist geronnene kalte Zeit. Sie ist prächtig und unzweckmäßig, hat viel Raum und keine Räume. Sie drückt den Menschen und vermittelt ihm Einsamkeit und Sinnlosigkeit. Wenn ich als Merteuil auf allen Vieren über die kalten Marmortreppen krieche, empfinde ich physisch die brutale Lustfeindlichkeit, die dieses Staatsgebäude ausstrahlt. Durch das große unverhangene Fenster sieht man die Linden, den Staatsrat, das häßliche Außenministerium und das grausame Licht des Riesenkandelabers vom Marx-Engels-Platz. In diesem Ambiente inszeniert Bernd Peschke, ohne Bühne, ohne Dekoration. Es entspricht seiner Lesart, daß sich die Grenze zwischen Theater und Realität verwischt; wie sehr dies der Fall sein wird, ahnen wir zu diesem Zeitpunkt nicht.

Im Frühjahr senkt sich der Smog drückend auf die Stadt. Es

atmet sich schwer. Aber nicht nur die verdreckte Luft, die Lebensumstände sind atemberaubend.

Im nächsten Monat werde ich vier Wochen auf Gastspiel fahren, das bedeutet vier Wochen ohne Gregor. Er ist verdammt, er darf nicht reisen. Ich bin privilegiert, ich bin Reisekader.

Ich mache den Versuch, die Mauer seines Reiseverbots zu durchbrechen und gehe zu seinem zuständigen Verlagsminister Klaus Höpcke. Der empfängt mich, höflich, nett, kurz angebunden. Er sieht schrecklich aus. Sein Kopf ist zu einem Schädel geworden, seit er versuchte, die Prügel zu überstehen, die er bezog, als er sich für Vaclav Havel eingesetzt hatte. Doch eigene Demütigung macht nicht mitfühlender für andere: »Es gibt prinzipielles Unverständnis für das Verhalten von Gregor Edelmann. Das liegt außerhalb meiner Kompetenz. Da muß jemand vom Politbüro entscheiden und auch die Genossen.«

Wenn nur von »den Genossen« gesprochen wird, weiß man, damit sind die von der Staatssicherheit gemeint. Die waren ohne Namen und Gesicht. Die waren im Volksmund »die runde Ecke« oder »Horch & Guck«. Die hatten befunden: Gregor war ein Staatsfeind.

Ich knie vor dem Minister, ich bettle, ich flehe. Der leitende Genosse wird durch meine Erniedrigung größer. Er kann in sein Füllhorn greifen und die Gnade eines Reisepasses, eines Autos, einer Stückgenehmigung, eines Telefons hervorholen. So ist die Spielregel: Es gibt kein Recht auf etwas, aber es ist ein Gnadenbeweis möglich.

Aber Höpcke bleibt hart und bei seiner ablehnenden Haltung. Wollte er nicht, oder konnte er nicht? Abgeschmettert verlasse ich seinen deutschen sozialistischen Schalter.

Als ich einmal meinem Salzburger Manager erklärte, was alles der Kulturminister vergeben oder verweigern kann, fragte er: »Ihr Kulturminister, wann kümmert der sich eigentlich um Kultur?«

Als Gregor dreiunddreißig Jahre alt war, durfte er zum zweiten Mal in seinem Leben für ein paar Stunden in den Westen. »Sein Verhalten« von dem der Minister gesprochen hatte, bestand in folgendem: Er hat eine Theaterpremiere in West-Berlin besucht. Dann war er noch bei der anschließenden Premierenfeier gewesen, dann war er zu spät über die Grenze gekommen, dann hatte er zwei Haschisch- Zigaretten einstecken.

Das waren ausreichende Gründe für ein demütigendes Verfahren vor Partei- und Verlagsleitung.

Folgende Anklagen wurden erhoben:

»1. Der Genosse hat seit zwei Jahren außerdienstliche Kontakte zu einem BRD-Bürger unterhalten und die Parteileitung davon nicht informiert: Verletzung der Vertrauensfrage!

2. Er hat – über seinen Auftrag, die Premiere zu besuchen, hinausgehend – an einer Premierenfeier teilgenommen, die in einem zweifelhaften Westberliner Lokal stattfand. Dort ist er mit Verrätern der DDR zusammengekommen, das heißt mit ehemaligen DDR-Bürgern, ohne sich von ihnen prinzipiell zu distanzieren: Verletzung der politischen Wachsamkeit!

3. Er hat sich bei der Wiedereinreise über das Suchtmittelgesetz hinweggesetzt und Canabiskraut eingeführt: Politischer und moralischer Schaden im Verlag und in der Öffentlichkeit!

4. Er war zu spät an der Grenze und hat Checkpoint Charlie gewählt, der nur für Ausländer erlaubt war: Verstoß gegen die Reiseordnung!

5. Er hat trotz mehrfacher Auseinandersetzung zu keiner parteilichen Position und Beurteilung seines Verhaltens gefunden.«

Es war absurd! Gregor war im Verlag für fast die gesamte DDR-Dramatik verantwortlich, durfte aber nur Ost- und keine Westaufführungen sehen. Noch vor zwei Monaten war er als Parteisekretär nominiert worden, was auch ein Zeichen für die wachsende Kraft des kritischen Potentials in der Partei war. Jetzt war er ein Feind und wurde aus der Partei ausgeschlossen.

Mit dem Parteiausschluß wurde man ein Mensch niederer Klasse. Man wurde ausgegrenzt, man wurde ein Problembürger. Diese Ausgrenzungen gab es überall. Die Volkspolizei hatte ihre Bezeichnungen: Ein »Pb« war ein einfacher Problembürger. Ein »KGB« war ein kriminell gefährdeter Bürger. Die »48er« waren die, denen der Paragraph 48 zugesprochen wurde, das bedeutete Meldung und Kontrolle durch den ABV (Abschnittsbevollmächtigten der Polizei im Wohngebiet).

Gregor ist nun ein unzuverlässiges Element, ein Problembürger geworden. Wieder ist für ihn die Welt an der Mauer zu Ende. In späteren Zeiten wird sich niemand diese tödliche Situation vorstellen können. Bleiben wird das Lächerliche.

Die Mehrzahl der DDR-Bürger kannte diese Situation. Ich, die ich als Devisenbringer und Reisekader rausdurfte, schäme mich fast für meinen gestempelten Reisepaß. Ich schäme mich für ein Menschenrecht, das hierzulande zum Privileg verkommen war.

Die »Verräter der DDR«, Theaterkollegen, alte Freunde, hatten Gregor das Hasch geschenkt, um ihm den Frust, in den er zurück mußte, erträglicher zu machen.

Nach der Wende werden sie ablehnen, mit mir zu arbeiten, weil ich . . . Na, weil ich oben war, bei denen, den anderen. Was sie für sich einst als unerträglich einstuften: Intoleranz, Verdammung für politische Haltung, Diffamierung, das werden sie bald als Vergeltung übernehmen. Die Pervertierung der DDR-Gesellschaft hatte wirklich volle Arbeit in der Erziehung all ihrer Kinder geleistet. Selbst die, die unter Intoleranz und Repression gelitten haben, warten heute nur auf die Gelegenheit, den alten Femespruch vollziehen zu können. Frei von Illusionen habe ich mir abgewöhnt zu glauben, daß künstlerischer und menschlicher Wert identisch seien.

Es ist nicht meine Sache zu beschönigen oder zu richten. Ich bin zwischen die Feuer geraten und die Gewehre sind aus beiden Richtungen auf mich angelegt, ich kann weder mir noch der Zeit entgehen. Es ist an mir, meinen Teil an Erfahrung und Einsicht zu liefern. Die Menschen sind nach Umständen grausam oder großzügig; die Sachsen sagen: »Sie schubsen die Großmutter die Treppe runter und fragen, warum sie so rennt.«

Vor mir liegen die Reisepässe meines Lebens: Militärregierung für Deutschland, vorläufiger Reiseausweis an Stelle eines Passes, Nr. 101343, ausgestellt Munich, 21st May 1948. – Meine Drüsentuberkulose hatte nicht geheilt werden können. Es gab keine Medikamente, nichts zu essen. Es bestand Lebensgefahr. Schweizer Verwandte in Chur erklärten sich bereit, mich aufzunehmen. Meine Mutter versuchte, meine Reise aus der sowjetischen Besatzungszone zu organisieren. Das Kind mußte einer Ärztin vorgestellt werden, die den maladen Zustand bestätigte. Die Medizinerin befand: »Wenn das Kind sterben soll, dann kann es das auch hier bei den Russen.« Ein Freund meines Vaters nahm sich meiner an. Er war Heizungsfachmann, deshalb nannten ihn alle Kachelschmidt, und arbeitete in München in einer Feinfrostfirma. In einem alten Adler fuhren wir gen Süden. Er wohnte in München an der Isar zur Untermiete in einem halben Badezimmer. Dort hausten wir nun beide, und ich entnehme einem grünen Formular, daß mich das Ernährungsamt München-Stadt bis einschließlich 31. Mai 1948 mit Lebensmittelkarten versorgt hat. Wir versuchten, bei den Amerikanern eine Ausreise in die Schweiz zu erwirken. Die versprachen: »Nach der Währungsreform.«

Oh, die deutschen Zeitrechnungen: Vor Kaisers (Hitlers, Stalins) Geburtstag und nach ... Geburtstag. Vor dem Parteitag, nach dem Parteitag. Vor der Währungsunion, nach der Währungsunion. Vor der Einheit, nach der Einheit ...

Tags trieb ich mich im zerstörten München herum. Im Zoo bewunderte ich die Menschenaffen und am Isarufer die Entblößer. Amerikanische Soldaten schenkten mir Popkorn, und ich wußte nicht, daß man das essen kann. Mein Onkel und ich ernährten uns von rohen Haferflocken und dem neuesten Produkt der Firma: Gefrierei. Als meine Rumtreiberei bedenklich wurde und die Ausreise immer noch auf sich warten ließ, nahm mich die Telefonistin des Betriebes mit aufs Dorf. Dort wurde ich dem Pfarrer zur Erziehung übergeben und bald in den Bräuchen der katholischen Kirche unterrichtet. Endlich kam die Währungsreform, und eines Tages band man mir ein Schild um, auf dem stand: »Ich heiße Vera Oelschlegel. Ich will nach Chur in der Schweiz. Bitte helfen Sie mir.« Dann hängte mir mein Onkel einen Beutel, der aus einem alten Geschirrtuch genäht war, mit Paß und Fahrkarte um den Hals.

Über Konstanz am Bodensee fuhr ich nach Lindau. Dort ging ich zur Grenze, die durch einen alten Hausflur verlief, passierte Paß- und Zollkontrolle, kam aus einem anderen Tor heraus – und war im Frieden. Das war wie im Märchen, wo man ein dunkles Tal durchwandern muß, und nach einer finsteren ekligen Höhle steht man plötzlich im gelobten Land.

Die Schweiz, das war für mich eine saubere Straße mit einem sauberen Kiosk, eine dicke Tante, schnelle Züge und eine Badewanne mit warmem Wasser. Anderthalb Jahre blieb ich dort, ging in die Kantonsschule, wurde calvinistisch erzogen, lernte schwimmen und sticken, stricken, häkeln. Mein Onkel, der Zahnarzt war, verpaßte mir meine erste Jacketkrone und wanderte mit mir weit durch die Berge. Mit Bewußtsein nahm ich eine heile Welt auf, wo Mädchen kochen, Klavier spielen und Französisch lernten. Als ich nach Hause, in mein dreckiges Leipzig fuhr, war ich gesund und sprach so Schwyzerdütsch, daß mich meine Mutter kaum verstand. Ich danke der Schweizer Familie Rüedie mein Leben.

Ich habe Glück gehabt, ich fand viele Lebensretter, die mich von Abgründen zurückrissen und auf den Armen aus dem Feuer trugen, die mir mit Handauflegen, Besprechen und Küssen die körperlichen und seelischen Wunden heilten. Immer war ich krank. Aber immer wurde ich geheilt. Ich erwachte aus jeder Ohnmacht, zwar häufig zerschlagen, aber nicht kaputt.

Französischer, Britischer und Vereinigter Staaten Kommandanten in Berlin – Alliiertes Reiseamt: Temporary Travel Document in lieu of passport for Germans Nationals, Nr. B. 0064721, ausgestellt in Berlin 24. Februar 1968. Im Sprachgebrauch wurde dieser begehrte Paß Travelboard, Reisepappe, genannt. Trotz der Freude über den Besitz eines solchen Dokuments fühlte ich mich als Mensch zweiter Klasse und taperte unsicher und ängstlich über den Londoner Flughafen. Ich dachte immer, jeder müsse mir ansehen, daß ich aus dem Osten kam und ein bißchen doof war. Ich reiste nach Edinburgh zu den Festspielen mit einem Film *Die gefrorenen Blitze* über Wernher von Braun von dem Regisseur Janos Veiczi. Für mich war das die große Welt: Die Zeitungsreporter umflatterten mich, ich war »Iron curtain blonde who enjoyed the good life« und »the girl who whistled back«. Ich genoß die Welt und meinen Schauspielerberuf in vollen Zügen.

Als ich mich zu diesem Beruf entschlossen hatte, gab es völlige Übereinstimmung von Elternhaus, Schule und meinen Freunden. Sie sagten sogar: »Wenn du nicht Schauspielerin wirst, was willst du denn sonst machen.« Die Zustimmung der Menschen, die mir wichtig waren, war für mich ein großes Glück. Den richtigen Beruf zu finden, ist ein schwieriger Prozeß.

Es gab zwei Hindernisse für meine Zukunft. Das erste war meine bürgerliche Herkunft. Das gab mir kaum Chancen, selbst bei einem guten Abitur, einen Studienplatz zu bekommen. Das zweite war meine Fixierung auf die Schauspielerei. Ich hatte keine Alternative. Ich hatte immer gespielt.

Als Kind gab ich meinen Brüdern und Freunden eine Serienvorstellung über die Geschichte eines Zirkus. Ich war Chronist und spielte alle vorkommenden Personen und Tiere. Ich hatte Hausgeister und Gespenster, mit denen ich mich nächtens unterhielt. Eines von ihnen saß hinter dem kleinen grünen Ofen und begann alle seine Auftritte mit den Worten: »Hähähä, ich täusche!«

Die reiche Bibliothek meiner Elten mehrte meine Phantasie, ich durfte lesen, was ich wollte. Sehr früh las ich die Klassiker und Romantiker, Uhland, Börne, von Platen, Novalis, Schiller. Was mir gefiel, lernte ich auswendig.

In der Schule fehlten Lehrer, und es gab viele Freistunden. Da stieg ich aufs Podium und spielte, was ich eben gelesen hatte. War es gut, trugen mir meine Klassenkameradinnen auf dem Heimweg den Schulranzen. Später verkleidete ich mich sogar. Erst reichten die Hüte meiner Großmutter, dann nahm ich heimlich Sachen meiner Mutter. Mein wertvollstes Stück war ein Gehrock vom Großvater einer Freundin.

Schon damals beschloß ich, eine eigene Bühne zu gründen. Unsere große Bürgerwohnung eignete sich vortrefflich. Zwei große Zimmer waren durch eine mehrflüglige Tür getrennt, da wurden Bettücher als Vorhang gespannt, die benachbarte Kirche lieh mir die Stühle, und fertig war das Theater. Ich hatte Schneewittchen dramatisiert, führte Regie und spielte die böse Stiefmutter und den Jäger. Eigentlich hätte ich gern Schneewittchen gespielt, die war so gut und schön und sollte das Abendkleid meiner Mutter aus blauem Samt mit einem Spitzenkragen tragen. Aber meine Freundin war schöner als ich, hatte lange Haare und Locken, ich mußte zurücktreten.

Als der Schlußapplaus geendet hatte, hörte ich meine Mutter weinen. Sie hatte mir die Freude nicht verderben wollen, aber das nächtelange Probieren und Basteln, die Verwüstung der Wohnung hatten ihre ramponierte Kraft nach den langen Arbeitstagen im Rundfunk erschöpft. Ihre Nerven hatten es nicht ausgehalten. Ich schämte mich in Grund und Boden. Ich wollte alles wiedergutmachen. Ich putzte die Wohnung auf

Hochglanz, scheuerte die Treppe und schrubbte meine Brüder.

Als ich später die Thomasschule besuchte, spielten wir, einer Tradition dieses humanistischen Gymnasiums folgend, *Antigone* und andere antike Stücke zu großen Teilen in Altgriechisch.

Diese Schule war ein Wunder in der DDR. Sie hatte, unter dem Schutz der Thomaskirche und dem Weltruf des Chores, ihren humanistischen Geist bewahrt. Die Lehrer hielten Vorlesungen über Philosophie und Literatur. Der Deutschlehrer war ein blendender Orgelimprovisator, und manche Unterrichtsstunde wurde für Musik geopfert. Es gab ein Schulorchester, das Max Pommer, der zwei Klassen über mir war, leitete – mit einem klassischen Repertoire. Nach dem 17. Juni 1953 kamen geraume Zeit alle Schüler und Lehrer in schwarzen Anzügen und Kleidern und demonstrierten offen Trauer. In der Schulbibliothek konnte man Nietzsche und andere verfemte Autoren ausleihen. Der Schuldirektor beherrschte und lehrte Griechisch und Latein. Die Schüler gingen zu Madame Réger in die Tanzstunde und lernten an einer Tafel mit leeren Tellern, wie man Austern und Schnecken aß und die Restsuppe auslöffelte. Den Spruch meiner Großmutter: »Austern ißt man nur in Monaten ohne R«, kannte ich lange bevor ich eine Auster gesehen hatte. Wir tanzten Walzer, Tango und Boogie-Woogie, und ich empfand die Etikette nicht als Last, sondern als Ausdruck einer Kultur, die ich in meinem späteren Leben noch so oft vermissen sollte.

Die Thomasschule war früher eine reine Knabenschule gewesen, und nur widerwillig beugte sie sich dem Gesetz der Koedukation. Es wurde das Mindestmaß an Mädchen aufgenommen, das waren drei. So kam ich aus der Welt der Frauen, in der ich bisher aufgewachsen war, in die Welt der Männer. Hier wurde ich verhauen und verwöhnt.

Meine ersten Flirts und Liebschaften entwickelten sich mit

meinem Musikverständnis. Kein Tag war ohne Konzert. Montags war »Stunde der Musik«, eine Konzertreihe für Solisten. Da spielten Wilhelm Kempff und Backhaus, Oistrach und Rostropowitsch, es sangen die Lore Fischer und Mario del Monaco. Ich erinnere mich gut an ein Konzert mit Elly Ney in der Kongreßhalle des Leipziger Zoos. Zu Tausenden standen die Menschen und hofften hineinzukommen. Als die Ney auf die Bühne kam, schoben und drängten sie so, daß die Türen aufbrachen und der Strom sich in den Saal ergoß. »Lassen Sie die Menschen doch, bitte«, sagte die Ney. Sie thronte in einem Berg schwarzer Gewänder wie eine Monarchin hinter ihrem Klavier. Ob der Beethoven gut war, den sie spielte, vermag ich heute nicht mehr zu sagen, aber das Erlebnis der nach Kunst und Kommunikation ausgehungerten Menschen und der alten weißhaarigen Frau, die Klavier spielte, war bleibend.

Meine Mutter betreute sie als Direktorin der Konzert- und Gastspieldirektion Leipzig, der staatlichen Inlandagentur der DDR. Elly Ney war ihre Patentante. Ich durfte bei der großen alten Klaiverdame Knicks machen und danke für das Konzert sagen.

Leipzig war für mich Musik. Freitag und Sonnabend sang der Thomanerchor unter Günther Ramin in der Thomaskirche Motetten bzw. Kantaten, Mittwoch spielte das Rundfunksinfonieorcheste und Donnerstag das Gewandhaus, das damals Franz Konwitschny leitete. Er war ein wunderbarer Musiker, ein großartiger Dirigent und ein versoffener Mensch. Die Leipziger liebten ihn und seine Musik, und sie verziehen ihm, wenn er am Neujahrsmorgen einen Teil der neunten Sinfonie mit dem Taschentuch dirigierte oder sich, bevor er begann, mit dem Taktstock am Ohr kratzte.

Obwohl alle in der Klasse brav in die FDJ, wie vorher in die Pioniere, eingetreten waren, bekam kaum einer einen Studienplatz. Bürgerliche Herkunft und die Thomasschule waren zwei

Minuspunkte. So gingen fast alle Klassenkameraden in den Westen. Die hierblieben, bezahlten. Bernhard S. zum Beispiel ging für zwei Jahre wegen Wehrdienstverweigerung in den Knast, saß in Bautzen und Rummelsburg und reiste dann nach einer qualvollen Wartezeit von dreieinhalb Jahren endlich aus.

Bei mir fing die Lehrzeit nicht gut an. Mein Schuldirektor, Prof. Nöbert, bestellte mich und legte mir folgenden Brief vor:
»Theaterhochschule Leipzig
Sehr geehrtes Fräulein Oelschlegel!
Wir bedauern, Ihnen mitteilen zu müssen, daß anläßlich ihrer Eignungsprüfung die Prüfungskommission zu der Meinung kam, daß sie für ein Studium in unserer Hochschule leider nicht die genügenden Voraussetzungen mitbringen.«

Immer wieder gab es für mich Kreuzwege. Ich habe mir lange Illusionen gemacht über meine und die Situation im Lande. Ich war christlich erzogen und übertrug meine Ideale auf die politische Bewegung. Es schien mir selbstverständlich, daß bei einem Menschen Tat und Wort identisch waren. Die Worte waren gut. Das Versprechen, daß das neue Leben anders werden würde, war verheißungsvoll. Das alte Leben kannte ich aus den grauen Erzählungen meiner Mutter, und es hatte mir den Vater genommen. Bei meiner Konfirmation bekam ich einen Spruch aus der Offenbarung Johannes: »Sei getreu bis in den Tod, dann will ich dir die Krone des Lebens geben.« Krone des Lebens klang gut.

Meine Freundin Genia wird später sagen: »Das geht nicht, gibt es für mich nicht.« Als sie diesen Satz sprach, wußte ich, daß ich ihn schon immer für mich beansprucht hatte.

Blau waren die Reise- und grün die Dienstpässe der DDR. Dann gab es als höchste Stufe den roten Paß, den sogenannten Diplomatenpaß, aber das war mehr ein Adelsbrief denn ein Reisepaß. Er verwandelte einen Menschen in eine VIP, eine very important person. Mit diesem Paß brauchte ich nicht in der Schlange zu stehen, und kein Zöllner durfte mein Gepäck öffnen.

Ich hatte keinen anderen Verdienst um diesen Paß, als das dritte Mal geheiratet zu haben, allerdings, wie man ehrfurchtsvoll sagte, einen »führenden Genossen«. Als ich Konrad Naumann kennenlernte, war er das allerdings noch nicht. Er wohnte damals in einem Neubau-Hochhaus auf der Fischerinsel, fuhr selbst einen alten Wartburg und als Dienstwagen einen verrosteten Tatra.

Unser Nachbar in der Alexanderstraße war in der Bezirksleitung der Partei für Kultur verantwortlich. Er kam oft zu Kant und mir, um zu quatschen. Bei sich zu Hause verbrachte er den Großteil der Zeit in der Badewanne und probierte verschiedene heilkräftige Badeessencen aus.

Ich hatte die fixe Idee, ein Theater aufzubauen. Der Wunsch existierte ja seit meinen Kinderjahren. Die letzten Jahre war ich mit meinen Liedern durch die Welt gereist, und nun wollte ich mit meiner Arbeit seßhaft werden. Erfahrungen von verschiedenen Bühnen verschiedener Länder hatte ich genug. Ich war überzeugt, daß Berlin eine flexible Bühne fehle. Leider dachte ich nicht darüber nach, daß Flexibilität mehr eine Frage der Kulturpolitik, denn die eines Hauses war. Ich entwarf Theaterkonzeptionen.

Damit wanderte ich von Pontius zu Pilatus, zu jedem, von dem ich glauben konnte, er habe Einfluß, so eine Idee zu befördern. Unser Nachbar riet mir: »Geh doch mal zu Konni.« Ich kannte ihn nicht, und ich kannte auch die Geschichten um seine Person nicht. Er interessierte mich nicht.

Aber es ging um ein Theater. Ich bat um einen Termin, bekam ihn, trug mein Anliegen vor und fand Gehör. »Wir fangen doch nach den Weltfestspielen an, den Palast der Republik zu bauen, vielleicht findet sich dort eine Ecke. Da sollen Restaurants, ein Festsaal, ein Jugendklub, Bowling und eine

Sauna rein. Vielleicht könnte man anstelle der Sauna . . . Was sagt denn der Kulturminister dazu?« »Bei dem war ich schon, der war dafür, aber erklärte seine Pleite, irgendeinen Raum für ein Theater zu finden.«

Nach diesem Gespräch dauerte es noch drei Jahre, bis ein kleines Plakat in Berlin hing:

»Ein neues Theater in Berlin!«

Theater im Palast. – Darunter das Signet, ein mit dem Pinsel gezogener Kreis mit der Abkürzung »tip«. Den Namen »tip« mochte ich besonders, und er bürgerte sich schnell ein. Den Namen »Theater im Palast« hatte ich dem Ministerium vorgeschlagen, und er wurde akzeptiert.

Nach diesem Gespräch dauerte es noch ein Jahr, und Konni und ich waren verliebt. Er war wie ein Baum, groß und stark, er beschützte mich. Er nahm mich auf den Arm und trug mich singend durch das Haus, wenn abends nur noch die Nachtwache in der Bezirksleitung war. Er schlief nie und feierte immer irgendwo. Druckreif sprach er nicht, aber witzig und oft ohne Manuskript. Ich habe ihn bei Bauarbeitern erlebt, wie er allein den ganzen Saal unterhielt: Er kletterte zur Kapelle auf die Bühne, formierte die Kombinatsleitung zum Chor und kommentierte den Gesang so, daß sich alle vor Lachen bogen. Dann soff er bis früh um fünfe alle unter den Tisch. Er war kontaktfreudig und hatte Charme, der für drei gereicht hätte. Er brachte mir noch nach Mitternacht Rosen. Nie kam er mit leeren Händen. Es machte ihm Spaß zu schenken. Aus seiner häßlichen gelben Aktentasche holte er roten Sekt und Ölsardinen, einen Toaster und eine italienische Strickjacke. Er war und blieb ein praktischer Bauer. Wir bummelten zusammen, ohne Bewacher, durch Berlin und fuhren an Wochenenden manchmal mit einem Knatterboot durch Berlins Gewässer. Die Leute erkannten ihn und brüllten: »Eh, olle Konni!«, und er johlte zurück. Er war für mich aus einer anderen Welt. Er war so ganz anders, und ich hoffte, bei ihm Ruhe und Geborgenheit zu finden. Vielleicht berührte er auch meine Sehnsucht nach dem Vater, der liebt und beschützt und alles kann.

Es ist leichter, über die Welt zu schweigen.

Es ist einfacher, über alle Welt zu reden.

Die schweigen kriegen Magengeschwüre und zeitig einen Herzinfarkt.

Die Lauten sind lästig. Sagen, was man sieht und weiß . . .

Die Wahrheit wird sowieso nicht geglaubt, mit ihr kann man sich am besten verstecken.

Mißtrauisch gegen diese Liebe, trennte ich mich mehrfach, überzeugt, daß er sich ohnedies nur einen Spaß mit mir machte. Dann hoffte ich wieder verzweifelt, daß meine Ehe mit Hermann Kant doch zu retten sei.

Hermann schrieb damals an seinem Roman *Der Aufenthalt.* Er las mir jeden neuen Abschnitt vor, ich hörte zu, und wir sprachen darüber. Ich kannte seine Schreibgedanken, soweit er sie selber wußte. Verließ ich ihn, so würde er zu schreiben aufhören. Davor hatte ich Angst. Unsere Ehe war durch Mißtrauen und Eifersucht nur noch ein Schatten dessen, was sie gewesen. Aber Schreiben, das war sein Leben.

Wenn man verliebt ist, wenn man genießt, ist man rücksichtslos. Lange konnte ich mich dem Drängen Konnis nicht entziehen. Meist trafen wir uns heimlich bei Freunden, die uns ihre Wohnung zur Verfügung stellten. Sie sahen mit Neugier und auch mit Vergnügen, wie sich eine Mesalliance zwischen einer Schauspielerin und einem Parteifunktionär entwickelte. Unsere Rendezvous mußten sich meist heimlich abspielen, denn auch er war verheiratet, und er hatte zwei Söhne. Aber Heimlichkeit war Öl auf das Feuer unserer Verliebtheit. Ich ging zu ihm gierig und verließ ihn mit Skrupeln. Diese machten, daß ich mich tagelang versteckte, aber dann kapitulierte ich wieder.

Die Sekretärin war längst eingeweiht, wir waren Stadtgespräch, da dachte ich immer noch, es gäbe für mich zwei Wege. Als Hermann den letzten Satz seines Romans geschrieben hatte, offenbarte ich ihm alles. »Das soll mir dieser Feigling selber sagen«, knirschte er, und Konni kam und sagte es ihm selber. Er war nicht feige. Er war so, wie ich mir vorstellte, daß ein Mann sein müßte.

Hermann fuhr zu unseren Freunden, den Strittmatters, stand im Garten, breitete die Arme aus und sagte: »Ich melde Totalschaden an meiner Ehe.«

Die Zeit, die folgte, war die Hölle, die jeder kennt, der eine Scheidung hinter sich hat. Über alles legte sich eine Staubwolke und verfärbte jeden Gedanken, jedes Gefühl.

Kopfüber stürzte ich mich in die Arbeit, ein Gastspiel in Paris. Ich wäre auch auf die Fidschiinseln gefahren und hätte dort dressierte Hunde vorgeführt, nur um von Berlin wegzukommen.

Ich wohnte in einem heruntergekommenen Hotel in der Nähe der Metro La Chapelle. Die Konzerte waren miserabel organisiert, und wir waren froh, daß wir wenigstens Rundfunkaufnahmen machen konnten.

Ich glotzte im Hotelbett auf die großmustrige Tapete und haderte mit mir. Da läutete das Telefon an der Wand, es war Konni: »Ich habe mit Honecker gesprochen. Es gibt keine Einwände gegen Dich, er ist einverstanden mit der Heirat. Alles wird gut. Ich liebe Dich.« Ich stierte immer noch auf die Tapete und heulte. Nun gab es kein Zurück. Aber ich würde, ich mußte zwei Bedingungen stellen: Konni muß aufhören zu saufen, und ich muß meinen Namen behalten können! – Letzteres würde sicher einfacher zu erfüllen sein.

Ich ging mich duschen. Vorher hatte ich in der Duschschüssel Wäsche gewaschen. Sie war noch seifig, ich rutschte aus, war grün, blau und verbeult. Oh, ich war eine Katastrophennudel, eine Klamottenjule, eine Skandalemma! So sang ich die letzten Konzerte dieser Tournee.

Ich wußte, daß meine Liebesbriefe von der Stasi gelesen wurden, Konni wischte alles weg mit verharmlosenden Erklärungen. Ich glaubte ihm.

Ich glaubte ihm, als er mir erzählte, daß er als Knecht beim Bauern für Milch für seinen kleinen Bruder gearbeitet hatte. Der Bauer hatte ihm eine Beurteilung geschrieben: Der Knecht Naumann war fleißig, zuverlässig und pünktlich ...

Er war, wie viele andere des Jahrgangs 1928, Flakhelfer in Hitlers letztem Aufgebot. Dort hatte er sein großes sexuelles Erlebnis. Zwei Flakmaiden hatten sich den stämmigen Burschen ausgeguckt. Sie zogen sich vor ihm aus, reizten ihn, bis er sich besinnungslos auf sie stürzte. Danach hatte er ein schlechtes Gewissen. Wahrscheinlich hat ihn das nie verlassen. Es wurde zu einem Teil seiner Lust, und er haßte es und versuchte, durch sexuelle Erfolge zu beweisen, daß es für ihn kein Grund für Unterlegenheitsgefühle gab. Er wollte hinter das Geheimnis des Genusses kommen. –

1945 seien er und ein KZler, so erzählte er, mit einer roten Fahne aus Bettinlet den Russen entgegengefahren. Sein Vater war ein linker Sozialdemokrat, und Konni avancierte schnell. Er bekam Vollmachten und ein Auto und enteignete den Gauleiter und andere. Dann hatte er einen »Kaderunfall« und wurde in die Braunkohle strafversetzt. Dort entdeckte ihn Hermann Axen, später Politbüromitglied, als wertvollen Polit-Kader.

»Dann lernte ich eine ältere Frau kennen. Mir paßten alle Sachen ihres Mannes.«

In einem Brief an Nina schrieb er später: »Wir haben zu jeder Zeit ältere Freundinnen gehabt, die uns formten, weil sie erfahrener im Kampf waren. So habe ich vier Jahre lang mit einer

Kommunistin wie Mann und Frau geliebt, gelebt und gelernt. Sie kam aus dem Frauen-KZ Waldheim, ihr Mann wurde durch kleinliche Geschwätzigkeit verraten und von den Faschisten hingerichtet... Sie hat mich mit den Sachen ihres Mannes gekleidet ... ich war 18 Jahre und sie 47. Danach in meiner ersten Ehe und danach habe ich diese selbstverständliche Wärme leider nie wieder in dieser menschlichen Größe erleben dürfen. Ich habe G. noch öfter getroffen – leider ist sie an Tbc und an den Folgeerscheinungen des KZ verstorben, die liebevolle, gerechte, aufmerksame gute Kommunistin.«

Konni erzählte vom Studium an der Komsomolschule in Moskau und sang die alten russischen und die neuen sowjetischen Lieder. Er war mein Mann, und ich glaubte ihm alles. Er machte mir schmackhaft, daß seinetwegen die Stasi von mir ein ausführliches Dossier anfertigen mußte. Ich nahm es hin, ich liebte ihn. Ich hatte mich aufgemacht, ein Theater zu finden, und fand einen Mann. Er war mein Baum, und ich wußte noch nicht, daß seine Äste sehr geeignet waren, mich daran aufzuhängen.

Der Herbst des Jahres 1976 war schlimmm, und Konni spielte eine teuflische Rolle dabei.

Die politische und menschliche Katastrophe der Ausbürgerung von Wolf Biermann traf mich kalt mitten im Trubel mit neuem Theater, neuer Liebe und bevorstehender Scheidung.

Spät abends fuhr ich mit Hermann zu Stephan Hermlin. Hermann murmelte etwas von einer Zusammenkunft. Aber ganz im Gegensatz zu sonstigen Gepflogenheiten öffnete Hermlin nicht die Tür. Wir standen auf der Straße und sahen, daß sich im beleuchteten Zimmer hinter den Gardinen Menschen bewegten.

Am nächsten Tag wurde über westliche Medien ein »Offener Brief« bekannt:

»Wolf Biermann ist ein unbequemer Dichter. Das hat er mit

vielen Dichtern der Vergangenheit gemein. Unser sozialistischer Staat, eingedenk des Wortes aus Marxens *18. Brumaire*, demzufolge die proletarische Revolution sich unablässig selbst kritisiert, müßte im Gegensatz zu anachronistischen Gesellschaftsformen eine solche Unbequemlichkeit gelassen nachdenklich ertragen können. Wir identifizieren uns nicht mit jedem Wort und jeder Haltung W. Biermanns und distanzieren uns von den Versuchen, die Vorgänge um Biermann gegen die DDR zu mißbrauchen. Biermann selbst hat nie, auch nicht in Köln, Zweifel darüber gelassen, für welchen der beiden Staaten er bei aller Kritik eintritt. Wir protestieren gegen seine Ausbürgerung und bitten darum, die beschlossenen Maßnahmen zu überdenken.

Wolf, Christa und Gerhard, Braun, Heiner Müller, Stefan Heym, Stephan Hermlin, Kunert, R. Schneider, Fritz Cremer, Erich Arendt, J. Becker, S. Kirsch, Franz Fühmann«

Wolf Biermann war für mich künstlerisch und politisch ein Schlüsselerlebnis: Wenn er auftrat, waren plötzlich Saal und Bühne eins. Es war an einem Abend im Audimax der Humboldt-Universität, da lasen Braun, Kunert, die Kirschs und andere, und ich sang irgendein Liedchen. Aber als Biermann mit seiner Gitarre kam, hatte ich das Gefühl, daß er alles überhaupt erst möglich machte. Er ging wirklich bis an die Grenze, er mutete allen etwas zu. Und aus dieser Zumutung entstand bei vielen der Mut zu sich und gegen geistige und politische Verdummung. Nächtelang hörten wir die Bänder mit seinen Liedern.

Wenige Tage später war mein Scheidungstermin. Professor Wolfgang Vogel und sein Kollegium hatten die juristische Vertretung übernommen. Kant und ich saßen auf den Wartebänken des Stadtbezirksgerichtes Berlin-Mitte in der Littenstraße und hofften, daß uns die Prozedur vom Alptraum des Scheiterns befreien würde.

Wenn ich mich recht erinnere, war der Schauspieler Hans-Peter Minetti damit zu mir gekommen. Er brachte ein Statement zu dem offenen Brief. Das sollte wohl den Eindruck der »überwältigenden Zustimmung« der Künstler zur »Frage Biermann« entstehen lassen. Heute lese ich beschämt und hilflos:

»Ein nützlicher Beschluß

Unsere Regierung ist aufgefordert worden, einen Entschluß zu überdenken.

Wir sind es gewohnt, mitzudenken, wenn es um Angelegenheiten unseres Staates geht.

In Erwägung, daß noch jeder Beschluß, der unserer Sache nützlich war, von der imperialistischen Reaktion verteufelt wurde,

in Erwägung, daß nicht jeder nützliche Beschluß von allen Bundesgenossen sofort verstanden wurde,

in Erwägung, daß der Beschluß, Wolf Biermann die Staatsbürgerschaft der DDR abzuerkennen, von der imperialistischen Reaktion verteufelt wird,

in Erwägung, daß die widerliche antikommunistische Hetze nach dem Beschluß den Bundesgenossen den Blick für seine Nützlichkeit öffnen wird,

erklären wir unsere Unterstützung für den Beschluß unserer Regierung.

Bernhard Seeger, Vera Oelschlegel, Hans-Peter Minetti, Hans-Dieter Mäde, Günther Kochan, Joachim Werzlau, Gerhardt Holtz-Baumert, Günter Görlich, Prof. Hans Pischner, Uwe Berger, Gerhard Wolfram, Annelie Thorndike, Dr. Gerhard Sieler, Peter Ulbricht, Gitta Nickel, Dr. Heinz Liebeskind«

Scham überschwemmt mich beim Schreiben. »Det Ding war doch schon jeloofen«, wie der Berliner sagt. Warum mußte ich noch helfen, diese Infamie hinterdrein zu vergolden? Heute erscheint mir, daß ich damals wie unter einer Glocke gelebt habe. Ich wollte nicht sehen, was ich nicht sehen wollte, denn

Naumann hatte bei der »Bereinigung des Falles Biermann« einen Löwenanteil. Aber meine Unterschrift unter dieser Infamie ist nicht auszuradieren. War es Eitelkeit, die mich zwang, auf jedem Gruppenfoto zu sein? Möglichst Mitte, erste Reihe? War es blauäugig, naiv, oberflächlich? War ich feige, war ich ne Memme?

Ich habe keine Antwort.

Das Herz schlägt mir im Hals, aber ich will meinen Anteil nicht verschweigen. Ich habe das getan. Eine Pleite mehr. Ich habe versagt.

Es ist leichter, über die Welt zu schweigen.

Es ist einfacher, über alle Welt zu reden.

Die schweigen kriegen Magengeschwüre und zeitig einen Herzinfarkt.

Die Lauten sind lästig. Sagen, was man sieht und weiß ...

Bald wird man die idiotischen und bestürzenden Parteiversammlungen vergessen und verdrängt haben.

Biermann war zu einem Trauma geworden.

Ort: Palast der Republik, Mitwirkende: Sekretär für Kultur der Bezirksleitung der Partei (unser Nachbar mit den Badeessencen) und Mitglieder einer Parteiversammlung. Thema: Kulturpolitik nach der Biermann-Affäre. Dauer: Anderthalb Stunden. Alle saßen und machten die toten Augen, die entstehen, wenn, wie der Berliner sagt, auf Durchzug geschaltet ist. Das heißt, man lieh dem Vorgang bestenfalls ein halbes Ohr. Wichtig war zu erfahren, wieviel Spielraum noch da war.

Der Redner redete:

»Genossinnen und Genossen!
Das geistige Niveau der Arbeit mit den Künstlern muß gehoben werden. Kultur muß identisch mit den großen Zielen werden. Der Gegensatz von körperlicher und geistiger Arbeit

wird überwunden werden. Der Gegner hat auf unsere Maßnahmen enttäuscht reagiert. Bei den Künstlern gab es nach der Biermann-Affäre keine Überraschungen. Die Zahl der geschriebenen Bücher, Hörspiele und Filme hat sich erhöht. Weiterbildung und Qualifizierung der Künstler muß aber gefordert werden.

Die kontinuierliche Politik der Partei läßt sich keine Positionen aufzwingen. Es ist notwendig, die Einheit und Reinheit zu festigen. Das Politbüro setzte sich mit bourgeoiser Ideologie auseinander. Das ist gut, sonst würde ein klassenloser Standpunkt entstehen, und deshalb ist auch ein warmer guter Ton im Politbüro-Bericht. Es gibt große Unbescheidenheit unter den Künstlern, kommunistischen Hochmut, sie nehmen sich zu wichtig. Die Stimmung im Lande ist besser, als die Künstlerverbände angeben.

Ja, es fehlt an Wohnungen, Südfrüchten und Tapeten. Aber es gibt den Beschluß der Parteiführung, bis 1990 in Berlin hauptstädtische Funktionen zu installieren. Das Verkehrsnetz ist jetzt zerschlissen, es wird aufgebaut, bald wird es genügend Fernsprechanschlüsse geben. Es ist ein wachsendes Interesse an allgemeinen und besonderen Kulturereignissen zu verzeichnen. Aber der hohe Anspruch, der aus der Kulturpolitik der SED erwächst, darf nicht vernebelt werden. Kunst hat keine Ventilfunktion.«

Das Gedächtnis ist kurzlebig, ich muß dieses Kauderwelsch aufheben. Diese Addition von sinnleeren Behauptungen haben mich, uns tyrannisiert. Die Parteisprache war ein ritualisierter Jargon. Die Sprache der Genossen war zu einer Fremdsprache im eigenen Land geworden, die zwar deutsche Wörter benutzte, aber Denkmuster ausdrückte, die immer unverständlicher wurden. Es fiel mir schwer zu begreifen, daß Dialoge unerwünscht waren, im besten Falle war man als Zuhörer gefragt.

Zuhören, anhören, verhören, gehören, einhören, draufhören, aufhören, hinhören, abhören. –

Stellvertretung war unter Funktionären ein Prinzip im Umgang mit Menschen. Es herrschte das Delegationsprinzip: Nichts wurde selbst getan. Freude und Trauer ließ man durch Beauftragte ausdrücken. Das Höchstmaß an persönlicher Beteiligung war eine Unterschrift, und auch die konnte täuschend echt gestempelt werden. Blumen durch Fleurop, als Geschenk ein Präsentkorb der HO. Komfort oder Fremdheit?

DDR-Romantik: Lauschige Nacht unter Neon, der Zimmerspringbrunnen plätschert, Gin-Fizz fertig gemixt in der Flasche. Das Fernsehen der DDR sendet pädagogische Langeweile. Dazu die Worte eines verantwortlichen Funktionärs: »Es gibt nichts, was das Fernsehen übertrifft – kein Theater, kein Verlag. Man kann mit dem Fernsehen Revolution oder Konterrevolution machen. Die Zeit der vollen ideologischen Offensive ist gekommen. Ich hatte die Möglichkeit, denn ich war gerade in dem Chemiewerk Schwarze Pumpe, ganz persönlich mit einer Arbeiterpersönlichkeit zu sprechen. Kultur braucht man, aber nicht unbedingt zum Leben.«

Obwohl ich das alles sah, und hörte, hielt ich an meinen Illusionen fest. Die Sachsen sagen: »Du sitzt wohl off dein'n Ohrn?« Und obwohl ich mir geschworen hatte, nie wieder zu heiraten, freute ich mich auf die Hochzeit und richtete voller Erwartung das Haus in Wandlitz ein. Handwerker- und Materialsorgen gab es nicht. Es war wie im Frieden. Hier wirst du Ruhe finden.

Doch wie so oft, wenn eine verbotene Tür geöffnet wird, ist man enttäuscht. Wandlitz hatte ich mir gedacht als eine Traumsiedlung – irgendwie. Es war eine Alptraumsiedlung. Hier mußte Liebe sterben.

Die Häuser waren in den fünfziger Jahren gebaut worden. Es waren von Banausen angefertigte Etuis zur Aufbewahrung von Funktionären. Lotte Ulbricht soll ihre architekturkünstlerische Begabung maßgeblich miteingebracht haben. Das leuchtete mir ein. Die Häuser waren so, wie sich Lieschen Müller die Villa von Dr. Lieschen Müller vorstellte – ein großes Entree mit schwarzem Marmorfußboden, völlig unzweckmäßig und düster, ein Wintergarten mit Springbrunnen, buntes Mosaik, dunkle Küche mit Dienstboteneingang.

Kurz nach Fertigstellung der Siedlung soll einer der Ingenieure mit den Unterlagen für die Wasserversorgung abgehauen sein. Das glaubte ich, als unser Keller plötzlich mit heißem Wasser überschwemmt wurde, der Dampf aus allen Fenstern schwadete und die Handwerker die Ursache nicht finden konnten.

Wie Streichholzschachteln schön symmetrisch waren die Häuser aufgestellt. Sie waren seelenlos und wirkten fremd in der Buchen- und Kiefernlandschaft. Sie ähnelten den Soldaten, die sie bewachten. In regelmäßigen Abständen standen Wachsoldaten an der beleuchteten Mauer, die die ganze Siedlung umschloß. Sie hatte wenige Ausgänge, die mehrfach gestaffelt bewacht und mit schweren eisernen Toren verschlossen waren. Es war ein Ghetto, und ich entwickelte hier so viel Heimatgefühl wie ein Emigrant. Wenn am Morgen die gleichen dunklen Volvos vor den Gartentüren hielten, wenn aus jedem Haus ein alter Mann kam, begleitet von einem jüngeren Mann, der ihm die Tasche trug und den Wagenschlag öffnete, konnte ich nur den dämlichen Satz denken: »Det is wejen die Individualität, so jehn wir alle!«

Wohnung und Kultur der führenden Genossen unterschieden sich wie ihre teuren Konfektionsanzüge, der eine hatte ein breiteres, der andere ein schmaleres Revers, der eine war graublau, der andere blaugrau, der einreihig, jener zweireihig geknöpft.

Man wußte, Mielke ging früh vorm Aufstehen schwimmen, und Inge Lange, verantwortlich für Frauenfragen im Politbüro, unterhielt sich, indem sie den Laden umwühlte. Sie kam mit ihrem Mann, beiden sah die Langeweile aus allen Knopflöchern, sie marschierten getrennt, einer riß die Pullover aus den Regalen, der andere ließ die Schuhkartons fliegen, und sie schlugen in einem mehrere Stunden dauernden Kampf gemeinsam die Verkäuferinnen k.o. Wenn sie die Konfektions-, Kosmetik- und Haushaltsabteilung umgestülpt hatten, wenn sie in Nina Ricchi, Kettner, Leifheit, Salamander ein Konsumbad genommen hatten, klärten sie die Lebensmittelabteilung auf. Außer Nudeln, Zucker, Mehl und Butter gab es im wesentlichen Waren, die nicht aus der DDR stammten. Dabei hatte ich gelernt, daß die Lebensmittelgesetze der DDR die besten der Welt seien, während in den westlichen Ländern gepanscht und unverantwortlich konserviert würde. Auch vermochte ich nicht zu begreifen, warum es im Winter Erdbeeren aus Südafrika geben mußte. In den Fernsehnachrichten sah man, wie die Apartheid die Schwarzen zusammengeprügelte und löffelte dabei gezuckerte Erdbeeren. »Erst kommt das Fressen, dann kommt die Moral.«

Apropos Fressen, ich war wohl die einzige Ehefrau, die in Wandlitz kochte.

Alle meine Männer waren sich in puncto Kochen unabgesprochen einig: Sie ist kapriziös, sophisticated, workaholic, aber kochen kann sie. Dabei war Kochen in Wandlitz ein überflüssiger Luxus. Es gab ein Restaurant, wo man essen konnte, aber auch frei Haus bestellen. Sie brachten sogar Geschirr und Tischwäsche mit. Rehbraten kostete 4,20 M, Rumpsteak 2,05 M und eine Kraftbrühe mit Eierstich und Spargel 0,70 M. Wenn man lange genug so lebte, glaubte man, daß das überall so funktionierte – so zuverlässig, gut und preiswert. Ich bin fest überzeugt, daß das zu den vielen Kleinigkeiten gehörte, die den führenden Genossen das Gehirn für die Realität verkleisterte. Auch ich genoß, daß ich Sommerschuhe kaufen konnte, wenn ich sie brauchte, und daß ich sogar unter zehn Paaren auswählen konnte. Es gab zarte Büstenhalter statt der volkseigenen Nahkampfpanzer und französisches Parfüm zu erschwinglichen Preisen. Es war nicht nötig zuzuschlagen, wenn es etwas gab, und das Fünffache der gebrauchten Menge von Haushaltsfolie, Weichspüler oder Papierservietten zu kaufen, um es für schlechte Zeiten auf Reede zu legen. Ich konnte mir und anderen viele Wünsche erfüllen, und ich konnte es bezahlen. Natürlich wußte ich, wie es »draußen« in den Geschäften aussah. Ich kannte den Witz vom neuen Kaufhaus: Erste Etage Delikat, zweite Etage Intershop, dritte Etage Pornoshop – nichts in den Regalen, vierte Etage Museum für Obst und Gemüse.

Ich ging oft auf dem Weg vom Theater nach Hause in eine Kaufhalle und wollte auf den Tisch bringen, was es eben gab. Aber dann hatte die Haushälterin im Auftrag von Konni schon eingekauft. Wie sagt der Berliner: »Deine Sorjen möchte ich haben.«

Es war eine Geistersiedlung, durch die dunkle Autos fuhren und uniformierte Kuriere mit versiegelten Aktenkoffern an den Türen klingelten. Äußerlich war alles harmlos. Nur einmal habe ich einen Schuß gehört. Jemand hatte von einer Reise ein Murmeltier mitgebracht. Das hatte sich plötzlich selbständig gemacht und war spazierengegangen. Bei einem der führenden Genossen hatte es zur Verandatür hereingeguckt. Das war zuviel, der Löwe war los! Die Wache wurde gerufen, keiner kannte das Lebewesen, keiner vermißte es, und so wurde es erschossen.

Ansonsten gab es keine Gesellschaft und keine Geselligkeit. Man grüßte, falls man sich begegnete. Manchmal traf ich meine Nachbarn, die Jarowinskys oder Hagers, manchmal hörte ich Mielke brüllen oder die Kinder von Schabowski. Ich war als weißer Rabe nach Wolkenkuckucksheim geraten.

Die Lauten sind lästig. Sagen, was man sieht und weiß …

Die Wahrheit wird sowieso nicht geglaubt, mit ihr kann man sich am besten verstecken.

»Du, meine liebe Frau, unsere standesamtliche Trauung findet am 4. Juli 77 im Rathaus Pankow statt, da wir dort polizeilich gemeldet sind. Von dort aus fahren wir dann zum Flugplatz Sonderteil Nord und treten den so langersehnten Hochzeitsurlaub an. In heißer Liebe Dein Konni«

Es war ein kleiner Bahnhof, Blumen, ein Fotograf, Sekt. Die Standesbeamtin stotterte eine »abgestimmte« Rede – es sollte ja ganz normal sein.

Konni war seit Wochen trocken, und ich hatte ein Schriftstück vom Innenminister in den Händen, daß ich meinen Namen behalten durfte. Ich hatte eingesehen, daß es für einen hohen Politiker nicht anging, mit einer Schauspielerin ein Verhältnis zu haben. Ordnung muß sein!

Der Stempel knallte aufs Papier. Es war eine Besitzurkunde, die die Liebe langsam töten würde.

Wie schmal war doch die Grenze zwischen Schicksal und freiem Willen. Ich hatte Ja gesagt zu einem Mann, der außer nun »mein Mann« der Kronprinz von Honecker war, der mächtigste Mann in Berlin und Mitglied des Politbüros.

Als wir zur Sondermaschine zum Flugplatz fuhren, bemerkte ich, daß er vor Aufregung zwei verschiedene Socken und auch Schuhe angezogen hatte.

Meine Mutter schrieb in ihrem Hochzeitsbrieflein: »Mir ist ein Stein vom Herzen gefallen … Das Ende einer schwarzen Zeit … Es ist ein großes Geschenk, einen Partner fürs Leben zu finden.«

Davon war ich überzeugt. Ich wollte angekommen sein, ich wollte mit einem Mann alt werden. »Wo du hingehst, da will auch ich hingehen.«

Merteuil: . . . Oder verzehren Sie sich nach dem Gnadenbrot der Ehe. Wollen wir der Welt ein Beispiel geben und einander heiraten, Valmont.
Valmont: Wie könnte ich wagen, eine solche Beleidigung Ihnen anzutun, Marquise, vor den Augen der Welt. Das Gnadenbrot könnte vergiftet sein.

Diesen Text aus *Quartett* kannte ich damals noch nicht. Eine verheiratete Frau ist immer die Frau von dem Mann. Welche Vermessenheit von mir, den eigenen Namen zu behalten! Aber Dokument war Dokument: In meinem roten Reisepaß, den ich nun bekommen hatte, stand – Vera Oelschlegel.

Während die TU 134 vom Boden abhob und Richtung Krim Kurs nahm, weinte ich ein bißchen. Konni nahm mich in den Arm, und der Stuart, der nur für uns da war, verließ dezent die Kabine. Nina und ich staunten über den Luxus, den wir nur aus dem Kino kannten. Ich ahnte nicht, daß er ein Teil des Preises für Demütigung sein würde.

Perlen müssen getragen werden, sonst werden sie stumpf. Wenn sie viel getragen werden, nehmen sie nach und nach die Farbe der Haut an, auf der sie liegen. Die Perlen werden gedemütigt, sie geben sich selbst auf.

War das mein Schicksal als Frau? Frauen sind verletzbarer, verwundbarer als Männer, aber sie sind belastbarer. In der Gesellschaft sind sie aber den Männern nicht ebenbürtig. Frauen müssen im Beruf doppelt so gut sein wie ein Mann. Standen Mann und Frau zur Wahl für einen Leitungsposten, wurde immer der Mann genommen, selbst wenn er dussliger war. Ich habe keine Hoffnung, daß das nur ein Negativum des untergehenden Sozialismus war.

Wir sind die Dekoration auf dem Gruppenfoto. Wir sind, so

weiß es die Männerwelt, emotional, subjektiv und unfähig, rational und objektiv zu sein.

Ich arbeitete gern mit Frauen, obwohl sie mich am schmerzhaftesten verraten haben. Der Hauptzuträger für die Staatssicherheit im Theater war eine Frau, die ich wegen ihrer Arbeit mochte. Eine andere zerstörte erst sich durch Trinken, dann mich durch Anschwärzen bei der Partei. Viele Frauen, mit denen ich gearbeitet habe, haben sich anfangs mit mir identifiziert und sich und mich dann dafür gehaßt.

Bei der Generalprobe von *Quartett* am Ende des Monats März kommt das offen zum Ausbruch. Kein Mann reagiert so aggressiv und bösartig wie die Frauen.

> Merteuil: Übereilen Sie sich nicht, Valmont. So ist es gut. Ja, ja, ja, ja. Das war gut gespielt, wie. Was geht mich die Lust meines Körpers an. Mein Gehirn arbeitet normal. Ich bin ganz kalt, Valmont. Mein Leben mein Tod mein Geliebter.

Noch ist atemlose Stille im Theater. Sie sind alle, alle gekommen. Die Kolleginnen und Kollegen, meine jetzigen und Gregors ehemalige Freundinnen, die Spione von Partei und Behörde – und der Dichter.

> Merteuil: Das höchste Glück ist das Glück der Tiere.
> (Die Merteuil zieht einen Strumpf aus, dann entkleidet sie Valmont, zerkratzt ihm den Rücken und beweint seine Schmerzen.)

Erste Beunruhigung im Publikum. Ich nehme kaum etwas wahr. Ich habe mit der Rolle zu kämpfen, mich rettet nur höchste Konzentration. Später, wenn ich mir die Aufzeichnung dieser öffentlichen Generalprobe ansehen werde, erschrecke ich über die hysterischen und hämischen Schreie. Ich sehe

Frauen aufspringen und den Versuch machen, ihre Männer zum Verlassen des Theaters zu bewegen.

Bei Sätzen wie: »Dreck zu Dreck. Ich will, daß Sie mich anspein«, schwabbt ein Gelächter passiver Aggressivität durchs Theater. Und als Valmont am Schluß sagt: »Übriges gefalle ich mir immer noch. Das masturbiert noch mit den Würmern. Ich hoffe, daß mein Spiel Sie nicht gelangweilt hat. Dies wäre in der Tat unverzeihlich.« – da kennt die bösartige Fröhlichkeit keine Grenzen mehr. Endlich ein Text, der ausdrückt, was man schon lange zwischenrufen will.

Bein heben, eindrehen, keine Bewegung. Dann kniet die Merteuil neben dem toten Valmont, schminkt ihm mit Lippenstift das Gesicht zur Wunde: »Tod einer Hure. Jetzt sind wir allein. Krebs mein Geliebter.«

Die Arie aus den *Perlenfischern* klingt auf, und die Merteuil geht – über die kalten Marmortreppen.

Einige Zuschauer applaudieren.

Zerschlagen krieche ich nach der Generalprobe auf allen Vieren die Treppe in der Marienburgerstraße hoch. Der Fauxpas ist perfekt. Mein Name wieder in aller Munde, meine Füße in allen Fettnäpfen. »Wie kann man nur so etwas spielen, wenn man Intendantin ist!« Am liebsten hätte man mir die Schamlippen mit hartem Gras zusammengenäht, wie bei afrikanischen Stämmen. Die Lust würde mir schon noch vergehen. Auf der einen Seite Staatsraison vertreten und auf der anderen sich prostituieren – na, danke. Ein Dilemma, dem meine männlichen Kollegen nicht ausgesetzt sind. Arbeitende Frauen haben ohne Geschlecht zu sein, wie die Madonna oder die alten Mütter.

Gregor sammelt mich von der Treppe auf. Er stellt mich unter die Dusche, reibt mir die schmerzenden Schultern ein, legt sich neben mich und spricht mir mit leiser Stimme für die Premiere am nächsten Tag Mut zu. Ihn hat keine Konzentration auf der Bühne vor den hämischen Reaktionen des Publikums bewahrt. Sein analytischer Verstand fragt nach Ursache und Wirkung, er sieht mich und die Welt von einem anderen Standpunkt. Ich sehe von einer Seite durch das Fernglas, er von der anderen. Je nachdem ist eine Sache klein und weit weg oder ganz groß und nah.

Die Krankenwagen jaulen wieder durch die Marienburgerstraße, wir liegen nackt auf dem Bett. Am nächsten Morgen geht Gregor früh aus dem Haus, und ich finde einen Zettel für die Haushälterin:

»Frau Oe. will um zehn aufstehen, wenn Sie ihr ein Frühstück machen, machen Sie ein besonders schönes – sie war heute nacht wunderbar, als Schauspielerin meine ich natürlich . . .«

Es ist leichter, über die Welt zu schweigen.

Es ist einfacher, über alle Welt zu reden.

Die schweigen kriegen Magengeschwüre und zeitig einen Herzinfakt.

Die Lauten sind lästig. Sagen, was man sieht und weiß . . .

Die Wahrheit wird sowieso nicht geglaubt.

APRIL

Ich kann mich nicht daran gewöhnen.

Premierenangst. Tief atmen. Ganz ruhig ...

Ab jetzt hilft nicht einmal stummes Gebet. Die Arbeit der letzten zehn Wochen, die mißglückte Generalprobe, Hände eiskalt, Atmen mühsam, Glieder schwer. Rechts stolpern – drei Schritte zurück. Linken Schuh zuerst anziehen. Keinen Talisman vergessen.

Ich habe eine Kollektion von Glücksbringer. Zu dem Stück *Salut an alle. Marx* gehört der orthodoxe Heilige, eine Lackmalerei aus Palech, ein Geschenk von Genia aus Moskau. In mehr als 150 Vorstellungen habe ich ihn an einem Zwirnsfaden um den Hals getragen. Die zerfledderte Plüschente vor dem Garderobenspiegel, ein trauriger »sterbender Schwan«, ist ein Geschenk der Ballettkollegen zur letzten Vorstellung der *Sieben Todsünden* von Brecht/Weill. Die schwarze Katze, die mit einem Draht in den Kopf der Ente gepikt ist, ist das Maskottchen für Christa Wolfs *Selbstversuch.* Bei Strindbergs *Totentanz* sitzen vor dem Spiegel zwei kleine Glaselefanten, einer mit, der andere ohne Rüssel. Das spitzenbesetzte Taschentuch, das ich in dieser Vorstellung immer bei mir hatte, war ein Geschenk von Barbara Schall. In Brechts *Furcht und Elend des Dritten Reiches* hatte Helene Weigel es in der Rolle der jüdischen Frau benutzt. Auf einer Fußbank sind die Unterschriften von Friedrich Dürrenmatt und allen Schauspielern meiner ersten Inszenierung *Der Meteor.* Die Fußbank war mein »Regiestuhl«. Ein schöner alter

Kompaß gehört zu Plenzdorfs *Freiheitsberaubung*, eine bestickte Börse zu den *Lustigen Weibern von Windsor* ... Ein Museum meiner Theaterängste. Nein, ich bin nicht abergläubisch.

Quartett hat keinen Talisman, nur Gekritzel auf meinem Textbuch:

»... so etwas konnte nur einem Schwein einfallen ...« (Brecht/Baal)

»... Gott ist ein Schwein, wie?« (Müller: *Gundling*)

»... das Schwein, der Mensch ...« (Benn)

für Vera mit Dank, 1. 4. 89 Heiner Müller

Glück haben die Sprüche nicht gebracht, aber das erzähle ich später. Doch die Premiere ist Gottseidank raus.

Auf Müllers Spuren fahre ich mit Gregor – nach der Premiere von *Quartett* und vor meiner Abreise zum Gastspiel – nach Eppendorf in Sachsen. Wir wollen dort im Herstellerwerk eine Küche kaufen. Sie kostet mich fast vier Monatsgagen, aber wir brauchen sie für die neue Wohnung, und im Laden gibt es keine.

Eppendorf ist Heiner Müllers Geburtsort, das Schlammloch aus dem er stammt. – Verkommener Ort mit verkommener Kneipe DDR Material Landschaft mit Fünfjahrplan –

Schon mittags Betrunkene in der Gaststätte. Wir bestellen Essen, das den Namen nicht verdient. Ein Saufkopp produziert sich: »Morgen is wieder Fußball, hä, da is wieder real extiernder Sozlismus angesagt.« An den ausbleibenden Erfolgen des heimischen Fußballs ist für ihn auch der verhaßte Staat schuld. DDR – oder der bedrückende Charme der Morbidezza.

Wir fahren durch deutsches Land, über deutsche Straßen, aber wie wenig gleicht alles dem, was ich in wenigen Tagen von Deutschland sehen werde. Dreck und Verfall sind mit der Zeit gewachsen, und wer keinen Vergleich hat, kann sich vielleicht daran gewöhnen. Mir will fast scheinen, die Nachkriegszeit hat nie aufgehört. Pompeji wurde wenigstens auf einen Schlag zerstört. Schleimig und eitrig breiten sich Gleichmut, Korruption, Bürokratie, Desinteresse und Schlamperei aus. Die Menschen verwalten resignierend ihren Mangel. Das Land zerfällt seinen Kindern unterm Hintern. Die Führenden gehen dem Volk auf die Nerven, statt einen Nerv für das Volk zu haben. Ich kann mich nicht daran gewöhnen. Es ist eine schlechte Zeit zum Leben, aber eine gute Zeit für Witze. Drei Proben –

Frage: Was unterscheidet ein Spiegelei von einem DDR-Bürger? Antwort: Ein Spiegelei wird nur einmal in die Pfanne gehauen.

Ein DDR-Arbeiter und ein japanischer unterhalten sich. Der Japaner: »Ich arbeite jeden Tag drei Stunden für mich, drei für Japan und drei für den Kaiser.«

Der DDR-Arbeiter: »Genau so ist es bei uns. Ich arbeite drei für mich, einen Kaiser haben wir nicht und warum soll ich für Japan arbeiten.«

Honecker und Stoph fahren durchs Land und kommen an einem Kinderheim vorbei. Stoph spendet 100 Mark, Honecker gibt nichts. Sie fahren weiter und kommen an einem Gefängnis vorbei. Honecker spendet eine Million. Stoph fragt verwundert: »Warum gibst du dem Kinderheim nichts und denen hier so viel?«

Honecker: »Na, glaubst du denn, wir kommen noch mal in ein Kinderheim?«

Die Witze erzählen über die Stimmung im Lande mehr als alle Medien zusammen. Die Annoncen in den Zeitungen vielleicht ausgenommen, dort spiegelt sich das tatsächliche Leben: »Tausche Zentralheizungskessel gegen Nappaledersofa.«DDR – oder der bedrückende Charme der Morbidezza.

Der April geht ins Land, und meine Mutter verschickt Karten mit folgendem Text:

»Liebe Freunde!

Ich bin zu meinem 75. Geburtstag nicht zu Hause. Ich sitze im Theater in Fürth zur Premiere einer Vier-Länder-Tournee meiner Tochter Vera – und am nächsten Tag zu ihrem Abend im Festspielhaus in Salzburg.

Das ist mein Geburtstagsgeschenk.«

Ich packe meine Koffer, küsse Gregor, weine, weil er hierbleiben muß, und fahre auf Tournee.

Ich fuhr seit vielen Jahren. Ich war ein Devisenbringer, und der Staat lohnte es mir mit der Bezeichnung »Reisekader«. Seit den sechziger Jahren bekam ich Paß und Stempel. Damals erhielt ich, wie andere, den moralischen Auftrag, »Botschafter für die Anerkennung der DDR« zu sein. Sport und Kunst waren die beiden geputzten Werbeschilder.

So wäre es beinahe auch bei Gregor als Spitzensportler verlaufen. Er war als begabter Langstreckenläufer in einer der Elitesportschulen gelandet. Diese Olympiakaderschmieden waren gedacht, eine Sportkarriere aufzubauen, und geeignet, einen sensiblen Menschen zu zerbrechen. Aber Gregors Natur hatte sich den körperlichen und geistigen Beugungen widersetzt. Sie hatte ihn aus der Karriere und in eine schwärende Depression katapultiert. Doch zum Glück hielt seine Persönlichkeit trotz der und gegen die Staatsmaschine stand; die rächte sich dafür. Härteste Strafe – statt Reisekader – DDR-Ghettobewohner. Während des Germanistikstudiums war an eine Aufhebung des Reiseverbotes nicht zu denken gewesen, und sein jetziger Brötchengeber, der Verlag, bereute wahrscheinlich, ihm die »Reise nach Westberlin« ermöglicht zu haben.

Vor der Tournee hatte er mir einen Talisman geschenkt: »Für die Allerliebste: Herzlich Toi-Toi-Toi, viele Küsse und die Figur hier, genannt ›Der sehnsuchtsvolle Seehund‹. Sehnsucht nach Vera natürlich; es ist die Verkörperung meines Zustandes, wie er in den nächsten vier Wochen sein wird. Gregor«

Da die meisten DDR-Bürger nie aus dem Land herauskamen, wurde Reisen zu einer Qualität an sich. Alles was ausländisch und somit unerreichbar war, war a priori gut, toll, exzellent. Das suggerierte auch die offizielle Propaganda. Eine gute Kritik zum Kulturangebot der Leipziger Messe vom damaligen Journalisten des *Neuen Deutschland*, dem späteren Stellvertretenden Kulturminister Klaus Höpcke, lautete schon 1965 so:

»Oistrach, Brecht und Senegal

... Auch die kleineren Vorstellungen hatten es in sich. Das *Ensemble 64* mit Vera Oelschlegel und Hermann Hähnel aus Berlin gastierte mit Liedern und Gesängen von Bertolt Brecht ... Ein französischer Buchhändler trampelte vor Begeisterung.«

Aber die andere Seite war auch nicht besser. Ein westdeutsches Blatt – *Neue Bild Zeitung* schrieb 1965 unter der Überschrift »So lebt Mitteldeutschland dreieinhalb Jahre nach der Mauer«:

»... Die Ostberliner Initiatoren taten alles, um den ›Herrn Kapitalisten‹ den Aufenthalt in der Messestadt so angenehm wie möglich zu machen ...« Bild mit Unterschrift: »Auch das ist Mitteldeutschland 1965: Die noch blutjunge, drüben doch schon recht bekannte Chansonette und Brecht-Interpretin Vera Oelschlegel im angeregten Gespräch mit westdeutschen Journalisten im Leipziger Renommier-Hotel ›Deutschland‹«.

Das Hotel wurde später in »Hotel am Ring« umbenannt.

Von Ost und West wurde ich als »politisch« abgestempelt. Ich gehörte damals keiner Partei an, hatte keine Funktion, aber das Label war geprägt und wurde mir aufgeklebt. Ich wurde nicht gefragt. Ich würde mich gewöhnen müssen.

Eine finnische Zeitung brachte es auf einen einfachen Nenner: Vera Oelschegel ist eine politische Person. Sie ist politisch, weil sie Ostdeutsche und Brechtsängerin ist.

Peng! Daran hatte ich mich zu gewöhnen.

Das war ein DDR-Phänomen: Im Ausland wurde ich als Bürgerin der DDR immer mit der Politik dieses Staates identifiziert. Es war ein Automatismus, den die finnische Zeitung in eine Formel gebracht hatte.

Nach dem Theater in Putbus war ich zum Fernsehen der DDR gegangen. Dort gab es ein Schauspielensemble, das die Verfügbarkeit der Akteure für Film- und Fernsehproduktionen garantieren sollte. Ich wurde engagiert – jung, vollbusig und langbeinig und avancierte in kurzer Zeit zum Sexy-Girl vom Dienst. Es gab keine Möglichkeit, Bein zu zeigen, mit dem Arsch zu wackeln oder Dekolleté zu tragen, die ich nicht ausprobiert hätte. Die Produktionen hatten so fabelhafte Titel wie *Parker kommt heut nacht* oder *Briefe ohne Absender* oder *Schwarzer Samt.* Was an Spannung im Drehbuch fehlte, brachte die Live-Sendung ein. Ich lernte, genau zu wissen, wann ich total, halbnah oder groß im Bild war. Ich sah beim verführerischen Blick auf meinen Partner aus dem Augenwinkel das Rotlicht der Kamera und die dirigierende Hand des Assistenten, die zeigte: Die Vergewaltigung etwas rechtser! Die Anweisungen hießen: Vorer, rücker, rechtser und linkser.

Wenn ich heimkam nach dem Streß einer Live-Sendung, war mein Mann, Günther Rücker, meist schon im Bett, gähnte und sagte mißmutig: »Das war ja wieder eine schöne Scheiße.« Nach der dritten Sendung hatte ich mich daran gewöhnt. Er sagte mir, nicht einmal unfreundlich, daß meine schauspielerischen Leistungen gleich Null seien, und er redete mir energisch zu, ich solle Regie führen und schreiben. Auf diesen Gebieten hielt er mich für begabt.

Ich stürzte mich in alle Abenteuer, die mein Beruf mit sich brachte. Zum erstenmal in der DDR sollten Schauspieler mit Artisten im Zirkus auftreten. Es war ein großes Pressespektakel, und das eingehende Geld sollte bedürftigen Kollegen zukommen. Der Run auf die Karten war groß, denn keiner wollte versäumen dabeizusein, wenn der Löwe einen Schauspieler fraß.

Mir wurde eine Tscherkessenreiternummer zugedacht. Als ich zur Probe in den Zirkus kam, trat mir der Chef der Truppe mit einem dick verbundenen Humpelfuß entgegen: »Das ist nichts«, versicherte er, »das Pferd ist nur gestürzt und mir auf den Fuß gefallen. Jimmy bringt gleich Ihr Pferd. Er reitet es ein wenig müde, es ist sonst zu wild.« Dann übergab mir Jimmy ein nasses Pferd ohne Sattel, lediglich mit einem Gurt um den Leib, hob mich auf den Rücken, und heißa und holla ging es immer im Kreis herum. Dann begann der kurze Lehrgang der Tscherkessenreiterei. Erster Punkt – voltigieren; das bedeutete, in voller Fahrt auf das Pferd zu springen und wieder herunter. Gewohnheitssache. Als ich das dritte Mal in der Loge statt auf dem Pferderücken landete, noch heil war und Nina laut schrie: »Meine arme Mama, meine arme Mama!«, entschloß ich mich, mit Rücksicht auf meine weitere Schauspielerei doch lieber eine Bärennummer einzustudieren. Die Artisten hießen »Die Zwei Besanos« und kamen aus der Sowjetunion. Sie lehrten mich, die Tatzen der Bären zu fürchten und die Tiere mit kleinen Zuckerstückchen zu bestechen, dann steckten sie mich in ein glitzerndes Kostüm, das genauso einen »Kragen« hatte wie das Fell der Kragenbären. Ich war todschick. Der Glanzpunkt des Abends: Der Bär fuhr mit dem Motorrad, und ich balancierte mit ausgebreiteten Armen auf dem Gepäckträger.

Das war lustig und machte populär, aber es war nicht mehr als eine Zugabe. Mit meinen wirklichen schauspielerischen Perspektiven war ich unzufrieden und unglücklich. Ein Lichtblick war ein Angebot von Felsenstein, die Muse in der Verfilmung von *Hoffmanns Erzählungen* zu spielen. Aber meine tiefe Sprechstimme hörte sich nach der hohen Singstimme, die ich playbacken sollte, unmöglich an. Ich verfluchte meine Natur – die langen dürren Beine und die tiefe Stimme. Wie oft war es mir passiert, daß, wenn ich mich am Telefon meldete, der andere sagte: »Herr Oelschlegel, ich möchte bitte ihre Frau sprechen.« Unmöglich, sich daran zu gewöhnen.

Ich schrieb Felsenstein ab, worauf er antwortete: »Sie haben mir die poetischste Absage geschrieben, die ich je erhalten habe. Es ist schade, daß wir nicht zusammenkommen, ich habe sofort gespürt, daß wir gut zusammen arbeiten könnten. Und so wird der Wunsch danach von meiner Seite bestehen bleiben. ... Wir probieren nun eine Muse-Lösung, die sich den verfügbaren Singstimmen besser angleicht, als Ihr schönes dunkles Organ, auf das Sie sehr stolz sein können.«

Felsensteins Wertung war der Auslöser, mich vorrangig und intensiv dem Lied, dem Song zu widmen. Und noch eins sprach dafür. Günther Rücker, der mich für meine Rollen im Fernsehen so madig machte, daß mein Selbstvertrauen empfindlich litt, war völlig unmusikalisch. Er war einer der seltenen Fälle. Amüsiert erzählte er, wie sein Vater verzweifelt und wütend die Geige zerhackte, weil er das erbärmliche Gekratze nicht mehr aushalten konnte. Von Musik verstand er nichts. Er mußte sich dran gewöhnen, daß er mir beim Singen nicht reinreden konnte.

In der Fernseharbeit kam ich mir ausgeliefert vor. Ich war ein kleines Rädchen in einem großen Apparat, für dessen Funktionieren das Wichtigste war, daß technisch alles einwandfrei über den Sender ging. Schauspielerische Probleme hielten nur den Betrieb auf und störten. Fernsehen war die perfekte Einvernahme eines Individuums. Ins Studio kam man als Mensch, auf dem Bildschirm erschien man als Homunculus.

»Werte Frau Oelschlegel!
Das Ministerium für Staatssicherheit der DDR begeht in diesen Tagen den 20. Jahrestag seiner Bildung.

Gestatten Sie mir, Ihnen aus diesem Anlaß unseren herzlichen Dank auszusprechen für Ihre künstlerische Mitarbeit bei der Schaffung der Fernsehfilm-Serie *Rendezvous mit Unbekannt.*

Ihre persönliche Leistung hat wesentlich dazu beigetragen, dem Filmwerk eine hohe Wirksamkeit zu verleihen und der Öffentlichkeit ein Bild zu vermitteln vom kompromißlosen Kampf der Staatssicherheit gegen die Feinde des Friedens und des Sozialismus.
Berlin, im Februar 1970
Oberst . . .« (Unterschrift unleserlich)

Der Brief war auf feinstem Bütten gedruckt, und alle, die in diesem Film beschäftigt waren, hatten ihn bekommen. Dankespathos und Lobhudelei für einen mittelmäßigen Krimi? Sie näherten sich harmlos.

So »harmlos« waren sie auch damals gekommen, »die Genossen«, als ich an der Filmhochschule studierte. »Vera, sofort zum Rektor!« hatte es geheißen, und da saßen sie. Der Rektor ließ uns allein, Kaffee und Pralinen standen auf dem Tisch, vom Feinsten. »Sie mit Ihrer bürgerlichen Herkunft, Ihren Manieren und Kenntnissen würden doch in Westdeutschland offene Türen einrennen. Wir könnten Ihnen den Weg ebnen. Es erwachsen für Sie keinerlei Verpflichtungen . . .« Noch in der Nacht bin ich zu meiner Mutter nach Leipzig gefahren, und wir waren beide einer Meinung: Das kommt nicht in Frage. Ich traute mich nicht wieder nach Babelsberg zurück, weil ich Angst vor Repressalien und Schikanen hatte, wenn ich absagte. Meine Mutter fuhr mit mir nach Berlin. Wir saßen damals in einem Kaffee an der Ecke Friedrichstraße/Französische Straße und überlegten, an welcher Station der S-Bahn ich aussteigen sollte – Zoo (West) oder Babelsberg (Ost). Meine Mutter entschied dann: Das Studium wird erstmal abgeschlossen. So geschah es. Meine Absage an die Stasi blieb überraschend folgenlos, aber ich verlor nur selten das Gefühl, beobachtet, ja belauert zu werden.

Das Gefühl wurde ich erst recht nicht los, als die ersten Auslandsangebote kamen. Natürlich kreisten meine Gedanken um den gestempelten Paß, der den Weg in die Welt mit ihren Entwicklungsmöglichkeiten für mich bahnen konnte. »Die Genossen« konnten über Fahren oder Nichtfahren entscheiden.

Doch plötzlich ein Autounfall, der beinahe meiner Schauspielerlaufbahn ein jähes Ende bereitet hätte. Es geschah auf der Rückreise aus der Slowakei. Mein Freund fuhr einen alten klapprigen Wartburg, aber da er ein schöner und vor allem ein männlicher Mann war, fuhr er schneidig. Nachts, eine Umleitung, eine Bahnschranke, ich hörte noch seine ironische Bemerkung: »Das wars!« Ich kam zu mir, weil ich fror. Ich lag auf zusammengeschobenen Gartenstühlen und wußte, was mir geschehen war. Ich fühlte nach meiner Nase, meinen Zähnen – es war noch alles dran. Mir war übel, und ich konstatierte – »Gehirnerschütterung«. Die Bahnwärterfrau erzählte später, ich habe auf dem Auto, das sich mehrfach überschlagen hatte, gestanden, als der Zug dagegenfuhr. Durch den Aufprall sei ich weit aufs Feld geschleudert worden. Sie war dem Zug mit einer Signallaterne entgegengelaufen, aber so ein Ungetüm braucht einen langen Bremsweg. – Das nächste Mal wachte ich unter Scheinwerfern auf. Sie sahen merkwürdig aus, so klein und rund wie in einem Operationssaal. Die Schwester sprach ein paar Brocken Deutsch: »Wir können Sie nur lokal betäuben. Am Kopf geht das nicht anders. Wenn Sie die Schmerzen nicht mehr aushalten, geben Sie uns ein Zeichen. Jetzt müssen wir Ihnen die Haare abschneiden.« »Nein, nicht die Haare. Ich bin Schauspielerin«, schrie ich und sprach tschechisch. Ich wußte die tschechischen Worte, die ich in meiner Todesangst brauchte.

Der Arzt, dessen Namen ich bis heute nicht weiß, hat ein Wunder an mir vollbracht. Jedes Stück Haut hat er geglättet, geklebt, genäht. Heute ist eine dünne Narbe unter meinem Pony auf der Stirn zu sehen, und die rechte Augenbraue hängt ein wenig. Ich mußte damals lange üben, bis ich die Stirnmuskeln wieder bewegen konnte, bis ich meinen Finger am Kopf fühlen konnte. Als ich am frühen Morgen aus dem Operationssaal geschoben wurde, stand ein Krankenpfleger neben meiner Trage, sah sich mitleidig mein geflicktes Gesicht an und rauchte. Ich bat ihn um einen Zug, und er gab mir die ganze Zigarette. Es war die beste Zigarette meines Lebens. Was sag ich, die Zigarette war Leben. Sie schmeckte nach Frühjahrserde, nach Herbstlaub, nach Liebeshaut. Als ich aus dem Krankenhaus Tetschen-Bodenbach entlassen wurde, brachte er mir von dieser herrlichen Sorte eine Schachtel zum Abschied. Es war das billigste Kraut. Es blieb für mich die wunderbarste Zigarette.

Erst an Ninas Reaktion erkannte ich, wie böse es mir ergangen, wie nahe ich dem Tod gewesen war. Ich kam endlich nach Hause, Nina schaute mich fremd an. »Kennst Du mich nicht?«, fragte ich. »Nein«, sagte meine Tochter.

Alle Dinge im Leben sind relativ, so wie diese Zigarette. Kleine Gesten, halbe Sätze berühren mich tiefer, als mich Orden, Preise und Titel je erreichen konnten. Aber erst als ich in ihren Besitz kam, erkannte ich, wie unwichtig sie für mein Leben waren. Vorher hatte ich sie ersehnt.

So ist es auch mit meinen Gastspielreisen. Bin ich längere Zeit nicht gefahren, überkommt mich schmerzendes Fernweh.

Aber dieses Mal habe ich in fremden Städten, auf fremden

Bühnen, vor fremdem Publikum nur Heimweh. Der strahlend blaue Himmel, die weißen Berge, die üppig blühenden Bäume und selbst der Erfolg in Salzburg bedeuten mir wenig, weil ich nicht mit Gregor teilen kann.

Die Beamten an der Grenze von der Bundesrepublik nach Österreich zeigen keinerlei Interesse an meinem schön gestempelten Paß und verweisen damit den Fakt, daß Gregor wegen einer solchen Stempelpappe nicht reisen darf, ins Unfaßbare. Nachts im Hotel hoffe ich auf einen Anruf, der, wenn er kommt, meine Traurigkeit nur vergrößert. Kommt er nicht, wälze ich mich schlaflos. »Die Genossen« erscheinen mir wie die alte Hexe, die den beiden Königskindern die Kerzen ausbläst.

Vor mir liegt ein Fotoalbum. Meine Mutter hat aus vielen Alben ein Digest gemacht – ich als Baby im Wagen mit Kinderschwester in weißem Häubchen, im Spielanzug mit meinem schönen Vater, mit Mutti auf blühender Wiese, am Strand mit erstem Brüderchen, im Wald mit zweitem Brüderchen, ohne Zahn, mit Zuckertüte, jugendlich und schlaksig mit neuem Vater, erste Auslandstournee nach Polen. Unter das letzte Bild hat meine Mutter geschrieben: »Von nun an fotografierte Dich die Welt.«

Daran war noch lange nicht zu denken. Meine ersten Gastspielofferten waren bescheiden und brachten kaum Geld.

Ich fuhr nach Polen, Finnland und Österreich. Es war großartig zu reisen und sich vor fremden Publikum auszuprobieren. Daran wollte ich mich gewöhnen. Alles mußte ich selbst tun: Ich organisierte Fahrkarten und Gepäcktransport, verwaltete die Technik und die Requisiten, stimmte Proben- und Auftrittszeiten ab und ärgerte mich schwarz über die staatliche Künstleragentur.

Die Künstleragentur der DDR hatte das Außenhandelsmonopol für den Ex- und Import lebender Künstler. Ohne sie ging nichts. Sie war das berühmte Nadelöhr, denn nur sie konnte »die Genossen« bewegen, die nötigen Stempel in den Paß zu drücken. Als Gegenleistung forderte sie von den Künstler den Großteil ihres Verdienstes. Sie vermittelte Gastspiele von der Rollschuhnummer bis zum Sinfonieorchester. Sie bestimmte, was künstlerisch gut und politisch opportun war. Künstler wurden verhökert wie saure Gurken.

Man mußte sich daran gewöhnen. Jedes Privileg hatte seinen Preis.

Nach der Tournee mußte ein Reisebericht vorgelegt werden. Lange wiegte ich mich in dem Glauben, daß dies Erfordernis einem echten Interesse entsprach, um begangene Fehler zu vermeiden. Die Berichte, die alle schreiben mußten, die ins Ausland fuhren, bilden heute sicher in den Archiven der Stasi eine Aktenkette von mehreren Kilometern.

1966 bekam ich ein Traumangebot nach München. Doch noch bevor ich losfuhr, las ich in der *BZ am Abend* folgendes:

»Drohungen gegen DDR-Künstlerin
Mit anonymen Attentatsdrohungen und Schmähanrufen, die der DDR-Künstlerin Vera Oelschlegel gelten, wird gegenwärtig in München das vom 28.–30. Juni geplante Gastspiel des Ensembles 66 torpediert. Das Ausmaß der telefonischen und schriftlichen Beschimpfungen beweist einmal mehr die Rechtsunsicherheit für DDR-Bürger in Westdeutschland.

Bis Dienstag hätten sich rund vierzig Anrufer in teilweise nicht wiederzugebenden Ausdrücken ergangen, erklärte ein Sprecher der veranstaltenden Münchner Konzert- und Gastspielagentur Heinz Pothoff. Auch im Theater an der Leopoldstraße, wo das Gastspiel der international bekannten Brecht-Interpretin stattfinden soll, trafen mehrere Drohbriefe ein.«

Diese Meldung ging mit Variationen durch fast alle Zeitungen der DDR und verfehlte ihre Wirkung nicht.

»DDR-Künstlerin in München terrorisiert« *Leipziger Volkszeitung* – »Münchner Mob bedroht Vera Oelschlegel« *Mitteldeutsche Neueste Nachrichten-Halle*

Fahren oder nicht fahren, das war die Frage, aber für mich stand sie nicht – the show must go on. Gewohnheitssache. Es gibt keine Entschuldigung, höchstens wenn man mit dem Kopf unterm Arm kommt. Das ist alte Schauspielerregel.

Natürlich fuhren wir, und meine Freunde und Musiker vom Ensemble 66 hatten so wenig Bedenken wie ich. Wir hatten uns zusammengeschlossen, um so den hohen Anforderungen, die Brechts Komponisten an die Musik stellten, gerecht werden zu können. Sie verlangten die Beherrschung von Jazz und Klassik gleichermaßen, von Ensemble- und Solospiel.

Dieter Rumstig, der mein bester Freund wurde, war von Anfang an dabei. Als ich ihn fragte, ob er mittun würde, er war mir als der vielseitigste und fähigste Gitarrist beschrieben worden, sagte er: »Wenn Sie mich bezahlen können, gern.« Damals dachten wir wohl beide an Geld, aber wir haben im Laufe der Jahre einen hohen Preis für unsere gemeinsame Arbeit und Freundschaft gezahlt. Mit Dieter kann man Siege und Niederlagen verkraften. Er kann lachen, daß die Bude wackelt und unerbittlich streiten. Er ist ein wunderbarer Musiker auf allem, was sechs Saiten hat. Dieter übersetzte Kartoffelpuffer ins Englische mit »potato-puffers« und Mokka mit »pumpen-drive«, dabei zeigte er auf sein Herz. Er brüllte ungeniert: »Please, say the Elektriker to make mal das Ding dahinten an«, und zum Frühstück bestellte er in Bagdad »brated eggs«. Ich schleppte ihn in Schweden nach einer Panne mit seinem überladenen Wagen fünfhundert Kilometer ab, und er sammelte mich in Frankreich vom Fußboden auf, als ich nach einem mißglückten Konzert zusammengebrochen war. Mit ihm kann man Pferde stehlen und erst recht Drohungen überstehen.

In München wußte keiner von geplanten Attentaten und Schmähungen. Und der Manager war nicht zu bewegen, mir wenigstens einen von den Schimpfbriefen zu zeigen. Heute bin ich überzeugt, daß mir in einer miesen politischen Klamotte eine Rolle aufgezwungen werden sollte. Schlechte Gewohnheiten!

Mein Angstpunkt lag woanders – Therese Giehse trat fast zeitgleich in München auf. Sie im barocken Cuvilliés-Theater, ich im Theater an der Leopoldstraße. Auf einer Pressekonferenz versprach ich den Journalisten, ich würde kein Wort sagen, wenn mir nicht einer seine Pressekarte für die Giehse schenkte.

Mit dieser Karte ging ich in Giehses Vorstellung. Sie war großartig. Durch sie fühlte ich mich unwert, als schauspielerisches Nichts – ich war niedergedrückt. Aller Mut verließ mich. Ich saß, hörte ihr zu, weinte vor Begeisterung und vor Selbstmitleid – das würde ich nie können. Nach der Vorstellung ging ich zu ihr in die Garderobe. Die Blumen so geknickt wie ich. Sie sagte mit ihrem schönen dunklen süddeutschen Klang: »Ja, ich hab schon gehört, daß Sie da sind. Ich komm auch zu Ihnen, aber noch nicht morgen, ich hab Besuch.« Dann kam sie wirklich. Es zuckte wie ein Blitz durchs Theater: »Die Giehse ist da!« An diesem Abend habe ich um mein Leben gesungen. Der Schlußapplaus wollte nicht enden. Da tippte mich jemand an und wies in die Gasse. Dort stand die Giehse und winkte mich heran: »Sie, das war sehr schön, machen Sie das mal weiter.« Ihre freundschaftliche Zuneigung blieb mir bis zu ihrem Tode.

Nun konnte die Presse schreiben und die Leute reden, was sie wollten: Ich flog, ich schwebte, mein Selbstvertrauen war wieder da. Und ob sie wollten, die Zeitungen.

Süddeutsche: »Wieder einmal zeigt man uns westlichen Brechtkulinarikern den wahren Volks- und Friedens-Bert . . . Unter solchen Umständen auf die Bühne zu steigen, fordert Mut.

Vera hat ein schwaches Programm mit dürren parteioffiziellen Zwischentexten, widerborstiger Musik, penetranten Dekorationen und allerlei Begleitumständen, die Tourneen von DDR-Künstlern immer so mühsam machen, durchgehalten.«

Bayernkurier: »Sie ist nicht mehr siebzehn Jahr, aber sie hat blondes Haar. Überhaupt ist Vera ein fesches Werbeplakat für den Pankow-Staat. Ihr gelingt es, den bissigen Songs von Bert Brecht den richtigen Sexy-Unterton zu geben. Das kommt auch im Westen an. Über dem Bettstatt-Schluchzer vergißt man die diskrete SED-Offerte. ›Ja, ich bin Kommunistin‹, erklärt das blonde Eastern-Girl, neben Gisela May die übelste Interpretin der Kunstsatzungen des Walter Ulbricht. Vorsorglich sächselt sie nicht. Sie trägt kniefrei und ein Rollkragenkleid von exklusiver westlicher Machart . . .«

Das Kleid hatte meine Schneiderin in Potsdam gemacht, und so hatte wenigstens sie eine Freude am *Bayernkurier.* Mein Ideal war immer die Unauffälligkeit eines Tänzertrikots. Ich wollte, daß die Zuschauer durch nichts abgelenkt würden. Auf die Frage: »Was hat sie denn angehabt?«, sollte die Antwort eigentlich heißen: »Ich weiß nicht, irgend so was Dunkles . . .« Aber siehe oben. Das kniefreie Rollkragenkleid habe ich jahrelang geschleppt. Es hat den Ostermarsch mitgemacht, durfte mit in die Schweiz und nach Skandinavien. »Es hat sein Geld wieder reingebracht«, sagt man in Sachsen.

Zwei Drittel meiner Tournee sind um. Die Soldaten auf Zeit kaufen sich ein Metermaß und schneiden dann die Zentimeter ab,die abgelaufenen Tage. Die Telefonate mit Gregor haben ihr ärgstes Tief überschritten. Auf die Frage, wie es denn zu Hause so sei, berichtet er, was die Leute so erzählen, wie das Leben so abläuft: Polittourismus ist in vollem Gange, die DDR ist noch Mode. Der vierzigste Jahrestag der DDR kommt bestimmt, und alles geht noch seinen gewohnten sozialistischen Trippeltrappel-Gang.

Ein bundesdeutscher Politiker, der gerade bei Honecker war, soll ihm leutselig gesagt haben: »Na ja, bei Ihnen steht ja nicht alles zum besten.« Darauf habe ihm Honecker ernst geantwortet: »Die Einheit von Volk und Partei war noch nie so groß. Ich lade Sie ein, mit mir am ersten Mai auf die Ehrentribüne zu kommen und sich das Volk anzusehen.«

Der 1. Mai 1988 lag mir noch quer im Magen. Als im Januar einige Mutige zur Erinnerung an Liebknecht und Luxemburg für das Recht »anders zu Denken« demonstriert hatten, witterten Stasi und Parteiführung Unrat für den 1. Mai. Ich hielt diese Aktion für eine Inszenierung der Stasi, um vorzuführen, wie stark und gefährlich die Konterrevolution sei. Aber das änderte nichts an der offiziellen Version. In einem Brief der Bezirksleitung der Partei an das Theater hieß es: ». . . möchten wir mitteilen, daß Eure Einrichtung wiederum für den ›Block Berliner Kunst- und Kulturschaffender‹ vorgesehen ist. Dabei geht es inhaltlich darum darzustellen, wie Berliner Kunst- und Kulturschaffende die Beschlüsse des XI. Parteitages der SED realisieren und unsere Hauptstadt als geistig-kulturelles Zentrum, als leistungsfähige Stadt der Künste weiter ausprägen. Wir bitten, Eure zwischen Partei-, Gewerkschafts- und staatlicher Leitung abgestimmte Ausgestaltungskonzeption sowie die voraussichtliche Anzahl der Teilnehmer an der Demonstration zu übermitteln.«

Jedes Detail wurde beraten und beschlossen. Der Höhepunkt war erreicht, als der Parteisekretär von einer Anleitung der SED Berechtigungsscheine für die Demonstration mitbrachte. Die Proteste der Künstler waren geharnischt, ihre Haltung, trotz Teilnehmerkarten *nicht* teilzunehmen, so klar, daß alles zurückgepfiffen wurde – jedoch nur für die Künstler.

Die Demonstration war organisiert wie eine Straßenschlacht. Schwere Eisenzäune waren aufgestellt, um die Menschen zu kanalisieren und zu trennen, die Eingänge in die Kanäle bewacht. Die U-Bahn war verstopft, weil die Ausweiskontrollen den Menschenstrom aufhielten. Kinder weinten, Frauen schrieen vor Angst. Es war ein Horrortrip. Wie die Raubtiere in der Manege wurden wir hinter Gittern an der winkenden Greisentribüne vorbeigeschleust.

Ein wenig hatte mich der 1. Mai immer an den Ostermarsch erinnert. Als ich mit einigen Musikern zur ersten Ostermarschkundgebung fuhr, hatte ich keine Ahnung, was uns erwarten würde. Der Verfassungsschutz hatte uns im Zug ein paar Stunden Schlaf geraubt und wollte alles genau wissen.

Ich wußte nur, daß uns ein Pfarrer abholen würde. Der hieß Pfarrer Weißberg, stand morgens um fünf mit Blumen in Gelsenkirchen auf dem Bahnsteig, und seine Familie wartete zu Hause auf uns mit dem Frühstück, als gäbe es nichts selbstverständlicheres, als morgens um fünf Leute zum Kaffee zu erwarten.

Die Weißbergs waren selbstlos ohne Opfergehabe, lustig, tolerant und verfochten ihre politischen Ansichten überall und nicht nur mit dem Wort.

Wir zogen durch die Lande, und ich sang in Turnhallen, auf Plätzen, in Kneipen. Häufig gab es Randale, immer gab es Diskussionen bis in die Nacht. In Frankfurt am Main erlebte ich wieder das DDR-Phänomen: Mein Name wurde genannt und die Herkunft DDR, und minutenlang pfiffen, johlten und buhten fast zweitausend Menschen. Der Staat, das war ich, ich war der Staat. Unter solchen Umständen auf die Bühne zu gehen, hat mich oft starke Überwindung gekostet. Ich war ich – und kein politisches System.

Es gibt bei Aitmatow eine schreckliche Beschreibung, wie man aus einem Menschen einen Mankurt macht. Man zog ihm die Haut eines frischgeschlachteten Tieres über den Kopf. Wenn die Haut trocknete, wurde sie wie ein unerbittlicher metallener Ring, der dem Opfer den Kopf zusammenschraubte.

Die Haare konnten den Panzer nicht mehr durchstoßen und wuchsen zurück in die Kopfhaut, ins Gehirn. Irgendwann verlor der Mensch Verstand und Persönlichkeit, er wurde ein Mankurt.

Ich fühlte mich manchmal wie solch ein politischer Mankurt. Eine Ideologie war mir übergestülpt worden, und nun sollte sie mir ins Fleisch wachsen. Ich sollte meine Identität verlieren. Immer wieder kämpfte ich gegen den Versuch, meinen Schatten einzurollen und mich zurückzulassen, als Frau ohne Schatten, ohne Vergangenheit, aber mit der lichten Zukunft der progressiven künstlerischen Intelligenz im Sozialismus.

Wir gehörten zur Stammannschaft der Ostermarschkarawane und mit uns zwei Spanier, Juan und José, Hannes Stütz, Dieter Süverkrüp und andere. In jeder Stadt kamen neue Kollegen dazu, Schauspieler und Jodler, Kabarettisten und Jazzer. Sie fuhren ein paar Stationen mit, rezitierten, musizierten, diskutierten. Dann gingen sie zurück an ihre normale Arbeit. Es war für mich eine neue Erfahrung, wie politische Aktion selbstverständlich und nicht von oben befohlen, angeordnet und organisiert war.

Ein Höhepunkt waren die Osterfeiertage, da waren wir viele und füllten schon ein paar Sonderwagen der Bundesbahn. Wolfgang Neuss kam dazu.

Ich habe einen Artikel in der *Zeit* von Eva Schmidt-Häuer gefunden:

»Kirchenlieder und Beatsongs beim Ostermarsch West '67

. . . Daß der Protest sich auch gegen Protestführer richten kann, mußte in der Bochumer Ruhrland-Halle Wolfgang Neuss erfahren. Die Vietcong-Flagge schwingend, hatte er Jubelstürme ausgelöst. Doch als er von ›Onkel Ho‹ zu einer selbstgestrickten Moritat von ›Fummelsex‹ und ›Rammeleros‹ abschweift, wird er entrüstet niedergestimmt. Nicht Sex, sondern die politische Emotion will man. Um ihretwillen quittiert das Auditorium mit frenetischem Beifall, was das Stammensemble der Ostermarschierer bietet: Protest-Evergreens und platt-agitatorische Stimmungsmache. Chansonette Vera Oelschlegel, die die in der DDR verbotene Ostermarsch-Plakette angesteckt hat, singt Brecht. ›Mal was von Biermann‹, ruft einer. Doppelsinnig ist ihre Antwort: ›Also ich kann ja nichts dafür, daß alte Lieder heute immer noch aktuell sind.‹ Dreieinhalb Stunden dauert die Abendveranstaltung . . .«

Die Feindseligkeit des Publikums, die Neuss damals von der Bühne fegte, habe ich bis heute nicht vergessen. Die Rufe der Zuschauer, die Gegenrede von Neuss, sein verzweifelter Kampf, sich auf der Bühne zu behaupten, habe ich wie einen Film gespeichert. Ich hatte so etwas zum ersten Mal erlebt. Bei jedem Mißerfolg, jeder Mißfallensäußerung, die mich traf, stand dieses Erlebnis wie ein Menetekel vor meinem inneren Auge.

Mit dem Singen mußte ich wieder eine Pause einlegen. Kein Autounfall, nur die Mandeln. Als der Arzt mir mit spitzen Instrumenten in den Hals fuhr, in die Nähe des Kehlkopfes kam, spürte ich keinen Schmerz, nur Angst um meine Stimme.

Mein Bruder Axel versuchte mich abzulenken und berichtete mir DDR-live aus der Provinz. Er hatte als Volontär bei der örtlichen Parteipresse in Frankfurt an der Oder angefangen und schrieb:

»Ich habe dieser Tage mein Assistentendokument erhalten und darf als einziger Volontär über die ›grundlegende Argumentation‹ des Ersten Sekretärs oder, wie man hier sagt, ›den formulierten Standpunkt‹ berichten und bekomme Redakteursgrundgehalt.

War ich da neulich mit einem Sekretär der Bezirksleitung auf einer Wahlversammlung. Jener steigt aus und der Kraftfahrer ruft: ›Rudi, willst Du Deine Tasche nicht mitnehmen?‹ Antwortet Rudi: ›Ist besser, manchmal kommen doch konkrete Fragen . . .‹ Ansonsten gab es hier noch ein Pressefest, wo die Leser mit uns so richtig auf Du und Du waren, die Chefs mit den ausländischen Delegationen einige Fonds versoffen und Militärblaskapellen ganze Plätze leerspielten. Bei Gewitterregen schlängeln sich auf dem Hof meines Hauses in der Fischerstraße Ratten von der Größe ausgewachsener Dackel aus dem Keller, aber wir haben die Kandidaten der Nationalen Front gewählt und der fette Chefredakteur ruft ›Nun-mit-Wahlschwung-weiter-Meldungen‹ . . .«

Ich war für meine beiden jüngeren Brüder eine Autorität – die große Schwester. Ich wurde verantwortlich gemacht, wenn der eine mit dem Fahrrad durch die Wohnung raste und der andere vergaß, Schularbeiten zu machen. Sie waren die kleinen Brüder und durften. Ich war die große Schwester und mußte. »Du, als Große, müßtest doch wissen, daß der sich nie die Ohren wäscht, daß der immer mit Streichhölzern gokelt . . .«

Tonleiter rauf, Tonleiter runter, Dreiklänge aufwärts, abwärts. Für einen Außenstehenden mußte das grauenvoll klingen. Unmöglich, sich daran zu gewöhnen. Krankheit und Leid machen bescheiden und fleißig. Ich trainierte meine Halsnarben und sägte auf den Nerven meiner Familie.

Mein harter Kritiker und künstlerischer Freund, der Opernregisseur Joachim Herz, kam in jede Leipziger Vorstellung. Sein Urteil war für mich die Nagelprobe. Er schrieb:

»Verehrte einstige Ersetzerin meines Mittagsschlafes! Wie präzis ist man geworden! Gratuliere! Gar nicht mehr von wegen bloß Naturell! Würde sagen, Hut ab. Gesten und Haltungen als Pointe gesetzt – famos.

Die Dollars erleuchteten mir den ansonsten dunklen Mond von Alabama . . .

Aber Bilbao war wieder mal am schönsten. Dorthin möchte ich verreisen. Ach du liebe Güte. Wo schon Kuba wieder wackelt, konnte man da schön saufen! und zu mäßigen Nervenpreisen.

Ihr Joachim Herz«

Nach Kuba er, nach Indien ich. Aber die Vorbereitung auf Land und Publikum, das Training für die harten Bedingungen, die uns dort erwarten würden, mußten wie nebenbei laufen, denn der Kampf mit der Bürokratie, »den Genossen«, verlangte wieder sein Opfer. Harte Gewohnheiten noch immer!

Eine Musikerin hatte sich scheiden lassen und wurde damit ein »Sicherheitsrisiko«, sie wurde als »Reisekader« gestrichen. Ich kämpfte:

»Zur Sache ›Ablehnung der Ausreise nach Indien für Barbara Richter‹ möchte ich folgendes sagen:

Ich kenne Frau Richter seit sechs Jahren und arbeite mit ihr seit fünf Jahren im Ensemble 66 zusammen. Sie hat niemals durch Disziplinlosigkeit oder politische Unklarheiten Anlaß zur Besorgnis gegeben . . . Sie ist eine hervorragende Gitarristin und ist eine wichtige Säule im Ensemble . . .

Vor gut anderthalb Jahren zog sie aus der Wohnung aus, die sie mit ihrem damaligen Mann bewohnte, bald darauf wurde sie geschieden. Ihr Mann, Tanzmusiker, hat Ausreiseverbot wegen eines Falles von Republikflucht eines Musikers seiner Combo. Zu dieser Zeit war sie jedoch schon nicht mehr mit ihm zusammen . . .

Ich schreibe dies deshalb auf, weil mir die Geschichte mit ihrem ehemaligen Mann als einzige Erklärung für eine Ausreiseverweigerung möglich erscheint.«

Ich weiß nicht, wie oft ich gezwungen war, solche Proteste oder Beurteilungen zu schreiben, die vielleicht sogar entschieden, ob jemand reisen durfte oder nicht. Mit dieser Methode wurde der Ersatz-Schuldige festgelegt, falls besagte Person von der Reise nicht zurückkam. Ich wurde vor allem als Intendantin in die Rolle eines Bürgen gezwungen und mußte Aussagen zur Person treffen, die meine tatsächlichen und auch psychischen Möglichkeiten überstrapazierten. Meist lud ich den Betreffenden ein und bat ihn, mir die nötigen positiven Angaben zu machen. Es gab einen Spiegel, nach dem ich zu verfahren hatte. Danach mußte ich folgende Kriterien beachten:

– Den politisch-ideologischen Bewußtseinsstand und die politisch-moralische Haltung des Kaders, seine Zuverlässigkeit und Standhaftigkeit, seine gesellschaftspolitischen Aktivitäten und seine Entwicklung;

– die beruflich-fachliche Eignung sowie Arbeitsmoral und Arbeitsdisziplin;

– die charakterlichen Eigenschaften, die familiären Verhältnisse sowie sein Verhalten und seine Kontakte im Arbeits-, Wohn- und Freizeitbereich und evtl. Hobbys;

– die Verbindungen und Kontakte ins NSW und persönliche Einstellung dazu.

NSW? Das heißt »nichtsozialistisches Wirtschaftsgebiet«. Und was nichtsozialistisch ist, das bestimmen wir. Auf alle Fälle ist es der Westen!

»Die erforderlichen Genehmigungsverfahren für Reisekader kann nur der für den einzelnen Künstler zuständige staatliche Leiter bei seinem übergeordneten Staatsorgan einleiten.«

Diese Formulierungen schrieb mir wortwörtlich der Kulturminister Hoffmann, den ich gebeten hatte: »Sir, geben Sie Reisefreiheit für meine Kollegen aus *Quartett!*« Er gab sie nicht, statt dessen schickte er mir einen Brief mit Verfahrensfragen.

Nicht weiter, die Wunde bricht wieder auf, die Wut über den vergeblichen Bittgang zu Minister Höpcke wegen Gregor.

Noch eine Woche Tourneestreß, dann bin ich wieder zu Hause.

Steigenberger Hotels
Telefonische Nachricht
Oelschlegel Zimmer-Nr.: 433 Aufgenommen am: 29. 04. 89, um 01.05 durch Portier Bg.
Ich liebe Dich Gregor

Nina war mir immer böse, wenn ich auf Gastspiel fuhr. Regelmäßig wurde sie vor meinem Reiseantritt krank, meist war es der Magen. Ich kam mir wie ein Untier, eine Rabenmutter vor, sie in diesem Zustand zurückzulassen. Abgeholt hat sie mich immer, zum Flughafen oder Bahnhof gebracht nie. Anklagend berichtete sie mir, welche Katastrophen sie armes Kind ohne mich zu überstehen gehabt hatte. Meine Gewissensqualen waren grenzenlos. Der Zustand des schlechten Gewissens hat mich auf meinen Reisen nie verlassen: »Ich war nicht wie die anderen! Ich war nie da!« Bedrückt kaufte ich überall Schürzen und Kochzutaten, um zu Hause umgehend alles wiedergutzumachen. Noch heute würze ich aus einer Büchse Curry, die ich in Indien gekauft hatte. Bei Gregor hat der Gewissenswurm durch seinen Reisestop eine neue Variante erhalten.

Seit 1971 führe ich ein Tagebuch über alle Vorstellungen, die ich mit dem Ensemble 66 gemacht habe:

22./23. November 1971 New-Delhi
10.00 Uhr Fernsehen, 12.30 Uhr Rundfunk, 18.30 Uhr Vorstellung . . .

Gestern sind drei pakistanische Flugzeuge abgeschossen worden. Schlagzeilen zum Frühstück.

Wird es Krieg geben, noch ein Vietnam? Jetzt, wo hier alles grün ist und so leicht und heiter. Die Frauen in ihren Saris sind so schön. Ich sehe plump und grob aus. Überall Blumen. Als das Flugzeug zur Landung ansetzt, kommt aus den Lautsprechern Sitarmusik, paradox und sanft. In den Straßen werden die Kinder von den Eltern gepiesackt, damit sie immer weinen und beim Betteln besser Mitleid erregen. Ein Hund holt sich ein Büffelohr. Hier ist alles weit.

Ein Geologe aus Freiberg in Sachsen hat mir einen kleinen Elefanten aus Tigerstein geschickt. Talisman.

24. November 1971 Patna

Hier ist sehr Indien, keine Reste mehr von Europa. Provinz Bihar – Kaderschmiede der Kongreßpartei. Nachts Geckos, Moskitos und Mäuse. In meinem Hotelzimmer kann ich für einen Tausendmeterlauf trainieren. Vor meiner Tür sitzt ein Diener: »Bedtea, Mam?« Ich dachte: »Was hat der nur immer mit Betty?« Vor meinem Fenster fährt ein Laster einen Lichtmast um. Im Konzert staunende Menschen, greinende Kinder, Kommen und Gehen. Warum applaudieren sie? In den Garderoben ist geklaut worden. Gottseidank war das Geld im Hotel. Nach dem Konzert kommen ein Philosophiestudent und ein Postangestellter mit Sitar und Tabla. Sie schenken mir einen Sari. Ich weiß nicht, wie man ihn bindet. Dann spielen sie eine Mitternachtsraga. Morgen nach Calcutta.

Calcutta, 1. Advent 1971

Wir singen auf Tonband Weihnachtslieder für die Kinder vom Konsulat: Ach Joseph, liebster Joseph mein, hilf mir doch wiegen mein Kindelein.

Calcutta ist keine Stadt, es ist die Hölle, es ist ein Jahrtausendelend.

Madras, Bombay, Poona, Bombay und via Beirut aus einem Land im Kriegszustand zurück in unsere kleine DDR.

Ich habe mich an sie gewöhnt. Sie ist das Mittlere. Die Berge sind nicht zu hoch, das Meer ist nicht zu salzig. Es gibt keine sehr reichen und keine sehr armen Leute. Bei uns endeten die Prozesse nicht blutig ...

Hier stutze ich heute. Das habe ich früher gesagt. Heute, wo Massengräber entdeckt werden, wo bekannt wird, daß Konzentrationslager weiter belegt wurden ... Mein Liedchen von der mittleren DDR bleibt mir im Halse stecken. Das kann doch nicht sein, daß Du das nicht gewußt hast, sagt Gregor. Aber ich wußte es nicht.

Aber ich bin ein Reisekader, die Musiker des Ensembles 66 sind Reisekader. Gregor ist kein Reisekader und meine Sekretärin Ingrid auch nicht und Nina auch nicht. Meine Mutter darf reisen, weil sie Rentnerin ist und der, weil er Beziehungen hat, und der wegen einer dringenden Familienangelegenheit. Die Menschen wurden pervertiert. Als ihm die Mutter gestorben war, freute sich ein Kollege im Theater unter Tränen, daß seine Westreise – zum Begräbnis – genehmigt worden war.

Mit dem Ensemble 66 fuhren wir in die Tschechoslowakai und nach Aschersleben, nach Italien, Wien und Bad Elster, durch die Bundesrepublik und durch die DDR, nach Algerien, Ägypten, Südjemen und Zypern, nach Wintersdorf in der Braunkohle, nach Dänemark und Espenhain, nach Polen, Kuba und Wurzen, nach Halle, Schweden, Frankreich, Mexiko, die Schweiz, immer wieder in die Sowjetunion und nach Putbus.

Damals dichteten wir einen Schlager um und sangen: »Ob in Bombay, ob in Wurzen, überall sind wir zu Haus ...«

Es fällt schwer, keine Geschichten zu erzählen. Die Gastspielreisen waren unterhaltsam, aber nicht so erholsam und lukrativ, wie es zu Hause schien. Es war harte unerbittliche Arbeit unter oft ungünstigen klimatischen Bedingungen, vor unbelecktem oder gebildetem Publikum, in wunderbaren Theatern oder in Schuppen, ohne Garderoben, mit schlechter

Akustik und lebensgefährlichen elektrischen Anlagen. Die Hotels verloren ihren Reiz mit zunehmender Quantität. Man kann sich nicht an Hotelbetten gewöhnen. Ich war in Städten, da kannte ich nur den Weg vom Hotel zum Bühnenpförtner. Oft staunte ich, wie schön die Theater, in denen ich aufgetreten war, von vorn aussahen. Das sah ich dann meist auf Bildern.

Theatergarderoben sind in der ganzen Welt gleich: Die Stühle schon ein bißchen wacklig, Holzkästen mit großen Vorhängeschlössern, verschminkte Prachtgewänder, sauber gepflegte Lumpen, Pappkästen für Requisiten mit Aufschriften wie »Antigone«, »Käfer«, »Wunder«. Auf dem Boden ausgelatschte Schuhe mit eingeklebten Namen und hinter dem Spiegel vergilbte Postkarten, eine Schleife, eine Stoffblume.

Die alten vergammelten sind mir lieber als die modernen Künstlercontainer, hygienisch vom Fußboden bis zum tödlichen Neonlicht. Am Abend in der Garderobe habe ich mitunter vergessen, in welcher Stadt ich mich befand. Ich habe aus den fremden Ländern seltsame Gerüche und anrührende Klänge, besonderes Licht, Gesichter und viele Geschichten gespeichert. Ich habe mehr vom Leben bekommen.

Mitunter zwängten sich unerfreuliche Erlebnisse dazwischen. Zum Beispiel ein Brief aus Aden:

»Als wir vor Wochen erfuhren, daß Sie uns mit Ihrem Ensemble besuchen werden, waren wir sehr erfreut. Wir hatten das Glück, Ihre erste Vorstellung besuchen zu können ... Hinter uns saß eine Reihe jemenitischer Frauen, und zwar solcher, die heute schon Anteil am Geschehen nehmen und zu denen gehören, die beginnen, sich den ihnen zustehenden Platz zu erobern. Dort wurde die Frage laut: ›Wo liegt denn in der DDR Alabama?‹ Auch war man natürlich schockiert über das Freudenmädchen, denn durch uns wußte man, daß so etwas bei uns ausgestorben ist.

Aber wir werden mit den Frauen noch einmal dieses Thema aufgreifen und die Zusammenhänge klären.

Die Hinweise, die ich im Namen unseres Kollektivs niederschrieb, sollen Ihnen helfen . . .
Im Namen des Kollektivs Irmgard
Sollten Sie jemals Zeit und Lust haben, uns zu antworten oder noch Fragen an uns haben, so schreiben Sie bitte an die Frau des Botschafters und erwähnen Sie meinen Vornamen, der Brief kommt dann an die richtige Adresse.«

Natürlich, »die Genossen« waren überall und natürlich auch in meinen Konzerten und natürlich auch in Aden. Die Gegend war ja strategisch interessant. Aber ich konnte mich nicht daran gewöhnen, daß sie ein Staat im Staate waren und Rechte aus ihrer »illegalen« Arbeit ableiteten, die ich gut finden sollte.

Durch die Sperrung des Suezkanales war Aden völlig verödet. Die Europäer verblödeten. Die Botschafter hielten die Stellung und trafen sich abends im Beach Club. Sie tranken und unterhielten sich mit Kunststückchen. Der englische Botschafter konnte mit den Ohren wackeln, der schweizerische durch die Nase pfeifen, aber der französische war der beste, er konnte den Rauch zu den Ohren rausblasen. Bei einem Cocktail wetteiferten sie, mir alles vorzuführen. Wir waren in dem öden, armen Land eine willkommene Abwechslung. Die Konzerte fanden in einem Kino statt, und als ich zur Vorstellung fuhr, ratterte vor mir ein offener Lastwagen mit verwegenen Gestalten, die Hinterlader über ihren Köpfen schwangen. Es waren meine Zuschauer, Delegierte des Gründungskongresses des jemenitischen Jugendverbandes. Ich konnte nur noch seufzen: »Allah, hilf!«. Allah half mir mäßig, und ich war nicht unfroh, als wir bald nach Ägypten weiterflogen.

In Kairo herrschte große Aufregung, da der stellvertretende Ministerpräsident für sich und seinen Hofstaat die Vorstellung aufgekauft hatte. Auf jedem Klo saß ein Geheimpolizist, der hohe Herr sang mit, und ich fühlte mich in den Feudalismus versetzt. Ich könnte auch sagen, ich fühlte mich wie zu Hause. Genauso war es, wenn man die Ehre bekam, auf einem Staatsakt oder -empfang singen zu dürfen.

Auf diese Weise hatte ich eine Einladung nach Bulgarien bekommen. Todor Schiwkow hatte mich bei einem Empfang im Staatsrat gehört und zu einer mehrwöchigen Tournee eingeladen. Ich sagte ab, da ich wußte, daß mich in Bulgarien perfekte Desorganisation erwarten würde. Die Einladung wurde hartnäckig wiederholt, bis ich schließlich annahm und zu einer einzigen Vorstellung nach Sofia fuhr. Zu meinem Entsetzen fand das Konzert im Haus des ZK statt. Die Wagen hielten weit vor dem Eingang, da um das Haus eine Bannmeile gezogen war. Wir schleppten unsere Tonanlage und die Instrumente durch die Hitze nach drinnen, in den festlichen Sitzungssaal, ein Transparent – Faust mit Rose und Gewehr – hing über der Bühne. Es war trostlos, nicht einmal Bühnenlicht gab es. Zum Glück baute das Fernsehen auf und brachte Licht. Das Publikum war eine geschlossene Gesellschaft, Diplomaten, Minister, Sekretäre, Staatsratsmitglieder. Schiwkow verfolgte das Geschehen aus einer verdeckten Loge, einer Art Kabine. Es war ein perfekter Geisterzirkus.

Ich blättere in meinem Tagebuch, meinem Bordbuch. Angela Davis in Berlin. Sie wünscht sich Brecht-Songs. Werner Lamberz als Gastgeber lädt alle Brecht singenden Schauspieler nach Pankow ein. Für Angela habe ich gerne eine Privatvorstellung gemacht.

1973 – das Ensemble 66 marschiert mit der »Jugend der Welt« in der vorletzten Reihe in der speziellen Uniform der Weltfestspiele ins Stadion ein. Wir treten vor sowjetischen Komsomolzen und der ersten weiblichen Astronautin, Ludmilla Tereschkowa auf, vor FDJlern und Vietnamesen, vor Palästinensern und den »progressiven Abgesandten des anderen Deutschland«.

Nach der Abschlußkundgebung auf dem Marx-Engels-Platz, nachdem Angela Davis gesprochen hatte, wurde am nächsten Morgen der erste Spatenstich für den Palast der Republik getan. Was das für mich bedeuten würde, wußte ich damals noch nicht.

Ich wußte es auch noch nicht, als Kant und ich Peter Weiß nach einem Besuch bei uns ins Hotel begleiteten. Lange hatten wir über Theater gesprochen. Ich war besessen von meiner Idee, ein Theater zu gründen, und Peter Weiß hatte geschworen zu kommen, wenn es soweit sein würde. Auf der Brücke zwischen Dom und dem heutigen Palast träumte ich und sagte: »Hier, Peter, wird mein Theater stehen, eine wunderbare Lage, im historischen Kern von Berlin.« Dann hatte ich auf den Dom gewiesen. Es war die falsche Seite. Aber mein zweites Gesicht war auf der richtigen Spur. Ein Betrunkener hatte am Brückengeländer gelehnt, auf den Hund, den ich an der Leine hatte, geguckt und gemurmelt: »Det soll 'n Hund sein, 'ne Meerkatze is det.«

Auf das Theater mußte ich noch drei Jahre warten. Aber an Arbeit mangelte es nicht. Das Fernsehen drehte mit mir einen Film mit Brecht-Liedern unter dem Titel *Sieben Rosen hat der Strauch.* Er sollte als Festivalbeitrag nach Montreux: »Die goldene Rose« 1974.

Hotel Montreux Palace – ich durfte wieder in die »große Welt«. Eine angesoffene Dame aus Ohio erklärte mir: »Das ist ein Saftladen hier, der Ober gebraucht Ausdrücke – Für einen teuren Künstler muß man sehen, daß man fünf billige engagieren kann.«

Wir kriegten keinen Preis für unseren Brecht-Film, aber

ich wurde am meisten fotografiert. Mein Zimmer kostete 190 Franken pro Nacht, ich hatte fünfundzwanzig Fränkli Tagegeld. Ein Star aus dem Osten.

Der Genfer See sah an trüben Tagen aus wie der Müggelsee. Wettbewerbsbeiträge verschwanden auf dem Airway, und Juroren wurden wegen Volltrunkenheit aus dem Gremium ausgeschlossen.

Ich nahm alles mit Staunen. Das war also die große Welt? Hier wurden die Stars geboren? Reklame im Hotel: »Der Schweiz verbunden blieb Nietzsche dank seiner Liebe zum Engadin, das er in rauschenden Versen besang, und was sein späteres Werk betrifft, so kreist es, selbst in der Hybris der Euphorie kurz vor dem frühen Zusammenbruch unablässig um den Menschen, sein Schicksal, seine Geschichte.«

Mein Schicksal und meine Geschichte – sie schwabbern durch die Seiten dieses Buches wie überladene Schiffe. Mein Schicksal, meine Geschichte sind ein Leben, an das ich mich nicht gewöhnen kann. Langweilig war es nie. Es paßte in kein System, es war nicht einzuordnen. Einen großen Teil meines Wissens habe ich erfahren. Er-fahren in des Wortes doppelter Bedeutung. Die deutsche Sprache ist präzise. Im Hotel ein Telegramm:

»Wera Oelschlaegel

Noch 86 Stunden und ich kann dich nicht erreichen weil Telefonnummer nicht stimmt ich liebe dich Gregor«

Noch ein paar angelegentliche Falschschreibungen meines Namens: Ölschlegel, Oelschläger, Ölenschleger, Öhlschlaeger etc. Der Vorname könnte auch wie der Fluß »Werra« geschrieben werden, das wäre auch gleich die Lautumschrift für die sächsische Aussprache. – Ein bundesdeutscher Kritiker, der sich anmaßte, meine Geschichte als »Story« in *Theater heute* zu schreiben und seine Kompetenz auswies, indem er mich nie auf dem Theater als Schauspielerin, Regisseurin oder Sängerin erlebt hatte, scheiterte bereits bei der korrekten Schreibweise meines Namens.

Noch 86 Stunden. Wenn ich mit Gregor zusammen bin, rast die Zeit. Da schaut man nach fünf Minuten auf die Uhr, und zwei Stunden sind vergangen. Noch 86 Stunden. Eine ekelhafte Zahl die 86. Und wieso steht auf der Hotelliste eine falsche Nummer? Noch drei Konzerte. Auch die können wie getretener Quark sein. Nur gute Vorstellungen vergehen schnell. Warum, ihr verfluchten Eierköppe, durfte Gregor nicht mit nach Zürich, Salzburg? Jeder Handwerksbursche wurde früher auf die Walze geschickt, damit er die Welt und sein Handwerk erfahre. Noch 86 Stunden, noch 86 Stunden.

Riga, Vilnius, Kaunas, Kaliningrad, Moskau . . .

Die baltischen Republiken sind unglaublich schön. Das hat nichts mit Rußland zu tun. Das erste Mal war ich hier bei einem Schriftstellertreffen mit Hermann Kant. Nun sang ich in der Philharmonie. Ich fand alles wieder – Raute und Teufel und Bernstein. In Indien habe ich Bernstein gegen Mondstein getauscht. Nur mein Freund, der litauische Jude Icchokas Meras, war weggegangen – für immer nach Palästina. Für ihn war die Russifizierung so übermächtig geworden, daß er physisch litt. Er liebte mich, aber weigerte sich, meinen russischen Namen Vera anzunehmen. Er nannte mich nur bei meinem zweiten Namen – Franziska.

In Kaliningrad, dem früheren Königsberg, gefror mir das Blut. In einer deutsch aussehenden Stadt usbekische, tartarische, tadschikische Gesichter. Stalin hatte alle umgesiedelt, die noch eine Nabelschnur zu dieser Stadt hatten. Ein alter Mann mit durchgetretenen Schuhen und einem abgewetzten Mantel führte uns an Kants Grab. Er sprach ein altertümelndes Deutsch: »Es war garwohl ein gestrenger Herr . . .«

Am nächsten Tag in Moskau. Ich trat dieses Mal im Kammertheater der Schauspielerorganisation (WTO) auf. Im Zuschauerraum Kollegen, Kollegen, Kollegen. Oh, war das schwer. Ich bin nach dem Konzert wie ein nasser Sack. Kaum kriegte ich das Essen beim WTO-Direktor runter. Ich glotzte die Wände an – Autogramme von Wachtangow, Gagarin und Marceau. Nebenan feierte Lewitan, der legendäre Nachrichtensprecher von Radio Moskau, seinen sechzigsten Geburtstag. Von diesem Mann kannte man nur die Stimme. Er sprach die Meldungen von Sieg und Niederlage und von der vollständigen Kapitulation Hitlerdeutschlands. »Gawarit Moskwa!« – ich schenkte ihm meine Blumen.

Anschließend bei Genia in der Küche – marinierte Auberginen, Graupen und Fleisch aus dem kirgisischen Frunse und sehr süßen Sekt. Wir waren traurig. Als ich wegfuhr, stand sie lange unter der Laterne in der Krasnaja Armeeskaja. Ob unsere Freundschaft halten würde? Sie winkte, und ich fürchtete, das Taxi bräche auseinander, so jaulte der Motor, quietschte die Karosse.

Juni 1975 Hotel Rügen/Saßnitz auf dem Weg nach Schweden: Vor fünfzehn Jahren Theater Putbus. Hier in Saßnitz waren wir auf Abstecher. Gute Kneipe mit Pferdefleisch gleich um die Ecke. Egon Krenz hatte mich hergeschleppt, er war damals FDJ-Sekretär von Rügen. Ich sollte eine Kulturmaßnahme durchführen, ein patriotisches Gedicht zur Jugendweihe rezitieren. Honecker hielt die Jugendweiherede. ich glaubte, noch nie so einen schlechten Redner gehört zu haben.

Ich dachte an meine Rollen, meine »Leichen«, die noch auf der Bühne lagen: Elisabeth, Desdemona, die zu sehr geliebte. Kann man eigentlich zu sehr geliebt werden? Was will ich mit meinem Leben?

1. Juli 1975 Graenna-Schweden

Scham – mir ist beinah die Stimme weggeblieben. Ich bin sehr deprimiert. Krise oder Zufall? Ja, es war sehr heiß. Aber am Anfang einer Tournee?

2. Juli

700 Kilometer von Graenna nach Sundsvall. Steine, Wald, Seen, heiß. Friedhelm und ich sitzen am Ufer, haben unsere Hosen hochgekrempelt, die Füße im Wasser, lange. Es ist fast Mitternacht und die Sonne scheint. Der Kopf schmerzt, und in meiner Unzufriedenheit kann ich die Schönheit dieses Landes kaum speichern. Ich lebe falsch.

4. Juli Haparanda

Die Mitternachtssonne ist wunderbar. Das Konzert war schön, lange haben die Leute applaudiert. Ich habe gesehen, wie man mit einem Käscher Silk vom Grunde einer Stromschnelle fängt, zwischen die Felsen wirft und dann in einem Plastikbeutel nach Hause trägt. Auf einem Schild stand: »Hier ist der Polarkreis.« Buddy, unser Saxophonist, hat die Mülltonne neben dem Schild gefilmt. »Es war das schönste Konzert, das je in Haparanda war«, hat die Frau vom Kulturchef, der Kriminalinspektor ist, gesagt. Ich muß mir die Meßlatte ganz hoch anlegen. Wie hoch kann man eigentlich springen?

Die Luft kann man trinken, und es riecht nach Holz und Rauch. Ich schlafe in meinen Geburtstag, und die Sonne bescheint mich sogar nachts, vor dem Hotel glitzert der Boden.

»Liebe Frau,
ich kann mich hier nicht auf ein ›Ach‹ beschränken, obwohl sich präziser gar nicht beschreiben läßt, wie mir ums Herze ist. So füge ich wenigstens einige Übersetzungen hinzu.

Ach, wenn ich denke, was das für schöne Jahre waren und Geburtstage auch, zum Beispiel in Dresden, wo einer vor lauter ungeübter Begeisterung einen idiotischen Samowar hingeschleppt hat.

Ach, welch eine erstaunliche Entpuppung das gewesen ist, Dein Weg seit unserem 66; anfangs war das doch nur eine etwas zittrige Entschlossenheit und, gewiß, Talent, aber jetzt ist da eine Kunststärke, vor der man sich zwar stolz, aber doch auch etwas angeheiratet vorkommt.

Ich lege Wert auf die Feststellung, daß ich der erste Deiner Fans bin, der wirklich eine Ahnung von Dir hat. Ich weiß nicht, wie weit es gut ist, wenn Mann und Frau einander dankbar sind, und dankbar ist man auch so ein Wort im guten Anzug, aber ich habe große Gründe für so ein Gefühl; Du weißt schon, und Du hast keine Ahnung. Ich habe mich mit dem Gedanken nicht befreundet, sondern tief feindlich vertraut gemacht, daß ich Dich verlieren könnte, und das ist ein Denken wie an den Tod. Es ist nicht kleiner zu haben: Du bist mein Leben. Ich liebe Dich sehr, Vera, das ist zwar keine Entschuldigung, aber es erklärt mich ganz.

Mein Frauensmensch, nun komm mal bald wieder, nun warst Du lange genug weg, nun komm mal wieder her.

Ich gratuliere schön und Du bleib Dir auch gesund und sing feste weiter

trotz grämigem Mann und alle die Witwen und Erbeverwaltern

und sei umarmt

Zum 5. 7. 75 nach Norden hin«

Telegramm

»Meine Liebe, zu Deinem Geburtstag frohe Stunden, für die Zukunft noch mehr Glück und Kunsterfolge, anstelle von Blumen einen Kuß in Liebe Dein Konni aus der Gegend östlich von Ulan Bator«

Diese beiden Geburtstagswünsche – meine Katastrophe. Zerrissen zwischen einer sich zerstörenden Ehe und einem verrückten Verliebtsein. Hier war ich nicht mehr, dort war ich noch nicht. Ich möchte irgendwo endlich zu Hause sein. Ich wollte gebraucht werden, gebraucht werden von einem Menschen und mit meiner Theaterarbeit von vielen Menschen. Ich muß wissen, wozu ich auf dieser Welt bin.

Und auch die ersten Schritte im neuen Theater in Berlin sind im Bordbuch festgehalten:

15./16. März 1976 – Nachts

Technische Erprobung des tip, des theaters im palast. Aus einem Treppenhaus will ich nun ein Theater machen. Na gut, im Treppenhaus kann man gut quatschen. Eine traditionelle Stätte der Kommunikation. Aber das technische Niveau ist erschreckend. Wissen denn die Bauleute nicht, was es auf der Welt gibt? Wissen die nicht, wie man akustische Berechnungen anstellt? Und so etwas Scheußliches wie den grünen Teppich habe ich noch nie gesehen.

Also heute ist ein Anfang gemacht. Aber ich wollte nie, daß dieser Anfang mit dem Preis eines Endes bezahlt werden muß. Wenn es den Preis jedoch kostet, zahle ich. Ich habe ein Recht, auf meine Art zu leben, auf meine Art mit der Welt umzugehen. Ich will nicht immer rechenschaftspflichtig gemacht werden. Ich kann nicht mit permanenter Eifersucht leben.

Hermann, du kannst mich nicht so ducken, daß ich in jeder Beziehung an mir zweifle. Das Seil, auf dem ich mein Leben ausbalanciere, ist so dünn, ein lauter Anruf genügt, und ich stürze in den Abgrund. Warum kann nicht ein jeder das Seine tun, wozu er auf diese Erde gekommen ist. Meine Arbeit war und ist nie gegen Dich gerichtet. Nie habe ich Dein Schreiben als eine Handlung gegen meine Liebe angesehen. Diese grauenhaften Worte: »Wo kommst du denn jetzt her?« bei den harmlosesten Anlässen – wenn ich von einer Probe komme, von einem Drehtag. Kunstarbeit ist nicht planbar. »Wo kommst du denn jetzt her?« Das ist ein Todesthema. Mißtrauen kränkt mich zu Tode. Du bist böse, fahrig, kratzig und unzufrieden und nicht erst, seit ich einen anderen habe. Du bist mit Deinem Leben unzufrieden. Später wirst du diese Unzufriedenheit in Macht verwandeln: »Wenn du mich verläßt«, hast du gesagt, »dann werde ich böse. Was andere können, kann ich auch. Du wirst sehen, ich schaffs.« Der Preis wird das Schreiben.

Ich weiß, daß ich dem üblichen Bild einer Frau nicht genüge – ich bin besessen, eigenwillig, egoistisch, problematisch. Ich gestehe Dir zu, daß Du wütend bist. Ich gestehe Dir zu, daß Du, wenn Du abends mit dem Hund runtergehst, zu einer anderen Frau gehst. »Der Hund braucht seinen langen Auslauf.«

Wir hatten viele gute Jahre, die bleiben in meinem Inneren. Zehn Jahre, Hermann, sind eine lange Zeit. Ich freue mich auf das Theater mit allem Dreck, aller Ungerechtigkeit gegen mich und andere.

So schmal ist die Grenze, die zwei Lebenspfade voneinander scheidet.

Hans-Peter Minetti und der Zufall hatten mir Material für ein Theaterstück ins Haus gebracht. Die beiden Autoren Hans Pfeiffer und Günther Kaltofen waren mit dem Drehbuch für eine deutsch-sowjetische Koproduktion eines Films über das Leben von Karl Marx beauftragt. Der Klassiker sollte als sozialistischer Superman in Leben und Werk dargestellt werden. Der sowjetische Regisseur Kulischanow erwartete Idylle, die die Welt zum Schwärmen über nice Charlie bringen würde. Aber Charlie war ein handfester, mittelloser, kluger Schlawiner gewesen, der soff und hurte, Engels um Geld anpumpte, Gott, die Welt und seine Frau beschimpfte und nicht daran gedacht hatte, welchen Eindruck das auf die sozialistische Nachwelt machen würde.

Unheroische und anrührende Briefe hatten Kaltofen und Pfeiffer quasi als Abfallprodukt des Films zusammengetragen, und es machte Spaß, sie zu lesen. Heftig diskutierten Minetti und ich, wie man so etwas aufs Theater bringen könnte. Dann gingen wir zu Ekkehard Schall und fragten ihn, ob er nicht den Engels spielen wolle. Er sagte zu, und wir drei Schauspieler überlegten einen Regisseur. Wir fanden ihn in Wolfgang Heinz, und es begann eine wunderbare Probenzeit. Heinz hatte nur eine Bedingung: »Der Minetti spielt den Engels und Schall den Marx! Schließlich war ja Engels der Längere von beiden.« Heinz bat sich außerdem erst ein Honorar aus, wenn die Arbeit gelungen sei.

Wolfgang Heinz war unerbittlich bis ekelhaft. Am liebsten spielte er mir mit Schall die Liebesszenen vor. Eine ganze Probe hat er damit verbracht, mir zu erklären, daß es ein Unterschied sei, ob man spräche: »Das ist eine Hose! oder: Das ist eine Rose!« Nach diesen vier Stunden dachte ich einen Moment daran, ihn mit dem Auto zu überfahren.

Er bestand zum Beispiel darauf, daß Gegensätze immer durch Stimmanheben demonstriert würden und deklamierte: »Ich trinke nicht Wein!« Er sprach tief und dann eine kleine Terz höher: »Ich trinke Bier!« Er peinigte mich stundenlang mit der Betonung New York Times. In der einen Probe behauptete er, die Betonung läge auf den Worten New York. Wenn er das nächste Mal den Satz hörte, bestand er auf der Betonung von Times. Von Betonen an sich wollte er nichts hören, er dröhnte: »Wenn jemand zu dir sagt, betone!, dann antworte, ich betone nicht, ich denke. Kusch!«

Das Stück war noch längst nicht premierenreif, da schickte ich die erste Einladung:

Wir bitten Sie, unser Gast zu sein, wenn am
24./25. April 1976, 20.00 Uhr, das
Theater im Palast (Tip)
eröffnet wird, mit

Salut an Alle. Marx
Stück nach Briefen
von Karl und Jenny Marx und Friedrich Engels
von Günther Kaltofen und Hans Pfeiffer
Wissenschaftliche Beratung: Prof. Heinrich Gemkow
Mit Ekkehard Schall, Vera Oelschlegel, Hans-Peter Minetti
Regie: Prof. Wolfgang Heinz
Ausstattung: Babette Koplowitz/Matthias Stein

Die Generalprobe war das reinste Tollhaus, denn es sollte ja nicht nur das Theater, sondern auch der Palast eröffnet werden. Ein Klavierstimmer stimmte. Die Gastronomen spülten Geschirr. Die Gärtner fuhren mit großen Kübeln Grünpflanzen durch das Theater. Die Elektriker prüften, ob immer noch Strom da war, Licht aus, Licht an. Wir probierten. Minetti gingen die Nerven zuerst durch. Er brüllte Schall an: »Immer schnaubst Du Dir die Nase, wenn ich diese leise Stelle spreche. Das machst Du nur, um mich rauszubringen . . .« Ich versuchte zu begütigen: »Hans-Peter, er ist erkältet . . .« »Und Du«, schrie er zornesrot, »läßt an dieser Stelle immer das Wollknäuel von Deinem Strickzeug mit einem Riesenknall fallen . . .« Wolfgang Heinz schraubte an seinem Hörgerät, bis es koppelte. »Verzeiht, ihr Lieben, aber ich höre nichts.« Wir brachen die Generalprobe ab. Zur Premiere kamen alle.

Viele Theaterbesucher verliefen sich im Palast, weil sie die Rolltreppe ins Theater nicht fanden. Andere waren irritiert, weil die Plätze nicht numeriert waren. Kurt Hager war da und Naumann, Egon Krenz und Oberbürgermeister Krack, der Bauminister und Gottseidank auch Freunde. Ernst Busch störte das alles nicht. Aber kaum hatten wir angefangen, wurde er betriebsam, stand auf, streckte die Hand in die Höhe und machte: »Aha, hmhm.« Dann nahm er die *Neue Rheinische Zeitung,* die wir als Programmheft gedruckt hatten, faltete sich einen Papierhelm und erklärte den Umsitzenden laut: »Die Klimaanlage zieht!«

Wolfgang Heinz saß in der ersten Reihe und nickte uns ermunternd zu. Kurz vor der Premiere hatten wir uns noch über eine Gage geeinigt: ein überflüssiger Ledersessel aus dem Palast.

Ich hatte mir das alles feierlicher gedacht. Wir fanden nach der Vorstellung gerade noch Kraft, gemeinsam essen zu gehen, und Schalls Frau Barbara lachte – und lacht heute noch –, daß ich, als Kant mir eifersüchtig sagte: »Jetzt ist es genug, wir gehen«, brav aufstand und ihm hinterhertrottelte. Eben war ich noch die neue Intendantin, gleich darauf die folgsame Gattin. Frauenlos.

Offiziell gab es die obligaten roten Nelken, aber die Post transportierte Stapel freundlicher Wünsche. Einige habe ich aufbewahrt, darunter ein Telegramm von Albert Hetterle.

Der Direktor und »Oberhofmeier« des Palastes der Republik hatte nun ein Theater und machte erstmal gute Miene zum Spiel:

»Die heutige Eröffnung des Theaters im Palast mit der Uraufführung *Salut an alle. Marx* ist ein bedeutsames Ergebnis ... Durch beispielhafte Einsatzbereitschaft und schöpferische Unrast des gesamten Inszenierungskollektivs ist es gelungen, daß der Palast der Republik mit dieser Premiere, die programmatisch den Klassikern des Marxismus gewidmet ist, einen spezifischen Beitrag zur Vorbereitung des IX. Parteitages der Sozialistischen Einheitspartei Deutschlands leisten kann.

Mit *Salut an alle. Marx* wurde ein wesentliches Beispiel geschaffen, wie durch künstlerische Leistung von hohem Niveau der Auftrag, den wir von der Arbeiterklasse erhalten haben, zu verwirklichen ist.«

Oh, Gott! Mit einer solchen Gratulation war die offizielle Sprachregelung geschaffen. Der Theaterabend war vereinnahmt. Auf Parteichinesisch. Etwas vereinfacht hieß das: »Das sind unsere

Künstler, keine aufmüpfigen intellektuellen Spinner!« Mit dem Stempel »zum Parteitag« war der Abend nahezu unantastbar und galt als förderungswürdig. Das war mir für den Start des Theaters schon recht. Unter dieser Firmierung konnte ich den Kampf um Personal, Theatermaterial und Geld unter günstigen Zeichen führen. Aber als Schauspielerin gruselte mir.

Meine Spitznamen hatte ich schon weg: »Beton-Neuberin«, »Tip-Mamsell«. Das Theater sei, so lachten meine Freunde, »der beste Treppenwitz«. Alle waren lieb, aber es gab mir keiner einen Groschen, daß das Theater länger als zwei, maximal drei Jahre überstehen würde. Nun besteht es schon dreizehn Jahre. Versäumte Gelegenheiten fallen mir ein, Irrtümer, Niederlagen. Aber wenn in diesem Stück Treppenhaus nicht Theater gemacht worden wäre, wäre Berlin um viele Theaterabende ärmer, der Palast noch öder gewesen. Den Kulturniks wären allerdings politische Ärgernisse und konterrevolutionäre Ängste erspart geblieben.

Schriftsteller Friedrich Dieckmann hat den Palast einmal mit dem Staat DDR verglichen: »Er hat viele Türen, aber wenige sind geöffnet. Man kommt schwer hinein und schwer heraus. Das Theater hat darin einen Freiraum besetzt, es hat ihn sich erspielt. Dafür kann es keinen Dank erwarten. Es muß damit leben, daß es als Eindringling angesehen wird.«

Die 86 Stunden sind auf drei geschrumpft. Der Bus rollt über unebene Autobahn und stuckert durch Schlaglöcher. Ein untrügliches Zeichen – wir sind zu Hause. Nach dem Ende der letzten Vorstellung dieser Tournee sind wir losgesaust. Die Sehnsucht treibt uns: nach Hause! Jeder freut sich auf die Gesichter, wenn die Mitbringsel ausgepackt werden, vorwiegend Dinge, die es in der DDR nicht gibt. Die Folie des Blumenstraußes von der letzten Vorstellung raschelt in der Gepäckablage.

Früh um vier sind wir bei den »Grenzorganen« in Marienborn. Unsere Pässe und Zollerklärung sind in Ordnung, aber: Ein Bus, in dem DDR-Bürger einreisen, hat ein österreichisches Kennzeichen und wird von einem belgischen Fahrer chauffiert, und der Tourneeleiter ist ein Bundesbürger, der in Frankreich lebt??? Die Grenzorgane wundern sich und prüfen. Aber, Gottseidank, vier Uhr früh prüfen sie etwas schneller. Ein Grenzorgan schließlich macht die befreiende Handbewegung und öffnet den Schlagbaum.

Ich kann mich nicht daran gewöhnen.

Ich habe mich daran gewöhnt, daß hier mein Zuhause ist. Ubi bene, ibi patria – das übersetzt der Sachse: »Wo meine Beene sind, ist mein Vaterland.« Hier waren aber nicht nur meine Beine, sondern mein Herz, mein Theater, meine Familie und meine Liebe.

MAI

Der Mai ist ein Monat zum Verlieben und Spazierengehen, ein Frühlings- und Wonnemond, er gilt als lieblich und wunderbar.

Von alledem merke ich in diesem Jahr nichts. Kaum daß ich, nach so vielen leeren, langen Hotelnächten, wieder im eigenen Bett unter Gregors Arm ausschlafen kann, da beginnen Proben und Vorstellungen. Doch ich freue mich auf »mein« Theater, »meine« Vorstellungen, Müllers *Quartett* und Plenzdorfs *Freiheitsberaubung*, Hacks *Binsen*, Strindbergs *Totentanz* und Christa Wolfs *Selbstversuch*. Die Vorstellungen sind wie immer ausverkauft, das Publikum skeptisch und begeisterungsfähig.

Im Theater scheint alles in Ordnung, aber die Stadt Berlin ... Jedes Mal, wenn ich von einer Reise zurückkomme, erschrecke ich über den grauen Zustand. Nur wenige Tage und die Sehnsucht reichen aus, um zu vergessen, wie trist und bedrückend es hierzulande ist. Reich war Berlin nie. Aber die Wunde der geteilten Stadt und der unaufhaltsame Zerfall vermischen sich zu einer fatalen Taurigkeit.

Aber ich bin hier zu Hause. Es ist nicht zu verkraften, mit einem Negativbild zu leben, es ist nicht alles schlecht. Dreck, Verfall und Mauer sind nur eine Seite dieser Stadt. Schön an Berlin ist der Himmel. Er ist weit und überall zu sehen, hat klare Wolken und das besondere brandenburgische Licht. Himmel ist in großen Städten nicht selbstverständlich. Schön sind die Linden. Aber man muß das Brandenburger Tor im Rücken haben, damit man die Mauer nicht sieht. Schön ist der Müggelsee. Aber man darf nicht darin baden wollen. Schön . . ., ich lasse es lieber.

Unsere Nachbarn in der Marienburgerstraße streiten sich lautstark, die »Volkswahlen« stehen vor der Tür.

Sie: »Ick jeh nisch wähln, kannste machen, wat de willst.«

Er: »Jehste ebn nisch, wirste sehn, die lassen dir nisch wieder in Westen fahrn.«

Nachts gehn verstärkt Doppelstreifen der Polizei durch die Straßen. Ununterbrochen heulen irgendwo Polizeisirenen. Aber die Parole lautet: »Dem Bürger ist freundlich entgegenzutreten!« Für kurze Zeit ist der alltägliche Bürgerkrieg auf kleine Flamme gedreht. Dein Feind, der Bürger, hat Schonzeit. Es gibt keine Geschwindigkeitskontrollen auf den Straßen, auf den Ämtern wird gegrüßt. In den Geschäften werden Bananen und frischer Salat angeboten.

Das Volk hat seinen Humor nicht verloren, es variiert Hamlet:

Wer die Wahl hat, hat die Wahl.

Sein oder Nichtmehrhiersein, das ist jetzt die Frage.

Ich kann mich nicht erinnern, irgendeine Wahl, ganz gleich ob Volks-, Gewerkschafts- oder Parteiwahl, je in ihrem eigentlichen Sinne ernst genommen zu haben. Es waren Spiele, bei denen der Gewinner schon feststand. Nicht so lautstark wie unsere Nachbarn diskutieren Gregor und ich. Er wirft mir Opportunismus vor, beschimpft mich als Mitläufer: »Du machst Dich schuldig. Ach, Scheiße, ein bißchen Courage.« »Du hast gut reden«, wehre ich mich, »Du hast nichts mehr zu verlieren. Aber ich? Erinnere Dich an die Live-Sendung. Für meine Zivilcourage wurden das Theater und der Journalist L. bestraft. Ich möchte um alles in der Welt nicht das Theater gefährden. Was macht schon eine Ja-Stimme mehr oder weniger. Der Wahlausgang steht fest. Ich mag nicht auf einem Feld kämpfen, wo ich keine Chance sehe, erfolgreich zu sein.« »Das ist genau der Mechanismus, der die große Maschine in Gang hält. So denken zu viele.«

Er hat wohl Recht, aber ich glaube nicht an meine Möglichkeit, bei einer »Volksabstimmung« sinnvoll zu opponieren. Ich steige dort in den Ring, wo meine Gewichtsklasse aufgerufen ist. Im Theater kämpfe ich um konkrete Projekte, da gebe ich nicht nach, da lasse ich mir den Schneid nicht abknöpfen. Wer auf meine Selbstzensur hofft, ist auf dem Holzweg. Verliere ich, muß ich wenigstens die Gewißheit haben, daß ich gekämpft habe, bis nichts mehr geht.

Am Wahlsonntag werden wir nicht vor dem Aufstehen mit Fanfarenzügen geweckt wie in vorangegangenen Jahren, und es klingeln keine »Schlepper«, die darauf hinweisen, daß man noch wählen müsse. Vor dem Wahllokal sammelt ein junger Mann mit der Büchse für die Kirche und wird nicht vertrieben. Gregor streicht die Kandidaten durch, ich wähle sie. Keiner von uns beiden kennt die Menschen, die sich hinter den Namen verbergen. Aber keiner von uns votiert auch wirklich für oder gegen sie. Wir agieren als Statisten in einer politischen Farce. Wie anonym die Abgeordneten für die Leute sind, erzählt ein Witz.

Frage: Was tut man, wenn ein Pferd an der Wohnungstür klingelt? Antwort: Man ist nett zu ihm. Es könnte dein Abgeordneter sein.

Als am Montag die Wahlergebnisse mit 98,85 Prozent für die Kandidaten der Nationalen Front veröffentlicht werden, können auch die sonnigsten Humoristen nicht mehr lachen. Das ist zu unverfroren.

Am Abend in der Eckkneipe resümiert ein Biertrinker:

»Mann, reg dir doch nich uff. Die Wahlen sind doch sowieso nur ein Geschenk für Erich.«

Wie in jedem Jahr bekomme ich aus »Anlaß des Jahrestages der Befreiung am 8. Mai« eine Einladung zum Empfang in die sowjetische Botschaft Unter den Linden. Die Mitarbeiter dieser Botschaft betrieben eine eigene Politik. Oft habe ich erlebt, daß sie sich demonstrativ zu Künstlern bekannten, die totgeschwiegen werden sollten, die nicht gedruckt wurden, nicht auftreten durften. Die Sowjets luden sie ein. In Moskau verhielten sie sich zu ihren eigenen Künstlern ganz anders.

Ich erinnere mich an Hermlin, Ernst Busch, an Christa Wolf. Anna Seghers ließ sich immer gleich auf eine der wenigen Sitzgelegenheiten nieder, einer Bank neben der großen Tür. Dort residierte sie und brachte den hartgesottensten Funktionär außer Fassung, wenn sie ihn nach seiner überschwenglichen Begrüßung, man schmückte sich ja gern mit Anna S., fragte: »Ja, wer bist denn Du?« Und wenn der leicht verunsicherte Genosse seinen Namen genannt hatte, kam liebenswürdig ihre nächste Frage: »Ja, und was machst Du?« Das war zuviel, das ging über die Hutschnur. Das hielt keiner aus zu sagen: »Ich heiße Hans-Joachim Hoffmann, und ich bin doch der Kulturminister.«

Gregor war noch nie auf einem solchen Empfang. Es ist für ihn wie das erste Mal Jahrmarkt. Noch auf der Straße fischt ihn ein Polizist aus dem Strom der Besucher und verlangt seine Einladung. Er sieht wohl verdächtig unter den dicklichen älteren Herrschaften aus. Am prächtigen Eingangstor des ehrwürdigen Hauses Unter den Linden laufe ich zwei alten Bekannten in die Arme, die gerade aus ihren Dienstwagen steigen – dem stellvertretenden Minister für Staatssicherheit Wolfgang Schwanitz und dem Staatssekretär Schalck-Golodkowski. Beide drehen sich, peinlich berührt, nach einem flüchtigen Gruß schnell ab. Ihre Frauen ignorieren mich.

Vor einiger Zeit hatte ich ein bemerkenswertes Gespräch mit Schalck-Golodkowski. Auf meiner erfolglosen Suche nach einem Zuhause war ich auf ein Haus aufmerksam geworden, das von einem Musikprofessor »freigezogen« werden sollte. Der sagte mir aber: »Das Haus gehört den Außenwirtschaftlern, Du mußt Dich an die Staatssekretäre Beil oder Schalck wenden.« Ich wandte mich und trug Schalck meine Misere vor, sagte ihm, daß ich seit meiner Scheidung ohne richtiges Zuhause war, erzählte ihm von meiner Odyssee beim Hauskauf, und daß ich zuletzt von einem Vertrag zurücktreten mußte, da im Ort eine Müllverbrennungsanlage gebaut wurde. Daraufhin machte mir Schalck freundlich Vorhaltungen und dozierte: »Warum hast Du das Haus nicht genommen? Etwas Besseres konnte Dir gar nicht passieren. Die Technologie einer solchen Anlage ist so optimiert, daß Du in der Nachbarschaft einer Müllverbrennungsanlage die sauberste Luft hast. Viel sauberer als die normale Stadtluft. Deshalb gibt es ja auch keinerlei Bedenken, eine solche Anlage in ein landschaftlich schönes Gebiet zu bauen. Das Musikerhaus kannst Du nicht kriegen, das geht mir nicht wieder an die Kultur. Das brauchen wir für verdiente Außenwirtschaftler.«

Da war ich gegangen, durch die Sicherheitstüren, vorbei an Fernsehkameras, eine Schleuse nach der anderen passierend, vorbei an den trainierten jungen Männern in der Pförtnerloge, hinaus ins Freie.

Mir fiel ein, wie mir seine Frau ihr neues Haus in Weißensee mit den scharfen Doggen im Zwinger vorgeführt hatte. Es war für DDR-Verhältnisse vom Teuersten und Feinsten, und Sigrid hatte gesagt: »Ich habe alles so eingerichtet, daß wir gut hinkommen, auch wenn Alex mal nicht mehr Staatssekretär sein sollte.« Schöne wirtschaftliche Dame!

Die Blaskapellen schmettern, die Gäste defilieren am Botschafter in der Paradeuniform vorbei und murmeln ihr: »S prasdnikom!« – Glückwunsch . . . zum Jahrestag. Die Bank neben der Tür gibt es nicht mehr, statt dessen glotzen aus einem beleuchteten Aquarium Fische auf die Uniformen und fein geputzten Leute. Es ist erstaunlich, die meisten reagieren wie die beiden Herren am Eingang. Warum? Ganz einfach, ich gehöre nicht mehr zu ihnen. Ich bin, naja, eben so ne Künstlerin, die jetzt mit so nem unbekannten Typen rumzieht.

Sie fühlen sich ganz sicher nach diesem überwältigenden Wahlerfolg. Das ist ein Grund zum Feiern. Beim letzten Wahlerfolg hatten sich die Genossen in Wandlitz gegenseitig Blumen und Glückwünsche ins Haus geschickt. Der Bote des einzigen Blumenladens der Waldsiedlung oder, wie es im Sprachgebrauch hieß, des Objektes, sauste von einem zum anderen Haus: Laßt Blumen sprechen! Wir haben gewonnen!

Ein bekannter Arzt flitzt mit vornehmer Zurückhaltung durch die rauchende, schwatzende Menge in der Botschaft und flüstert mir zu: »Heute fallen die um wie die Fliegen.«

Gregor und ich verlassen das rauschende Fest, das, wie die meisten Feste und Feiern, trostlos und trist vor sich hin glänzt. Die Antialkoholkampagne Gorbatschows hatte ein übriges bewirkt. Trinksprüche und Saufzeremonien mußten wegfallen, wenn Sowjets dabei waren, die Genossen standen verkrampft mit Juice und Mineralwasser herum.

Durch Zufall besitze ich ein Dokument, das den Stumpfsinn und die Kulturlosigkeit eines Festes erzählt. Pars pro toto.

Schauplatz – Palast der Republik; Zeit – am Abend nach dem X. Parteitag; handelnde Personen – die Berliner Delegation, der Sportreporter Heinz Florian Oertel, der Rundfunkmann Kalle Neumann, Konrad Naumann und Erich Mielke.

Oertel: Ich möchte Euch sehr herzlich bitten, den Freund

und zentralen Mittelstürmer des BFC Dynamo, den Genossen Minister Erich Mielke sehr herzlich zu begrüßen.

Alle: Hoch, hoch, hoch!

Oertel: Ein spezielles dreifaches Sportfrei, für den Genossen Minister. Sport . . .

Alle: . . . frei!

Oertel: Sport . . .

Alle: . . . frei!

Oertel: Sport . . .

Alle: . . . frei!

Mielke: Donnerwetter, ich wußte ja jarnisch, daß soviel BFC-Anhänger hier sind. Ich dachte, Ihr seid alle für Union. Haha. Na für Union, da bin ick ja zuständig, ansonsten für BFC, da müßt Ihr mehr schrein. Hör mal zu, 5:0 is doch ne Sache. Also hört mal zu, wenn ick hier das Mikrofon ergriffen habe, so is das nu mein dritter Beruf, nicht wahr. Man soll ja immer haben, hat die Partei gesagt, nen zweeten will ick ooch haben, als Ersatz. Wie leicht ich Euch entmachtet habe, hehehe. Genossen, ich bin nämlich hierherjekommen, ick wollte mal sehen, jibts wirklich noch echte Berliner.

(johlende Zurufe aus dem Saal) Donnerwetter nochmal, ick dachte, ick wär der einzigste, andern sin ausjestorben. Na also, hier hast wieder det Mikrofon, damit Du Deine, Deine Pflicht nachkommst. Ick bin ja hier nich engagiert.

Oertel: Genosse Minister, es ist uns eine Freude.

Mielke: Ick rede ja nur als Amateur, für Dich isses ja beruflich.

Oertel: Das ist richtig. Genosse Minister, es ist für mich eine Freude, und es war für uns eine Freude . . .

Mielke: Hör mal zu, Dich kenn ick, mein lieber Freund.

Oertel: Haha

Mielke: Du bist ganz schön windig, mein Lieber, eenmal BFC und dann war usw. usw. Deine Kommentare sin ja manchmal, na ick will nischt weiter sagen.

Oertel: Bitte, Genosse Minister, Sie können sich ruhig ausdrücken. Genosse Minister, Sie können hier alles sagen. (Heiterkeit im Saal)

Mielke: Na, das, hör mal zu. Jetzt hat der Oertel die größte Einsicht gehabt, hehehe, mein lieber Oertel, hör mal, Du willst wohl mit mir ne Konkurrenz machen. Woher kommst Du eigentlich, sach mal.

Oertel: Ich bin Cottbuser.

Mielke: Na siehste, hab ick gleich jemerkt, keen echter Berliner. Die sin janz anders hier.

Oertel: Jetzt frag ich den Genossen Ersten Sekretär der Bezirksleitung ...

Mielke: Konni, komm mal her, Du bist doch ein Zugewanderter ...

Oertel: Bitte ein Mikrofon für den Genossen Ersten Sekretär.

Mielke: Mein Lieber, jetzt jehts los. Der Mückenberger is bei uns aus der Schweriner Kolonie verschwunden, ick weeß nich wohin, da können wir uns hier ruhig frei bewejen. (Heiterkeit im Saal)

Naumann: Also, liebe Genossinnen und Genossen, wir freuen uns sehr, gleich ob zugereist, zugewandert oder zugewiesen, auf jeden Fall ist ein echter Berliner der, der für Berlin was macht. (Beifall)

Mielke: Aber, eens ...

Naumann: Moment, Moment, und deshalb möchte ich im Namen aller Berliner, die hier sind, mit und ohne Stammbaum, recht herzlich begrüßen das Mitglied des Politbüros, den Minister für Staatssicherheit, Armeegeneral Erich Mielke.

Alle: Bravo!

Mielke: Das ist eine gute Begrüßung ...

Alle: Der Genosse Minister, er lebe hoch, hoch, hoch!

Mielke: Das ist gut. Das ist eine gute Perspektive, hehehe.

Alle: Hoch, hoch, hoch!

Mielke: Also, ich bin glücklich, Konni, mit Deiner Ansage, Du hast jetzt in fünf Minuten erreicht, wozu ick manchmal Jahre brauche ... um alle anzuwerben. Alles meine Verbündeten, herzlichen Dank, Ihr Berliner.

Naumann: Hahaha.

Mielke: Natürlich, zugereist oder nich zujereist, die Hauptfrage is Jenossen, daß man nen Klassenstandpunkt hat. Den muß man vertreten. Und wenn Ihr Euch, nicht wahr, an die Diskussionsreden erinnert, da hat sich jezeigt, wie die auftraten, wir sind Bürger der Deutschen Demokratischen Republik, ich bin etwas. Na, die in der DDR, die zeigen, wie man's machen muß, wenn man politisch, ideologisch bewußt ist, aber man muß auch Köpfchen haben, man muß etwas können. Det is natürlich wichtig, nur große Reden schwingen, da bewejt sich nischt. (Heiterkeit) Also, die Sache is ganz einfach ...

Naumann: Ich weeß aber nicht, warum Du mich dabei ansiehst. (ungeheure Heiterkeit)

Mielke: Na, da mußte Dich doch betroffen fühln, zum Beispiel mir machte das gar nichts aus, wenn Du mir sagen würdest ... Nein, aber das ist doch komisch direkt ... Ich verstehe Deine Zurückhaltung, Konni, Du bist so bescheiden, nicht wahr, ...

Naumann: Das ist neu, hahaha ...

Mielke: Is neu bei Dir ...

Naumann: Ja, hahaha ...

Mielke: Haste ne Neuheit entdeckt. Naja, man muß ja auch mal was Neues sagen, immer das alte, naja, naja. Manchmal denkt man aber auch, man muß mal wat Neues hörn, aber jedenfalls Genossen, eine großartige Sache, herzlichen Dank für diese liebevollen Worte, ich bin einfach hier reingeschneit und wollte mal sehen, was in Berlin los ist. Weil ick war da so verschoben worden, bin auf irjendeene ...

Alle: Hahaha

Mielke: Also, Jenossen, Honorar teilen wir uns, Konni die Hälfte und ick die Hälfte. (große Heiterkeit im Saal) Hör mal zu, für solche Sachen, die wir hier loslassen. Das ist alles ohne umsonst, ick meine, unentgeltlich machen wir das. Das nennt man sozusagen, im Vorbeigehen machen wir das. Reden und Sprüche klopfen, hat er doch jesagt der Genosse Honecker, det kann jeder. Is nisch so schlimm. Aber richtig arbeiten ... Det ham die Berliner, der Tiefbauarbeiter jesagt, mein Lieber, der war knorke. Der kommt zwar nicht aus Berlin, aber, ich sage Euch, die Tiefbauarbeiter ... Der hat'n paar Wahrheiten losjelassen. Hoffentlich schwankt nisch irjendwas. Man soll ja wachsam sein ... Klasse, der war Klasse ... Nun ick muß mich wieder zurückziehen, Konni guckt ganz komisch hier. Oertel, Du bist ausgeschaltet.

Alle: Hahaha

Oertel: Ich hab mich zurückgezogen.

Mielke: Der kriegt sein Geld umsonst. Wir beede reden hier, obwohl wir für was ganz andres bezahlt werden.

Naumann: Wir ist gut.

Mielke: Da könnt Ihr sehen, er hat noch nicht mal »wir« begriffen. Jetzt will der Konni schon wieder Einzelbauer werden. (ungeheure Heiterkeit) Genossen, also Ihr seht, wie angenehm das ist, unter Menschen zu sein. Und wenn man eines sagen darf, Konni, diese Bilanz des Parteitages war nur möglich, weil wir hervorragende Menschen haben. Auch bei uns in der Hauptstadt.

Alle: Bravo!

Mielke: Genossen, nur dadurch, diese herrlichen Menschen, Angehörige der Arbeiter, Bauern, Angehörige der Intelligenz ham dazu das Großartigste beigetragen, daß wir diese Bilanz ziehen konnten. Das ist befriedigend, und ich danke Euch für diese kleine Aufmerksamkeit, ick zieh mich jetzt zurück und verlasse mich immer auf Euch, daß Ihr Euren Mann steht in Berlin, und wenn was los ist, wendet Euch persönlich an mich,

Minister für Staatssicherheit. Hallo Licht! Das Licht bleibt in der Normannenstraße.

Naumann: Also, liebe Genossen, Augenblick, zur Person. Du hast wohl gar nicht gemerkt, daß ich bis jetzt nicht zu Wort gekommen bin.

Mielke: Das ist Berliner Raffinesse.

Naumann: Also, lieber Erich, ich bin ein Spätentwickler, äh, ich glaube, daß das eine schöne Geste ist, daß der Erich rumgekommen ist. Wir haben das feste Gefühl und den Beweis in jahrzehntelanger gemeinsamer Arbeit mit unseren Tschekisten, mit den Kräften des Zusammenwirkens, der Volkspolizei, anderen Gruppen, Sicherheit und Ordnung, vor allen mit den Kampfgruppen der Arbeiterklasse, daß wir in allen Situationen, die zum Beispiel die Berliner Parteiorganisation durchgeführt hat, immer eine zuverlässige Sicherung der Maßnahmen hatten. Deshalb möchten wir den Genossen Mielke in Herzlichkeit auch verabschieden aus unserem Kollektiv, denn der wollte sich hier einfach verdrücken, das geht ja nun ooch nicht. Ich glaube, wir verabschieden ihn mit einem dreifachen militärischen – Hurra.

Alle: Hurra, hurra, hurra!

Mielke: Herzlichen Dank. Aber wieder ganz trocken, ohne anzustoßen . . .

Kalle: Lieber Genosse Mielke, vielleicht darf ich noch was sagen als echter Berliner, ich bin hier in der zweiten Reihe. Unsere Berliner werden gleich . . . ein kleines Geschenk erhalten. Und wenn das stimmt, was er jesagt hat, wer das Mikrofon hat, hat die Macht, fühl ich mich jetzt natürlich unerhört stark, weil ich vom Minister für Staatssicherheit das Mikrofon übernommen habe, ihm als ersten, ist natürlich klar . . .

Mielke: Vorsichtig, sonst verlierste die Zähne nachher . . .

Kalle: Ihm als ersten dieses Gastgeschenk, ich verrat noch nicht, was es ist, . . . links kommt von Herzen

Oertel: Aufwiedersehen, Genosse Minister . . .

Ich habe Mielke als Gastgeber erlebt bei seinen Bällen zu Ehren des Fußballmeisters BFC, wenn er mit dem Sportclub Dynamo der Staatssicherheit im Palasthotel feierte. Hinter ihm stand stets ein Soldat mit Mikrofon, damit er sofort lautstark seine Platitüden verkünden konnte. Hemmungslos beleidigte er Menschen, wenn er sich eine Pointe versprach. Bei einer Modenschau mit Bademoden, die als Balleinlage gezeigt wurde, faßte er den Mannequins an den Po, tänzelte durch die Show, schob dem Dressman die Sonnenbrille hoch. Er grapschte mir beim Tanzen an den Busen, und als ich ihm auf die Finger schlug, war er beleidigt. Die Buffets boten für DDR-Verhältnisse unfaßbaren Luxus. Kinder in Sportkleidung von Dynamo überreichten den Damen bis spät in die Nacht Rosen.

Bei der Eröffnung des Friedrichstadt-Palastes wurde ich neben Mielke plaziert, und als das nackte Ballett auftrat, haute er mir begeistert aufs Knie und sagte: »Mensch, so mußte auftreten. Nisch immer bis oben zu, schwarz und dann Schiller«.

Es war für mich ein Liebesbeweis für Konni, solche Feten wie auch die langweiligen Staatsakte an seiner Seite freundlich und nett lächelnd durchzustehen. Wenn ich bei offiziellen Festakten alphabetisch eingeordnet zwischen den Muttchen saß, die sich »Gattinnen der Repräsentanten« nannten, fühlte ich mich hoffnungslos deplaziert. Sie wiederum ließen mich mit all ihrer sozialistischen Biederkeit spüren, daß ich für sei ein Eindringling war.

Wenn es irgend ging, habe ich mich gedrückt und Arbeit im Theater vorgeschützt. Nach und nach wurden die gesellschaftlichen Verpflichtungen zu einer physischen Qual. Da liefen Filmszenen Fellinischer Manier ab, die mich amüsiert hätten, wäre ich nicht betroffen gewesen. Je herber die Realität wurde, um so makaberer erschienen mir diese Feste.

Die nervöse Atmosphäre, die ich in der sowjetischen Botschaft empfunden habe, besetzt auch das Theater. Eine Parteiversammlung jagt die andere. Das beherrschende Thema ist der politisch fragwürdige Spielplan, den ich noch vor meinem Gastspiel an das Kulturministerium geschickt habe.

In diese Auseinandersetzungen klingelt das Telefon in meinem Büro. Meine Mutter ruft an und sagt mit einer Stimme, die ich noch nie gehört habe: »Dein Bruder Axel ist todkrank. Er hat Leukämie. Er ist auf seinen Wunsch in die Medizinische Akademie eingewiesen worden. Er will in Dresden sein, weil er dort eine Freundin hat.« Dann weint sie.

In einer solchen Situation hat man nur dürre Trostworte. »Es wird schon nicht so schlimm sein, es geht vorbei, nicht den Mut sinken lassen. Carreras ist auch geheilt worden, wir werden alles tun.«

Was wird man alles tun, wenn der Tod anklopft? Tod verweist uns auf unser Maß. »Wir vergehn wie Rauch von starken Winden.«

Ein Märchen, das mir nicht aus dem Sinn gegangen ist: Ein Wandersmann trifft den Tod und bittet ihm zu sagen, wie lange er noch zu leben hat. Der Gevatter führt ihn in eine Höhle, da brennen viele Lichter. Er weist auf eine heruntergebrannte Kerze und sagt: »Das ist dein Lebenslicht.« Der Wanderer, zutiefst erschrocken, fleht ihn an, sein Leben zu verlängern, ein neues Licht aufzustecken. Der Tod nimmt eine neue Kerze, zündet sie an der alten an, steckt sie auf den niedergebrannten Kerzenstummel, und der Wandersbursche fällt tot um.

Kommt dieser Moment nach einem langen Leben im Alter, nimmt man es als den selbstverständlichen Lauf der Dinge. Aber mein jüngerer Bruder, der lustige, jähzornige, geduldige – es will nicht in meinen Kopf. Ich tröste mich, daß es sich, wie bei der Hiobsbotschaft durch das gleiche Telefon vor einem Jahr, die mich unters Messer gezwungen hatte, zum Guten wenden würde. Für mich hatte sich ja der Traum erfüllt, daß der Arzt kam und sagte: »Es ist nicht bösartig. Alles wird gut.« Ich war wiedergeboren, das Leben war mir neu geschenkt worden. Warum nicht auch so für Axel? Vor kurzem war sein erstes Buch – »Das Pseudonym« – erschienen, und er hatte sich damit aus dem Galeerendasein eines Journalisten in der DDR befreit. Er nannte seine Arbeit immer den »Umgehungsjournalismus«. Der Kampf mit der Zensur war ihm bei seinem Roman auch nicht erspart geblieben, aber er war frei von »Anleitungen« und »Sprachregelungen«, dem »formulierten Standpunkt«, wie er mir damals aus seiner Volontärszeit geschrieben hatte. Wieder einmal fallen mir die Worte meiner Mutter ein: »Wertvoll ist alles, was man nicht mit Geld bezahlen kann.«

Alles wird schwer und langsam, ich fühle mich klein, weiß und hilflos. Waren eigentlich die Diskussionen um Theater schon immer so zäh und unerfreulich, wie in diesem Frühjahr? Vernunftsargumente werden vorgetragen: Wir werden ein Heiner-Müller-Theater. Du willst ein Elite-Publikum, indem Du die von der Partei bestätigte Konzeption zu unterwandern versuchst. Das tip muß massenwirksam sein.

Wie in jedem Jahr muß ich zur Spielplanverteidigung zum Minister. Der Kreis ist der gleiche wie bei der grauenvollen *Sputnik*-Diskussion. Die Politik hat sich in der Zwischenzeit nur noch verhärtet. Untersagt wird mir, weitere Müller-Stücke auf den Spielplan zu nehmen und schon gar nicht mit dem Regisseur Peschke. Von *Medea* mit dem Regisseur und Bühnenbildner Horst Sagert wird mir dringend abgeraten. Meine Devise soll lauten: Nur berechenbare Dinge machen! Die Parteisekretärin fegt die Theaterprojekte mit Rolf Schneider und Manfred Karge mit einer Handbewegung beiseite: »Ich kenne diese Herren nicht. Aber sie werden von niemandem gewünscht und gewollt.« Der Spielplan wird abgewiesen.

Die Großmutter mit den klugen Sprüchen: links von ihr Vera Oelschlegels Mutter, ganz rechts deren älteste Schwester, später erster weiblicher Doktor der Naturwissenschaften der Leipziger Universität (Mai 1917)

Urgroßmutter an ihrem neunzigsten Geburtstag, 1938

Die kleine Vera

Mit Mutter und den beiden Brüdern

Mutter heute

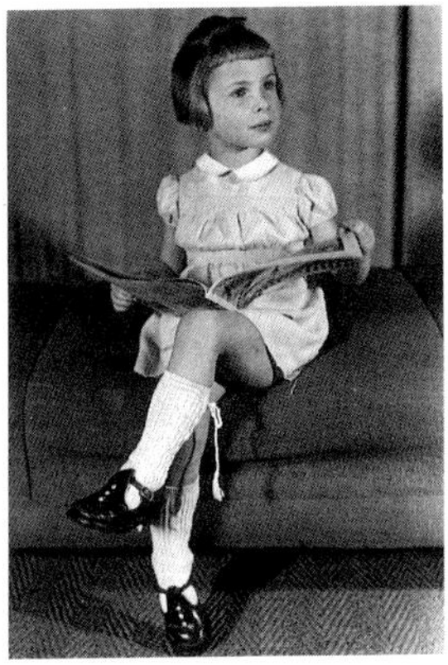

DDR-Covergirl 1959

In Tschechows *Der Bär* an der Filmhochschule, 1959

Als Desdemona in Shakespeares *Othello* in Putbus

Nach einem Brecht-Abend mit Wolf Kaiser in den sechziger Jahren

Kriminalfilm *Die Spur führt in den 7. Himmel* (Deutscher Fernsehfunk)

»Vera Oelschlegel singt« – ein Film des Deutschen Fernsehfunks

Günther Rücker, etwa 1961

Mit Hermann Kant in Strittmatters Obstgarten, Schulzenhof 1969

Wohnung in der Alexanderstraße, Berlin-Mitte: in Hermann Kants Arbeitszimmer (links) und in Vera Oelschlegels Zimmer (rechts) – mit ererbtem Biedermeiersofa und Zwiebelmuster-Meißener

Einer der ganz seltenen gemeinsamen Auftritte: er liest Kant, sie singt Brecht

Mutter und Tochter

Konrad Naumann, Politbüromitglied und Erster Sekretär von Berlin

Erich Honecker kommt ins Wohnzimmer in Wandlitz zu Naumanns 50. Geburtstag und verleiht den Karl-Marx-Orden, November 1978

Urlaub im Erholungsheim Juschni auf der Krim

Das Politbüro ist zur Gratulation angetreten: Dame des Protokolls, Hermann Axen, Inge Lange, Werner Jarowinski, Günther Mittag, Willi Stoph, Horst Sindermann (verdeckt), Paul Verne, Erich Mückenberger, Albert Norden, Erich Honecker, Alfred Neumann

Drei Häuser: die Datscha Kant in Prälank bei Neustrelitz (oben), das Haus Nummer 16 in Wandlitz (Mitte), die Datscha Naumann am Parsteinsee

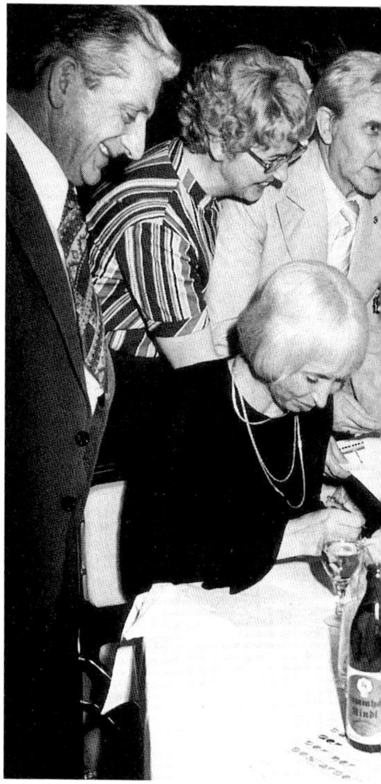

Zu Tisch mit Alexander Schalck-Golodkowski, 1980

Beim »Ball der Berliner Bestarbeiter« 1976: Autogrammstunde mit Konrad Naumann

Im Rathaus der Stadt Prag anläßlich der Eintragung ins Goldene Buch, Februar 1981

Honecker verleiht den Nationalpreis, Oktober 1984

Mit Schauspieler und Regisseur Wolfgang Heinz (rechts) und dem seltenen Premierengast Kurt Hager, Politbüromitglied und Parteiideologe

Rechte Seite, unten: Das »Leitungskollektiv« des Palastes der Republik – die Vorgesetzten der Intendantin

Mit Margot und Erich Honecker auf der Krim, 1982

Oben: Als Mouche in *Heines letzte Liebe* von Kaltofen/Pfeiffer in der Regie von Ruth Berghaus, 1977

Mitte: Publikumsgespräch mit Schauspieler Jürgen Holtz, Schriftsteller Karl Mickel und Ruth Berghaus, 1977

Mit Jutta Hoffmann in *Stella* von Johann Wolfgang Goethe in der Regie von Ruth Berghaus, 1980

Fernsehmonolog *Schenk mir drei Söhne* von S. Snegirjow, 1974

Die Brecht-Interpretin,
1984

Mit Dieter Mann in
Mann des Schicksals von
G. B. Shaw; Regie: Wolfgang Heinz, 1981

Brecht-Revue *Grüner Schnaps und roter Mond* mit *Mahagonny*-Gesängen, 1986

Bei der Regiearbeit zu *Prinz Friedrich von Homburg,* 1987

Uraufführung von *Post modern,* der Vertonung eines Textes der Nachrichtenagentur ADN zum Verbot der sowjetischen Zeitschrift *Sputnik* in der DDR, Dezember 1988

Kritik in der Garderobe: *Männerbiographien in der DDR: Ich bin schwul* von Jürgen Lemke mit Justus Carriere und Holger Siemann, 1990

Begegnung mit Therese Giehse, 1966

Mit Angela Davis, Gisela May und Wolf Kaiser, 1973

Mit Luigi Nono und Paul Dessau, dem verehrten Lehrer, 1978

Glückwünsche für Anna Seghers, 1975

Mit Erwin Strittmatter und Friedrich Dürrenmatt, 1982

Mit den beiden Schauspielerfreunden Hans-Peter Minetti (links) und Ekkehard Schall, 1983

Mit Intendant Albert Hetterle vom Maxim-Gorki-Theater, 1988

Begegnungen im *theater im palast* zwischen 1985 und 1989:
mit der spanischen Schriftstellerin Ana-Maria Matute und Peter Hacks

... mit Rolf Hochhuth und Curt Bois

. . . mit Günter Grass
und Ruth Berghaus/
Luigi Nono

... mit Markus Wolf

... mit Christoph Hein

... Vicco von Bülow (Loriot) und Evelyn Hamann

. . . Erich Fried

. . . Rosa von Praunheim

Marienburgerstraße 24,
Berlin-Prenzlauer Berg

Mit Gregor Edelmann

Rechte Seite: Proben zu *Quartett* von Heiner Müller mit dem Regisseur Bernd Peschke

Szenenfolge aus *Quartett*
mit Manfred Ernst, 1989

Die letzte legendäre Vorstellung von *Quartett* am 2. Oktober 1989, nachdem der Schauspieler Manfred Ernst und der Regisseur Bernd Peschke die DDR verlassen haben. Autor Heiner Müller liest die Rolle des Valmont

Grüner Schnaps und roter Mond – die letzte Vorstellung im *theater im palast* am 21. März 1990

Die Worte kommen von ganz fern an mein Ohr. Die Angst um meinen Bruder verweist dieses Palaver ins Lächerliche. Es geht ums Überleben.

Das Land schwankt zwischen Lethargie und Aufbegehren, und hier sitzen die Apparatschiks und zerstören die Spiele, nachdem es schon kein Brot mehr gibt. Wissen die nicht, was los ist?

Der kunstfeindliche Direktor Bischoff kündigt »Maßnahmen« an, um in Kulturpolitik und Ökonomie keine zu hohe Zielsetzung durchgehen zu lassen: »Schluß mit der ›Riesenzahl‹ der Vorstellungen, keine Doppelvorstellungen mehr, bis zum Jahresende wird das einzige Magazin des Theaters im Palast aufgelöst. Da müßt Ihr eben ein bißchen weniger machen, da muß eben eine Verringerung des Spielplans in Kauf genommen werden.«

Mit Stolz und nicht ohne Häme teilt er mir mit, daß wir im Jahr 1990 mehrere Monate nicht spielen können, da im Palast gesellschaftspolitische Höhepunkte stattfinden sollen: XII. Parteitag der SED, Parlament der FDJ, eine Ballserie der Jugendbrigaden, Feierlichkeiten zum Turn- und Sportfest.

Geknickt verlasse ich das Ministerium. Die geplanten Verschwendungsfeiern übertreffen meine schlimmsten Befürchtungen. Das normale Leben kommt auf den Hund, und gleichzeitig werden Höhe- und Schwerpunkte erfunden. Ich hasse schon die Begriffe.

In solchen Stunden frage ich mich immer wieder, warum ich diesen Job auf mich nehme. Warum die Sisyphusarbeit einer Theaterintendanz? Warum kümmere ich mich nicht nur um meine eigene künstlerische Arbeit? Warum bin ich nicht einfach Schauspielerin? Es scheint mir an diesem Tag ein irrsinniges Unterfangen, eine Theaterkonzeption durchzusetzen.

Ich helfe mir mit Blödeln: Bahnwärter müßte man sein. An einer Nebenstrecke. Vier Züge am Tag. Mit bunten Steinen würde ich neben das Bahnwärterhäuschen ins Blumenbeet den Reisenden den Gruß »Gute Fahrt« einlegen.

Ich bin von tiefer Mutlosigkeit und Müdigkeit erfüllt. Hätte ich an diesem Abend Vorstellung, ich könnte nicht spielen.

Aber das Theater ist ohnehin geschlossen. Palast und Stadt sind mit den Vorbereitungen zum »Pfingsttreffen der FDJ« überzogen. Zentrale Koordinierungsgruppen erlassen Stabsdokumente, in denen die »Vorfahrt der Nomenklatur A« (80 Personen), das sind Politbüro und Auserwählte, und der Standort der Nomenklatur B (1000 Personen), das sind privilegierte Sonstige, am und im Palast geregelt wird. Das Drehbuch für Massenfeste rollt stabsmäßig ab: Quartiere werden bereitgestellt, Freßbuden aufgebaut, Transparente und Freilichtbühnen installiert. Die Bewohner von Stadt-Mitte kaufen sich Ohropax. Andere verlassen fluchtartig die Stadt.

Auch wir fliehen ins Vogtland. Kilometerweit verfolgt uns das Dröhnen der Alex-Disko, die an der Marienkirche aufgebaut ist.

Die Kleinstadt Ellefeld und der Theaterautor Christian M. erscheinen uns für Stunden eine Idylle, die unsere DDR-Depression vertreiben kann. Das Wasser ist klar und schmeckt wunderbar. Hier ist es ruhig und riecht nach Erde. Es gibt Klöße und Wernesgrüner Bier. Aber schon am ersten Abend hören Gregor und ich von vogtländischen Selbstmördern, die in Schornsteine sprangen, darin festklemmten und für Tage das Heizen unmöglich machten. Wir hören von einem Pfarrer, der sich verbrannt hatte, weil er die politische Stagnation und den innerkirchlichen Konflikt nicht verkraften konnte: »Der hat sich in der Sakristei mit Benzin begossen, so übern ganzen Talar, wir dachten noch nanu, was macht er denn, vom Tonband kam gerade das Vaterunser, als er sich plötzlich mit den Kerzen am Altar angebrannt hat, dann stand er gleich in Flammen, mit der einen Hand hat er noch an einem Strick gezogen und ein

Transparent entrollt, auf dem stand: Wachet auf!, und Leute sind vor, haben ihn in den Teppich eingerollt, aber da wars schon zu spät.«

Am nächsten Abend gehen wir in die Kneipe. Es gibt süßsaure Flecke, und wir würfeln. Die Kneipe ist fast leer, drei Männer besaufen sich stumpfsinnig, der Wirt dämmert hinterm Tresen vor sich hin. Die absurde Szene wird perfekt, als nach Stunden der einzige Gast kommt – ein Schwarzer, der im besten Vogtländisch »Ein Kräuter, ein Bier« bestellt.

Wenige Kilometer entfernt liegt das Dorf Morgenröte-Rautenkranz, aus dem der erste deutsche Kosmonaut, Siegmund Jähn, stammt. Mit ihm hatte ich vor Jahren ein langes Gespräch über die Wechselwirkung zwischen Mensch und Technik. Er schrieb mir:

»Ein 7-Tage Flug nimmt sich tatsächlich bescheiden aus auf dem Hintergrund von 140 Tagen. Sollte sich mal die Gelegenheit bieten, würde ich mich gern an einem Langzeitflug beteiligen. Aber ich will mal lieber von unserem Beruf als Militärflieger ausgehen. Auch eine MIG 21 ist recht kompliziert, auch dort gibt es Risiko und die verantwortungsvollsten Elemente Start und Landung. Die Männer, die ich dort seit zwanzig Jahren kenne, haben im Durchschnitt eine ganz solide Meinung zur Technik. Man muß sie ausgezeichnet kennen und meisterhaft beherrschen (immer noch etwas besser als der Gegner), und man darf sie im gegebenen Moment auch nicht stören. Für den Konstrukteur kommt wohl noch das Problem dazu, den Menschen als Operateur an der richtigen Stelle einzubauen. Manche Dinge bringt der Mensch besser, manche die Technik. Das ist meine ganze Wissenschaft zu diesem Thema ... Daß menschliche Werte und Verhaltensweisen zum Teufel gehen, ist auch bei uns eine ernste Sache. Die Technik würde ich dafür aber nicht verantwortlich machen ... Der

Bischof von Greifswald hatte mich damals von seiner religiösen Sicht mit dem Problem konfrontiert. Er hatte mir sozusagen unterstellt, die fehlende Angst vor der Technik vordergründig dargestellt zu haben ... Deine Bemerkung ging auch in diese Richtung ...«

Oh, du schöne DDR, was für unterschiedliche Kinder beheimatest du zwischen den niedrigen Bergen des Vogtlandes und dem unsalzigen Meer der Ostsee!

Als wir mit vogtländischem Wasser im Gepäck zurückfahren, hören wir im Autoradio die Übertragung der »großen Abschlußmanifestation« der »glücklichen Jugend«, und Honekker ruft mit zittriger Greisenstimme: »... unter blauem Himmel ... lebensfrohe Demonstration ... fest und unverbrüchlich ... Jugend Kampfreserve der Partei ...«

Unser Freund B. behauptet: »Die Situation ist so wie 1945. Zwei Tage bevor die Russen ihre Einschließung von Berlin beendeten, haben die OKW-Berichte eine Äußerung von Hitler dokumentiert: ›So, und wenn die Russen erledigt sind, machen wir erst mal ordentlich Urlaub.‹«

Es gibt Zeiten, die sind bleiern. Die Zunge klebt, die Sinne sind stumpf. Man weigert sich, das wirkliche Ausmaß der Katastrophe zur Kenntnis zu nehmen. Vielleicht kann man es mit der Verweigerung der Annahme ungeschehen machen. Alles ist nur eingebildet, Traum, Phantom. Die Monster schminken sich ab und gehen nach Hause. Wie oft habe ich den Tod schon gespielt. Als ich in Putbus die Desdemona spielte, warteten die Zuschauer am Bühneneingang, um sich zu überzeugen, daß ich noch lebte. Der Schock auf der Szene löst sich als Gelächter unter den Zuschauern auf. Doch im Leben kündigt sich der Elefant als Mücke an.

Es war damals auch Mai, der Monat zum Verlieben und Spazierengehen, der Frühlings- und Wonnemond, er versprach, damals vor Jahren, für mich wunderbar und lieblich zu werden.

Ich packte meine Koffer, um in die Schweiz zu fahren. Ich freute mich auf den Mai in Zürich, auf ein Wiedersehen mit dem Wunderland meiner Kindheit. Ein Gastspiel sollte verhandelt werden, und außerdem wollte ich mir im Schweizerischen Fernsehen die Uraufführung von Dürrenmatts *Meteor* ansehen, den ich im Herbst inszenieren sollte. Vielleicht würden sie mir sogar einen Umschnitt der Aufzeichnung mitgeben. Ich werde eine Videokassette mitnehmen, dachte ich, denn zum Kaufen wird mein Tagegeld nicht reichen.

Wo waren die Kassetten? Ich suchte und suchte, ärgerte mich über den Zeitverlust. Ich wühlte durch Schubladen und Schränke, fand in einem Fach zwischen Büchern den ersehnten Karton, zog ihn heraus, öffnete ihn und entdeckte Briefe an und von Nina. Ich begann zu lesen und war bis ins Mark getroffen. Die Ursache meiner Ängste und Unruhe, meiner Depression und Gereiztheit, die mich seit geraumer Zeit besetzt hielten, wurde mir blitzartig klar. Mich überkam eine tiefe Kälte. Die Dinge um mich schwankten.

Seit einem Jahr quälte mich das Gefühl, daß die Liebe zwischen Naumann und mir nur eine Farce sei, ein Spiel, wie es der Ehevertrag verlangte. Es quälte mich, in die Ehe eingewilligt zu haben. – Scheißmoral, verlogene. In der Bibel heißt es: »Die Feinde der Menschen werden seine Hausgenossen sein.«

Unser Leben verlief absurd: Er fuhr mit mir auf die Datscha, und wenn er mich da sicher wußte, haute er mit meinem Autoschlüssel ab. Stubenarrest!

Er log: »Samstag ist für mich ein Arbeitstag wie jeder andere. Der Botschafter aus Angola kommt, und außerdem muß ich noch einen Brief an Honecker wegen Hermlin schreiben.« Und dann kam er zwei Nächte nicht nach Hause.

Er hielt mich in ständiger Angst mit seinen vertraulichen Katastrophenmitteilungen. Meist kam ich vom Theater erst um Mitternacht. Dann schrieen die Käuzchen von Wandlitz. Als Schauspieler wird man den Aberglauben nie los. Konni wartete verschlafen, um Horrorgeschichten zu erzählen:

»Ein junger Genosse hat Selbstmord verübt. Seine Frau hat ihm die Hölle heiß gemacht wegen der schlimmen Wohnbedingungen. Er hat sich geweigert, seine Position auszunutzen. In einem Amoklauf hat er drei Polizisten und einen Polen erstochen, dann hat er sich selbst umgebracht.« Und dann ging er zur großen Politik über: »Durch die Entwicklung in Polen wächst die Kriegsgefahr. Wir müssen alles tun, um die Bevölkerung nicht zu beunruhigen. Gestern sind ein paar Mutige in Kattowice gegen die Konterrevolution aufgestanden.«

Ob diese Geschichten stimmten – ich fand es nie heraus. Aber ich wurde den Verdacht nicht los, daß er sie erfand, um mir zu zeigen, wie unwichtig ich und meine Theaterarbeit waren. Schlaflosigkeit war eine Wirkung dieser Geschichten. »Mein Gott«, sagte ich mir, »ein Mensch, der ständig mit solchen Beträgen konfrontiert wird, kapselt sich ab, hat den Kopf voll Sorgen ... Was ist das für ein beschissenes Leben mit der Macht, keine Freunde, immer überfordert.« Ich versuchte, Konni zu verstehen, auch wenn ich mutlos war und angeekelt. Ich liebte ihn noch, lebte aber mit einer schwer zu definierenden Angst. Tiere werden vor Erdbeben unruhig. Ich schlief wieder allein, wie gehabt.

Zu meinem Geburtstag hatte ich mir einen gemeinsamen Konzertbesuch im Kloster Chorin gewünscht. Obwohl es in Strömen goß, war das Konzert voll. Mozarts »Krönungsmesse« wurde gespielt. Es war schön – Kinder marschierten neugierig durch die Ruine des Kirchenschiffs. Viele lagen auf Decken und Anoraks auf der Wiese des Innenhofes und hörten zu.

Wir saßen da und spielten, wie bei allem, was wir taten. Wir spielten Ruhe, wir spielten Segeln, wir spielten – wir gehen ins Konzert. Wir spielten sogar schöne Landschaft.

Das tiefe Grummeln aber, das immer wiedergekehrt war, so sehr ich es zu verdrängen suchte, war mein Instinkt, der mich warnte. Immer wieder hatte ich die Schatten verjagt: Es war nichts, sei ganz ruhig!

Doch, es war etwas –

Naumann hatte eine andere Frau. Die andere Frau war meine Tochter.

Mein Vögelchen, mein Schmerzenskind, mein Liebchen. Die Briefe schrieen es. Es waren Liebesbriefe, Verabredungen, Versprechungen, Beteuerungen. » . . . Du brauchst es Mama nicht zu sagen . . .« ». . . Ich habe mich auf die Datscha zurückgezogen und die letzten Rosenblätter für Dich und Deinen Geburtstag gepflückt und gepreßt. Mama sitzt zu Hause . . . Deine zwei Haarklemmen und meinen Taschenkamm habe ich in Deinem Zimmer gefunden, Dir an Dein großes Bett gelegt, und nachher lege ich mich selbst hinein . . .«

Ich krümmte mich, ich wand mich, wie unter Krämpfen. Ich werde ihm die Augen ausbrennen, den Schwanz abschneiden, den Dolch werde ich ihm ins Herz bohren und zweimal herumdrehen. Die Gedanken überschlugen sich. Ich fühlte nicht nur den Verlust meiner Tochter, ich ahnte, was er diesem jungen Mädchen Anfang zwanzig an Leib und Seele antun würde. Sie konnte ja seine Motive noch nicht verstehen.

Sie besiegte zum ersten Mal die starke Mutter und litt zugleich: ». . . eigentlich hat jeder von uns Dreien ein verflucht schweres Leben, und darum verstehe ich nicht, warum wir es uns noch um jeden Preis erschweren müssen. Es tut mir für Mama genauso leid, wie für Dich und auch mich. Oh, sage mir nur, wer hat dieses Mißtrauen in unsere Familie gegossen . . .« Ja, das wars, das war es auch. Bisher hatten Nina und ich so gelebt, daß wir jedem Menschen mit Vertrauen entgegentraten. Man ging damit selbstverständlich das Risiko einer tiefen Enttäuschung ein. Aber man hatte auch die Chance, Freunde zu gewinnen, Menschen zu entdecken, reicher zu werden.

Bei Naumann lernten wir, daß die erste Regung Mißtrauen zu sein hat. Wie eine ansteckende Krankheit breitete er diesen Bazillus Mißtrauen aus: . . . »Hier werden natürlich Schönredner, die nicht selten eigennützig sind, von Dir in Schutz genommen und haben es besser als ich . . . Hier ist die Rede von meinem Verhältnis zu Dir. Liebe unter unseren allgemeinen und persönlichen Bedingungen, das ist das Wahrste, Tiefste, Innerlichste von allem Schönen, was man als Kommunist sich nur träumen kann . . .«

Manchmal habe ich in einer Minute, einer Sekunde begriffen, was mir jahrelang verborgen war. So war es jetzt. Ich begriff auf einen Schlag das ganze Ausmaß seiner Liebesunfähigkeit und Verlogenheit. Bei mir hatte er sein Ziel nicht erreicht, ich war nicht »sein« geworden. Ein äußeres Zeichen war: Ich hatte seinen Namen nicht angenommen. Selbst bei Staatsempfängen stand auf meiner Einladung oder Tischkarte mein eigener Name, nicht der seine. Ich hatte ihm nichts vorsätzlich verweigert, es war mein Instinkt, der gehandelt hatte.

Von Nina würde er alles bekommen: Sie mußte den Namen Naumann annehmen. Sie würde mit seiner Ideologie besetzt werden. Mich schützten das Theater und auch der Stall, aus dem ich kam, vor seinen Politschnulzen. Nina war auf der Suche nach Identifikation, nach einer Idee, der sie sich verschreiben konnte.

Beim Lesen der Briefe schwankte ich zwischen tief verletzter Frau und schmerzhaft wütender Mutter. Nur zu einem stummen Schrei war ich imstande, als ich die Sätze in seinem »Tagebuch«, das er für Nina geschrieben hatte, las: »Ja, ja: das ist eine arme Frau, die nichts mehr zu geben hat, wenn sie sich hingegeben hat ... Da ist es schon reizvoller, eine geheime, köstliche ›ferne‹ Sünde für Dich zu sein – als irgendein ›zweckmäßiger‹ Edelstein in der Krone einer Lebensschauspielerin ...« Und er fährt fort mit seiner Art von pädagogischem Terror: »Übe Dich, trainiere Dich und lerne Dich als Kommunistin auch zu disziplinieren – das hat nichts mit Kriecherei oder Katzbuckelei zu tun. Das hat sehr viel mit Moral und proletarischer Selbstdisziplin zu tun ... Denn meine intime Devise lautet: Wer Kommunist sein will, der ändert bei Lebzeiten das Mögliche – denn auch noch so ehrliche Unwissenheit schützt uns nicht vor prinzipiellen Fehlern! ... Alles ist gut, wie man sich im Kollektiv dauerhaft und prinzipienfest verhält – nur dann entsteht stille Freude – ach, wann wird je Dein Herz meine Liebe zu Dir voll erfahren, sie verstehen, aufnehmen ...«

Als ich diese Korrespondenz zum ersten Mal las, dachte ich, mir bliebe das Herz stehen. Das schrieb ja nicht irgendein Mann, sondern einer, der die Macht hatte, notfalls sein »Recht« mit Gewalt einzutreiben. Der alles beseitigen konnte, das sich ihm in den Weg stellte. Seine Entschlossenheit, Nina zu besitzen, ihr instinktives Abwehren gepaart mit Neugier mußte Ungeheures gebären. Nach seinem verlogenen Pathos, Ninas einfache Worte: »Oft habe ich irre Kopfschmerzen. Und woher sie kommen, kann ich absolut nicht verstehen, aber an solchen Tagen kann ich absolut nichts machen. Ich habe es schon mit Sport versucht, aber die Ursachen scheinen psychischer Natur zu sein.«

Was konnte ich für Nina tun? Ließ sie mich überhaupt noch an sich heran? Am liebsten hätte ich sie in den Mutterleib zurückgenommen.

Hilflos wußte ich nicht, wie ich ihr helfen sollte.

Wie ich nach Zürich gekommen bin, weiß ich nicht. Die Briefe waren im Gepäck.

In ohnmächtiger Wut hatte ich ihm noch einen Brief geschrieben, den Umschlag frankiert und vergessen einzuwerfen:

»Ich gehe zugrunde. Du kannst stolz sein, Du hast mir den größten Schmerz meines Lebens zugefügt. Als ich sagte, ich wolle bei Dir bis zum Tode bleiben, wußte ich nicht, daß Du mein Mörder bist.«

Ich saß schlaflos nachts im Hotel »Florhof«. Die freundlichen Wirtsleute hatten mich gebeten, etwas in das Gästebuch einzuschreiben. Ich blätterte stumpf vor mich hin: Saul Bellow, die Nachfahren von Hutten und van Goghs, Anna Seghers, Bassermann – Hermann Kant! Der Fluch meines Weggangs holte mich ein.

Ich zwang mich, die ganze Korrespondenz zwischen meiner Tochter und meinem Mann, soweit ich sie gefunden hatte, zu lesen. Vielleicht hatte ich mich geirrt. Nein, das Geschenk eines Irrtums bekam ich nicht. Ich dachte: »Jetzt werde ich verrückt!« Alles, was ich liebte, wofür ich lebte – perdu. Verloren, verlogen. Mord. Was tun? Wohin? Nirgendwohin.

Am nächsten Morgen stand ich vor der westdeutschen Botschaft mit den Briefen und einem »Tagebüchlein« in der Tasche. Wie zum Hohn war es ein strahlender Mai, und in meiner Erinnerung sehe ich vor dem Gebäude blühende Kastanien.

Am Nachmittag ging ich an den Ufern des Zürichsees und dachte darüber nach, was wohl tiefer sei: dieses Wasser oder mein Leid. Aber das herrliche Wetter hatte viele Spaziergänger an den See gelockt, ich war keine Minute allein. Würde ich überhaupt untergehen? Die Briefe würden mich schon hinabziehen, sie wogen unendlich. – So ging es mir im Kopf herum, und ich glaube, es war der Gedanke an Rache, der mich vom Selbstmord zurückhielt. Das Material der Öffentlichkeit, der Presse auszuliefern, brachte ich nicht übers Herz. Es würde ja auch Nina treffen, und ich wollte nur ihn erwürgen.

Ein roter Zettel, den ich damals wohl zur Selbstermutigung geschrieben habe, liegt vor mir:

Freiwillig gehe ich nicht aus dem Leben.

Was ich für psychische Kobolze schlage, um mit allem fertigzuwerden. Mich treibt die Angst, die nackte Angst vor dem großen Verlust. Ich versuche, meine Wunden zu verbinden, und reiße sie dabei immer ein Stück weiter auf, so daß sie wieder bluten. Immer diese verfluchte Disziplin, sich nichts anmerken zu lassen. Wem zuliebe denn eigentlich?

Ich wußte damals nicht, daß Naumann unzählige Menschen in sein »Geheimnis« einweihen würde, daß er das in seiner Machtvollkommenheit selbstverständlich finden würde.

Am Abend saß ich in der Oper: *Carmen* in der Regie von Ponell. Das Todesmotiv mit seiner sehnsüchtigen Chromatik schnitt mir ins Herz. Wenn ich heute dieses Thema höre, steigt der ganze Jammer von damals in mir hoch. Dann ist mir, als säße ich nackt in einem Dornbusch.

Nein, der Mai hielt für mich seinen Beschreibungen nicht stand, damals nicht und auch 1989 nicht. Die Zeit ist bleiern. Gregor und ich versuchen, in nächtelangen Diskussionen das wirkliche Ausmaß der politischen Katastrophe zu formulieren. Der pervertierte Sozialismus strudelt sich immer tiefer in den Abgrund. Morgens gehen wir heiter aus dem Haus, abends kriechen wir mit dumpfer Wut zurück. Solche Zeiten kann man nur zu zweit ertragen. Wir halten uns aneinander fest.

Unsere Liebe verdankten wir einem DDR-Phänomen: Man zog aus, Schreibmaschinenpapier zu kaufen und kehrte glücklich mit einer beschichteten Bratpfanne heim. Ich war ausgegangen, einen Chefdramaturgen zu suchen und fand meine Liebe.

Indirekt hatte Heiner Müller mich auf Edelmann aufmerksam und neugierig gemacht, wenn er bei unserer Arbeit am *Homburg* öfter sagte: »... das müßte Edelmann wissen ..., frag doch mal Edelmann ...« Nach einer Vorstellung mit Brecht-Liedern war ich müde wie ein Hund noch zu Müller gefahren, um von ihm ein paar Zeilen zu holen, die dem Antrag an das Kulturministerium auf Genehmigung unseres Projekts *Homburg/Mauser* Nachdruck verleihen sollten. Er schrieb, ich telefonierte.

Es klingelte, und ein Mensch erschien, ließ sich rauchend nieder, und ich hielt ihn für den angekündigten Lektor des Henschelverlags, Edelmann, der eine überarbeitete Biographie Müllers für das Programmheft bringen sollte. Innerhalb von Sekunden waren wir in einem handfesten Clinch, seine Antworten paßten nicht auf meine Fragen, und er provozierte: »Haben Sie Müller in so einen ungesunden Streß versetzt? So habe ich ihn noch nie arbeiten sehen. Die Frau wollte ich schon immer mal kennenlernen, die das fertigbringt.« Ich hielt ihm eine längere Tirade über das Thema: Der Beruf des Schriftstellers ist das Schreiben!

Das Telefon klingelte, ich nahm ab, es meldete sich »Dampferzeuger Meerane« – in Sächsisch. Er nahm mir den Hörer aus der Hand: »Das ist für mich.« Dann hörte er länger zu und sagte: »Komm zur Führungsgröße! Ein Gespräch bei mir würde auch nichts ändern? Gut, dann sofort ausschließen!« Dann legte er auf und sagte: »Einer der fähigsten jungen Ingenieure mit internationaler Erfahrung, vierunddreißig, erklärt, nicht mehr integrationsfähig zu sein. Das Ding läuft so: Parteiausschluß, Ausreiseantrag. Wieder einer weniger.« Er schnaufte, ich schluckte: »Wer sind Sie eigentlich?«, fragte ich. »Ich? Ich bin der Nachbar von Müller, Kombinatsdirektor Energiewesen. Das ist der Betrieb, in dem zur Zeit das größte nicht ausgleichbare Manko besteht.«

Es war wie eine Ouvertüre zum Aufeinandertreffen zweier Menschen. Die Aktivität, Gereiztheit und Verzweiflung dieses Mannes hatten mich tief beeindruckt. Seine Grundstimmung deckte sich mit der unseren. Sie war ein Zeichen der Zeit.

Nach langen Gesprächen hatte Gregor eingewilligt, Chefdramaturg im theater im palast zu werden und die nötigen Papiere in der Kaderabteilung des Palastes abgegeben: einen mehrseitigen Fragebogen, einen handgeschriebenen Lebenslauf, eine Bewerbung, mehrere Paßbilder.

Die Staatssicherheit überprüfte mindestens drei Monate lang jeden, der im Palast eingestellt werden sollte. Besonderes Gewicht wurde auf »Westverbindungen« gelegt. Das tip war das einzige Theater in der DDR, dem durch seine Unterstellung so eine Überprüfung zugemutet wurde. Das war nichts anderes als Arbeitsbehinderung und Einmischung. Für mich als Intendantin bestimmte die Staatssicherheit, wer überhaupt im Theater arbeiten durfte. Das würde mir noch bitter aufstoßen.

Edelmann wurde »nicht bestätigt«. Hinter vorgehaltener Hand sagte mir der Kaderleiter: »Er hat maßgeblich an einem Projekt für ein Autorentheater mitgearbeitet.« Ich war über seine Ablehnung verzweifelt. Ich brauchte ihn, seine Klugheit und List gegen die Übermacht der Kulturapparatschiks und Bürokraten. Und nun? Die Dogmatiker in der Schauspieldramaturgie des Theaters behielten die Oberhand.

Zu meinem Erstaunen bekam ich nach einem Jahr einen Anruf vom Betreuer der Stasi für Theater: »Die Vorwürfe gegen E. sind ausgeräumt, Du kannst ihn jetzt einstellen.« Kaderkarussell im Sozialismus.

Zögernd und zaghaft fragte ich bei Gregor an. Zögernd und zaghaft begannen wir, wieder miteinander zu reden. Vorsichtig und mißtrauisch näherten wir uns.

Der Stasityp für Theater meldete sich erneut: »Es hat ein schweres Vorkommnis mit Edelmann gegeben. Mehr sag ich nicht. Also, paß auf . . .«

Der Stasityp für Verlage hingegen lud Gregor zum Kaffee ein und warnte ihn: »Finger von der lassen, kalt, geht über Leichen. Achtung, Staatsschlampe . . .«

Wir hielten aneinander fest. Wir vertrauten einander tief, auch wenn Gregor mein langes Schweigen zu Naumann mißbilligte. Aber ihm konnte ich meine Verstrickung, die mich koppheister von der Liebe in die Politik gestürzt hatte, offenlegen. Durch ihn nahm ich den Faden meiner Selbstbefragung wieder auf, den ich irgendwann feige und resignierend fallen gelassen hatte. Durch ihn konnte der Monat Mai doch noch seine Versprechen einlösen, auch wenn die Erinnerung nicht zu verjagen war.

Als ich damals meiner Sinne wieder Herr war, bin ich zu Nina nach Moskau gefahren. Ihr Wunsch, in der Sowjetunion zu studieren, war, neben der Neugier auf ein fremdes großes Land, geboren aus dem Wunsch, dem ungeliebten Zuhause in Wandlitz zu entkommen.

Anfangs in diesem Nobelghetto erinnere ich, wie sie mich eines Abends, als ich an ihrem Bett saß, umarmte und sagte: »Es geht mir so gut, Mama, ich habe ein schönes Zimmer, dufte Eltern, Möhrensaft zum Abend, nun kann ich mich um die Sorgen der anderen kümmern.«

Aber dann hatte sie bald mit ihren eigenen zu tun. Irgendwann begann sie das Theater zu hassen, weil ich abends nicht zu Hause und sie Naumann ausgeliefert war. Einmal war er betrunken. Er zerrte sie in die Küche, zerschlug alle Flaschen mit Wodka in der Spüle und schrie immer: »Das kannste ihr erzählen, wenn sie aus dem Scheißtheater kommt.«

Wandlitz war für Nina ein Gefängnis. Sie mußte jedes Mal ein Auto bestellen, um in die Stadt zu fahren. Bis zum Zentrum waren es etwa vierzig Kilometer. Sie fühlte sich entmündigt und beleidigt durch die Einschränkung ihrer Beweglichkeit. Ihre Freunde konnten und wollten sie nicht besuchen.

Außerdem verfolgte Naumann alle Freunde Ninas mit dem Ziel, sie so einsam zu machen, daß nur noch er da war. Er schreckte nicht einmal vor gemeiner Denunziation zurück. Nina hatte einen Freund P., einen Mischling. Sein Vater war Iraner. Naumann verbot Nina mit politischen Begründungen den Umgang, da die Mutter angeblich einen Ausreiseantrag gestellt hätte. Ein Ausreiseantrag war in den Augen der Partei der Gipfel des Verrats, den ein Menschen begehen konnte. Diese Leute wurden im offiziellen Sprachgebrauch als »feige Verräter« bezeichnet. In Wahrheit hatte diese Frau lediglich versucht, ein Visum für den Besuch ihres Mannes zu beantragen.

Nina hatte nach einem Vorbereitungskurs in Russisch die Stadt und Universität Kasan gewählt. Doch nach einem Jahr wurde sie zu ihrem und meinem Erstaunen nach Moskau versetzt. Das ging holterdipolter. Ein Anruf der Botschaft: »Nina sofort nach Moskau, Übernachtung bei Familie B.« Frau B. teilte Nina mit, daß Genosse Grischin, Erster Sekretär von Moskau und Mitglied des Politbüros, empört sei, daß die Tochter seines Berliner Genossen Naumann nicht in »seiner« Stadt Moskau studiere. Das müsse sofort geändert werden.

Tatsächlich aber hatte Naumann, dem die Stadt Kasan zu weit und zu schwer erreichbar war, einen Brief geschrieben:

»Lieber Genosse Viktor Wassiljewitsch!

Ich wende mich heute als Vater in einer privaten Angelegenheit an Sie mit der Bitte um einen Ratschlag. Worum handelt es sich: Meine Tochter Nina Naumann ist zur Zeit Student im zweiten Kurs der Philologischen Fakultät der berühmten Universität in Kasan. Ihr späterer Berufswunsch ist, Journalistin zu werden ... und ich frage, wie sie ein gleiches oder ähnliches

Studium in der Hauptstadt der UdSSR Moskau fortsetzen kann.

Ich bitte Sie, lieber Genosse Viktor Wassiljewitsch, um Nachsicht, daß ich Sie in einer solchen persönlichen Frage um Hilfe bitte . . .

Mit kommunistischem Gruß«

Viktor Wassiljewitsch ließ sich nicht lumpen, und Naumann schrieb ihm von unserem Urlaub auf der Krim einen Brief »mit dem Gefühl großer Dankbarkeit« für die »schnelle und konkrete« Anwort, daß Nina ab sofort Student der MGU M. W. Lomonossow sei.

Nun konnte er sie einkreisen. Er tarnte seine Besuche als Dienstreisen mit staatlichen Sondermaschinen TU 134. Er schickte Boten und Koffer voller Geschenke. Der Botschafter W. stellte seine Wohnung zur Verfügung. Nina wurde in Moskau, wie ich in Berlin, überwacht. Es wurde »aufgeklärt«, wer ihre Freunde waren, mit wem sie Umgang hatte. Das löste bei Nina Lethargie und Depression aus.

In einem langen nächtlichen Gespräch erfuhr ich das und vieles andere. Sie schilderte die Angst, die Bedrohung und ihre Versuche, sich zu befreien. Sie beschrieb ihre Träume und politischen Beklemmungen. Damals fielen immer wieder die Worte Korruption und Machtmißbrauch. Naumann zu Nina: »Du bist ein Nashorn, das durch lange Gänge rast, alle Türen aufstößt, leere Zimmer findet und immer weiter rast.« Ein anderes Mal wütend: »Ich bin an zwei Frauen geraten, die nicht zur Liebe fähig sind.«

Oder er prahlte nach seiner Kuba-Reise: »Habe mit Fidel Weiber am Swimmingpool vernascht, und die Loren ist da immer rumgelaufen . . .« Wir konnten schon ein bißchen lachen.

Langsam löste sich bei uns beiden die Starre in Zittern, die

Stumpfheit in Frösteln. Wir japsten mehr, als daß wir atmeten. Leise überzeugte sich eine von der anderen, daß sie doch kein Monster war.

Unsere schöne Zeit schwemmte wieder hoch, als wir ein unzertrennliches Mutter-Tochter-Paar waren. Nina mit Schminktöpfen in meiner Garderobe spielend, Nina auf meinen Haaren schlafend, Nina auf meinem Schoß im alten Opel Kapitän. Ein buckliges Untier – die Kofferklappe war mit einem Bindfaden festgebunden, die Fahrertür ging weder auf noch zu, man mußte immer über den Beifahrersitz klettern. Nina durfte hupen und blinken, und wir sangen auf die Melodie »O Champs-Elysées« laut und lustig »Oh, Staußberger Platz«.

Aber es sollte noch Jahre dauern, bis wir einander wieder richtig zuhören konnten, bis jeder von uns ohne Überlegen und Abwägen frei von der Leber weg redete, bis wir einander wieder voll vertrauten.

In Gesprächen, die diesem tastenden ersten folgten, sagte ich ihr oft: »Hör zu, ich sag Dir jetzt meine Meinung. Du mußt sie nicht akzeptieren, Du mußt nichts dazu sagen, Du sollst sie nur kennen.« Ich hatte Angst, daß sie Unrat witterte, wo Rat gemeint war.

Auf dem Rückflug ahnte ich, daß Naumann mir nie verzeihen würde, daß ich sein sorgfältig errichtetes Lügengebäude zerstört hatte. Da ich wußte, daß er regelmäßig alle meine Taschen, Kalender, jeden Papierschnipsel »durchsah«, schrieb ich ihm einen offenen Brief in mein Notizbuch:

»Du wirst lesen, was ich aufschreibe zwischen Moskau und Berlin. Ich komme von Nina und bin wund. Du willst etwas lesen, was Dir Munition liefern könnte gegen uns beide. Du willst uns weiter aufeinanderhetzen aus Unzufriedenheit mit Dir, dem Leben, das Du Dich gezwungen hast zu leben. Du bist zu feig, es zu ändern. Selbstmitleid zerfrißt Dich. Liebe hat wahrscheinlich in Deinem Leben nie eine Rolle gespielt. Du hast an mir und Nina nicht viel Gutes getan. Aber mit Deiner Lebenslüge mußt Du auskommen. Ich bezahle teuer. Ich habe gelebt, verloren aber wiedergewonnen. Meine Tochter ist meine Tochter und Freundin geblieben. Du hast sie doch nicht kaufen können. Tochter, Theater und Freunde sind mir treu geblieben, obwohl ich um der Liebe zu Dir fast bereit war, sie zu verraten.«

So war das, der lange Anfang von einem Ende, das sich für mich noch zu einem Schrecken ohne Ende gestalten sollte.

Ich sitze allein im Mai in unserer Marienburgerstraße im Prenzlauer Berg. Gregor ist seinem Fernweh gefolgt und zum Theaterfestival nach Bratislava gefahren. Dahin darf er. Nun kann ich nachfühlen, wie es ihm im April ergangen war, als die andere Hälfte des Hermaphroditen nur durch Ansichtskarten im Postkasten anwesend war.

Aber mir bleibt keine Zeit für Maiensehnsucht. Ich bin vorgeladen, über mich sitzt die Zentrale Parteileitung des Palastes der Republik zu Gericht. Meine politische Unzuverlässigkeit ist bewiesen durch den elitären Spielplan und die hohe Zahl von Ausreiseanträgen im Theater. »Da kann doch was nicht stimmen bei Euch . . .«; eifrig nicken einige Genossen.

Wenn das Leben schon so langweilig ist, vielleicht kann in der Partei wieder mal ein bißchen Blut fließen. Die »persönlichen Gespräche« stehen vor der Tür, eine Schistka, eine Reinigung, soll es werden. Die Partei will sich von unzuverlässigen und zweifelnden Elementen trennen. Offiziell ist es »nur« ein Umtausch der Parteibücher. Als ich nach der Versammlung auf der Straße stehe, wundere ich mich über den sanften Wind, daß alles grün ist und die Kastanien und der Flieder blühen. Es ist Mai!

JUNI

»Wo Schmerz ist, ist Leben«, sagt mein Zahnarzt Dr. H., als er mir mit einem spitzen Instrument auf den Nerv geht. Offenen Mundes kann ich ihm nichts erwidern, ich signalisiere ihm nur mit den Augen, daß ich nach dieser Maxime viel Leben in mir fühle. »Die Chinesen«, so mein Zahnarzt, »kennen genau das Gewebe des menschlichen Körpers. An Ihrem linken großen Zeh, rechts innen, ist zu spüren, was mit Ihrem linken Schneidezahn los ist. Die rechte Seite der Zehe ist für die untere Zahnreihe verantwortlich. Da könnte man ertasten, daß die Karies hier«, er klopft auf den Zahn, »weiter fortgeschritten ist. Aber das werden wir gleich haben«, und er setzt mit dem Fuß die Turbine in Gang. »Nach dem chinesischen Horoskop ist dieses Jahr das Jahr der Schlange«, fährt er fort. »So wie 1917, das kam mit Krieg und der Oktoberrevolution, das nächste Schlangenjahr 1929 brachte die Weltwirtschaftskrise, 1941 wieder Krieg und im Juni Einmarsch in die Sowjetunion, naja, über 1953 wollen wir nicht reden. Von der Schlange, heißt es, kommen Reflexion, Methodik, Scharfsinn und eine gute Portion Argwohn.« Die Turbine pfeift.

Mit offenem Mund kann ich nicht antworten.

Die Meteorologen berichten, daß der Mai der wärmste seit 1901 sei, und der Juni verspricht dem Vormonat darin nicht nachzustehen. Aber das politische Wetter verhält sich umgekehrt proportional. Das Land zieht sich zusammen wie unter Schmerz, aber auch wie ein Tier, das zum Sprung ansetzt. Wütend und fassungslos lesen wir Zeitung: Siegesberichte über die unfehlbare Politik und die hohen Leistungen der Wirtschaft. Abseits, die Studenten auf dem Tiananmenplatz in Peking, abseits, die zwei Züge, die im Ural in eine Gaswolke einer undichten Pipeline rasen und explodieren, abseits, der Tod von Khomeini.

Der ehemalige Chef der Spionage der Staatssicherheit und jetzige Buchautor Markus Wolf mußte erwarten, daß er nach diesem und vielem anderen gefragt werden würde. Das Theater ist bis auf den letzten Platz gefüllt. Nichts geht mehr. Sein Buch *Die Troika* ist über Nacht ein Bestseller geworden, es ist nicht einmal mehr als Bückware zu kriegen, das heißt als Ware, die nur unter dem Ladentisch zu haben ist. Pausenlos landeten bei mir Anrufe mit der dringenden Bitte um Karten.

Nun sitzen wir auf der Bühne. Markus Wolf liest, ich werde, wie so oft bei heiklen Autoren, das Gespräch leiten. »Heikle Autoren« waren Schriftsteller, die sich nicht um die offizielle Argumentation kümmerten und sagten, was sie sahen und wußten.

Nach solchen Diskussionen wurde ich immer zum »Rapport« in die Kulturabteilung des Zentralkomitees oder zum Direktor des Palastes befohlen. Dann wurden Sätze zitiert. Ich mußte die Frage beantworten: »Was hast Du Dir eigentlich gedacht bei der Bemerkung ...? Wie hast Du der Auffassung ... widersprochen?« Wie ein Spieler nach einem Foul bekam ich die gelbe oder rote Karte gezeigt.

Auch heute sitzen die spitzen Ohren im Publikum mit Tonbandgerät und Stift. So hatten sie gesessen, als Erich Fried zum ersten Mal zu uns ins Theater und in die DDR gekommen war, bei Ernst Jandl, bei Grass, Jewtuschenko, Granin, bei Heym, Wolf und Strittmatter und vielen, vielen anderen. Völlig aus dem Häuschen waren sie geraten, als Günter Gaus ins Theater kam. Nein, nicht als kunstsinniger Zuschauer wie so oft vorher, als er der erste Botschafter von Deutschland nebenan war, sondern als streitbarer, kluger Publizist und Autor. Nach einem aufregenden Abend, an dem Gaus von den Zuschauern insistierend befragt worden war, saßen wir um einen gedeckten Tisch und redeten uns die Köpfe heiß, wie schön es wäre, könnte er seine Interviewreihe im DDR-Fernsehen machen. Wir sprachen darüber, wie über eine Tauchexpedition oder über die Besteigung des Nanga Parbat. Es war ganz fern, und wir lachten und ließen uns lieber von ihm aufklären, daß die wahre Rote Grütze nur mit Sago, nie mit Grieß gekocht werden dürfe. Heute läuft seine Interviewreihe, und heute heißt es nicht mehr DDR-Fernsehen.

Markus Wolf liest gerade von »diffamierten und denunzierten Schriftstellern«, vom Datschennachbarn der Familie Wolf, Boris Pasternak, in Peredelkino bei Moskau.

Vor diesen beiden Datschen hatten Gregor und ich im Dezember gestanden. Die abscheulichen Neubauten Moskaus waren schon gefährlich nahe herangerückt, und es würde wohl nicht mehr lange dauern, bis diese Idylle den Menschenaufbewahrungscontainern aus Beton weichen mußte. Würde es hier einen Stop geben, wie ihn Granin in Leningrad beim Hause Dostojewskis erreicht hatte?

»Daniil erzehlt wie interessant gewesen in Ihren Teater am Abend. Kommen Sie bitte noch in Leningrad, vielleicht am Sommer, wir sein sehr glücklich. Bitte lachen Sie nicht auf meine deutsche Sprache.« – So hatte mich Rimma, die Frau Daniil Granins, zum wiederholten Male eingeladen. Aber es mußte erst ein Gastspiel kommen, bis ich sie besuchte.

»Kennst Du Leningrad?«, hatte mich Granin gefragt, als er mich vom Hotel abholte. Ich verneinte. »Gut, dann zeige ich Dir die Stadt Dostojewskis.« Und zum Fahrer: »Grashdanskaja Uliza. – Hier hat Rodion Raskolnikow die Wucherin erschlagen. Durch meine Beschreibung dieses Hauses«, sagte Daniil, »sind viele Schaulustige gekommen. Da hat man es schnell renoviert. Säuberlich hat man die Pförtnerbude des Hausmeisters zugemauert«, er schüttelte den Kopf und zeigte auf eine Stufe, die noch am Ende der Mauer hervorsah. Der Hauseingang war mit gelber Farbe getüncht, und Daniil entzifferte, was einer mit Kohle auf die frischgestrichene Wand geschrieben hatte: »Raskolnikow – lieber Raskolnikow«. Im Hof war trotz der angewiesenen Kosmetik die Kutschenremise mit Mülltonnen vollgestopft, zwischen denen Ratten umhersprangen. Von der rechten Ecke des Hofes führten drei ausgetretene Stufen ins Haus, weißtürkis getüncht. Überall blieb Daniil stehen, faßte die Wand an, als ob er noch die Körperwärme Raskolnikows spüren könnte. Er erzählte, wie ihn der Enkel Dostojewskis hierhergeführt und bewiesen hatte, wie genau die Beschreibungen waren. Er zeigte auf ein zugemauertes Fenster im Hausflur: »Hier ist Raskolnikow vorbeigekrochen.« Aus jedem Blick, aus jeder Geste von Daniil sprach Wissen.

Als wir wieder auf der Grashdanskaja standen, wies er auf zwei Gedenktafeln für das Hochwasser 1792, eine in Russisch, eine in Deutsch: »Gedenke des hohen Wassers. Am 7. November 1792.«

Dann fuhren wir zu Dostojewskis Sterbehaus. Eben war man dabei, die Schneemassen vom Dach zu schieben, und Lawinen prasselten auf die Straße. »Komm, wir gehen auf den Markt, auf dem schon Dostojewski eingekauft hat«, sagte Daniil. »Brauchst du etwas?« Und Daniil kaufte mir ein ganzes Kilo frischen Meerrettich.

Inzwischen war der Eingang freigeschaufelt.

Dostojewskis Wohnung: Im Flur zwei Schirme, ein Stock. Im Kinderzimmer ein Schaukelpferd. Im Zimmer seiner Frau diktierte er, sie stenografierte. Besuchszimmer. Arbeitszimmer – an der Wand ein Ausschnitt der Raffaelschen Madonna. »Sieh, Vera«, sagte Daniil, »ist das nicht seltsam. Dieses Bild war das Lieblingsbild Dostojewskis, Gogols und Puschkins. Ohne dies voneinander zu wissen, liebten sie dieses Bild.« Im Vorbeigehen wies Daniil auf Zeichnungen Dostojewskis, Zettel mit Notizen, auf beiden Seiten beschrieben, Sätze eingekreist. »Er hat diktiert und kaum noch geändert, verstehst du, kaum noch geändert.«

Dann erzählte er, wie es zu diesem Museum kam. »Das Haus sollte umgebaut werden, modernisiert. Wohnungen für viele. Ich schrieb an die Natschalstwo. Keine Antwort. Da rief ich den Stadtarchitekten an und sagte: ›Ich weiß, Ihnen bedeutet Ihre Karriere mehr als die Literatur. Sie haben schon viele Werte in Leningrad vernichtet. Ich bitte Sie, nur einmal in Ihrem Leben Mut zu haben, obwohl ich von Ihnen nichts erwarte.‹ – Das bewegte den Architekten so, daß er das Dostojewski-Museum durchsetzte. Und als er starb, gestand er, einmal in seinem Leben habe er Gutes getan – mit dem Haus von Dostojewski.«

Unter dieser Erzählung waren wir bei Daniil zu Hause. Eingang vom Hof, im Hausflur stank es nach Pisse, ein alter Lift keuchte nach oben. Rimma kochte. Die Wohnung bescheiden wie der Mann. Ein bißchen düster, ein bißchen verbraucht, die Wände bis an die Decke voller Bilder. Rimma tafelte auf, Daniil goß Whisky in porzellanene Becher. Er rötete sich und erzählte Schnurren. Rimma küßte mich, und als ich ihre Küche lobte, sagte Daniil begeistert: »Rimma, Du bist eine Königin.« Und als sie Grapefruitdessert servierte sogar: »Du bist genial.« Dann stand er auf, der Fahrer durfte nicht warten, zog Stiefel und Mantel an, setzte die Schapka auf, begleitete mich wie ein Kosak. Auf dem Weg ins Hotel fiel mir ein, daß ich auch bei Lew Tolstoi in Jassnaja Poljana eine Reproduktion der Raffaelschen Madonna gesehen hatte.

Markus Wolf liest. Worte schlagen an mein Ohr: »Internierung in Frankreich, Verhaftung in Moskau, Hunger, Hoffnungslosigkeit, Transport, Tod ...« Ich sehe mir die Gesichter im Publikum an, kluge, aufmerksame, müde. Nie habe ich das

Publikum überschätzt, es sind skeptische Leute, schwer zu enthusiasmieren, aber sie nehmen intensiv und kritisch Anteil. Sie geben Verstand und Gefühl nicht mit dem Mantel an der Garderobe ab.

In der zweiten Reihe sitzt eine schöne alte Frau mit einem klugen Gesicht. Es ist die Fotografin Eva Siauo, eine Freundin der Wolfs, die gerade aus China gekommen ist, wo sie lebt. Was wird sie empfinden, wenn sie morgen vom Ausnahmezustand in Peking hört? Was, wenn sie die Fernsehbilder sehen wird, die einen unbewaffneten Mann zeigen, der allein einem Panzer auf leerer Straße entgegengeht? Was, wenn sie lesen muß: »Tiananmen-Platz in Peking geräumt – Konterrevolutionärer Aufruhr niedergeschlagen«?

Die Beschreibungen der Krisenjahre durch meinen Zahnarzt fallen mir ein. 1989 will seinen Vorläufern als Jahr der Schlange nicht nachstehen.

Im Fernsehen werden wir noch gebannt verfolgen, wie China seine Jugend und eine Hoffnung mordet.

Es knistert im Theater, als Markus Wolf seine Lesung beendet mit der Beschreibung einer Freundschaft zwischen zwei Deutschen aus zwei Deutschländern und einem Amerikaner trotz aller politischen Unterschiede; wie er vom sterbenden Bruder den inneren Auftrag übernahm, diese Geschichte aufzuschreiben; wie er von diesem Moment an die schwarze Mappe mit den Materialien des Bruders, dem Filmregisseur und Präsidenten der Akademie der Künste, Konrad Wolf, nicht mehr aus den Augen ließ.

Nach einer kurzen Atempause prasseln die Fragen auf die Bühne, immer mutiger, immer persönlicher. Sie kreisen enger und enger um das Problem Stalinismus, um Gewissensfragen, um die Kluft zwischen den Taten des Spionagechefs der Staatssicherheit und den Erkenntnissen des Autors. »Wie können sie leben in diesem Spannungsfeld?«, fragt ein Zuschauer. »Haben

Sie immer das getan, was die Partei von Ihnen gefordert hat«, frage ich. Er antwortet, wie aus einer Pistole geschossen: »Na, sicher, sonst hätte ich's ja nicht gemacht. Mein Ausscheiden aus dem aktiven Dienst war planmäßig . . . Ich hatte wohlwollende Unterstützung, meinen Neigungen nachzugehen.«

Ich denke an *Schuld und Sühne*, an Raskolnikow. Die Tat fällt auf den Erfinder zurück: vervielfacht und mit unberechenbaren Konsequenzen. Man trifft andere, aber zerstört sich vor allem selbst. Aber: Wo Schmerz ist, ist Leben.

Bei aller Hochachtung, die ich der Persönlichkeit von Markus Wolf entgegenbringe, ist mir unmöglich zu verstehen, wie er den moralischen und ethischen Schock des Stalinismus verarbeiten konnte. Er hat die Verbrechen und Grausamkeiten erlebt und vorsichtig im Buch beschrieben. Er sah die permanente Fehlentwicklung der sozialistischen Bewegung. »Mir hilft die feste Überzeugung«, sagt er, »daß all das, was an schlimmen, bösen Deformationen und Verbrechen bekannt wird, in absolutem Widerspruch zu dem steht, was wir geglaubt, gelernt haben. Die Gesellschaftsordnung, die wir auch hier aufbauen, hat Zukunft, muß sie haben, kann sie haben, wenn wir alles tun, um so etwas nicht wieder zuzulassen. Wir haben doch Gutes gelernt von unseren Eltern, in der Schule, der Pionierorganisation. Das waren die Ideale, für die ich heute noch gradestehe und eintrete . . . Stalin hat das Gegenteil von dem gemacht, was wir als unsere Weltanschauung ansehen . . .«

Vielleicht ist das die Lösung des Rätsels, warum wider besseren Wissens viele am Sozialismus festhalten. Sie lassen sich ihre Ideale nicht rauben. Der Austausch von Ideal und Wirklichkeit ist offensichtlich ein notwendiges Training, um zu überleben, um zu leben mit dem Wissen um so viel Unmenschlichkeit.

In den Büchern über die Stalinschen Lager habe ich oft

gelesen, daß Häftlinge unter den schlimmsten Bedingungen sagten: »Stalin weiß von allem nichts.« Das ist eine irrsinnige Vorstellung, aber sie hat vielleicht die Glaubenden am Leben gehalten.

Ich ertappe mich dabei, daß ich Menschen, die in der Lage sind, sich eine Mitte durch Glauben zu schaffen, beneide. Sie halten an Idealen fest, wenn die Realität sie auch zum hundertsten Male Lügen straft. Sie sehen, was sie wollen. Das kann ich nicht. Es stimmt doch nicht, daß wir in der Schule und bei den Pionieren nur Gutes gelernt haben. Diese Institutionen haben uns Zweizüngigkeit und Heuchelei gelehrt, haben Kreativität mit Disziplin erschlagen. Sicher gab es mutige, gute Lehrer, die Zivilcourage in dem einen oder anderen Falle aufbrachten, aber die Anstalten selbst funktionierten als Räder in der großen Maschine des Sozialismus.

Briefe fallen mir ein, die ich vor kurzem aus der Sowjetunion, aus Nowokussnetzk von meinem ehemaligen Russischlehrer bekam. Sie verdeutlichen, welche Dimensionen menschliche Deformation annehmen konnte.

Der erste Brief:

Natürlich sind Sie erstaunt: Ein Lebenszeichen erreicht Sie nach jahrelanger Pause ... Jene kurzen zwei Jahre werde ich nie vergessen. Es waren die glücklichsten Jahre meines Lebens ... Vor allem hielt ich es für eine Ehre, Ihr Theater besuchen zu dürfen.

... Die Zeit verschonte mich nicht. Ein schweres Unglück traf meine Familie: Im April dieses Jahres ging von uns unser lieber Steppke. Vielleicht können Sie sich an ihn erinnern. Sie waren doch einmal bei uns zu Hause. Alles war so gut, er lernte in der Schule mit großem Interesse. Mit seinen zehn Jahren war er schon 165 cm groß. Die Tragödie ereignete sich ganz unerwartet. Am 17. April bekam er plötzlich Atemnot. Wir brachten ihn schnell ins Krankenhaus. Dort versagte man ihm die nötige Hilfe. Mörder in weißen Kitteln warteten ruhig, bis der Kleine starb. Sie rührten keinen Finger, um ihm zu helfen. Er brauchte dringend Sauerstoff und eine Spritze Spasmolythikum. Woher kommt denn die Unmenschlichkeit im sozialistischen Land? Die Unmenschen versuchen jetzt, sich reinzuwaschen. Sie erfinden allerlei Märchen, um die Schuld auf uns abzuwälzen.

In unserer Tragödie widerspiegelt sich eine tiefe Krise, in der sich unser Land befindet. Das menschliche Leben ist bei uns keinen Groschen wert. Die langen Jahre des Stalinschen Terrors, der Breschnewschen Stagnation ruinierten nicht nur das Land, sondern auch den Menschen.

Der zweite Brief:

... Sie sind selbst Mutter, und Sie können sich die Unermeßlichkeit unserer Tragödie gut vorstellen ... Es stellte sich heraus, daß der Arzt, der in jener Nacht in der Wiederbelebungsabteilung Dienst hatte, betrunken war. Er lag auf dem Fußboden wie ein Sack. Die Krankenschwestern saßen teilnahmslos da. Das, was ich eben geschrieben habe, läßt mich denken, daß es ein Mord war. Mit meiner Beschwerde war ich im Ministerium für Gesundheitswesen. Dort reagierte man darauf ziemlich reserviert und sogar erbost: »Wozu machen Sie denn soviel Radau, das Kind ist doch tot. Was kann man jetzt machen?« Finden Sie es nicht zynisch?

Wir haben uns zu einem schweren Schritt entschlossen: Wir adoptieren ein Kind aus einem Kinderheim. Sie können fragen, ob es nicht zu früh ist. Aber stellen Sie sich eine leere große Wohnung vor, wo alles an unseren lieben Kleinen erinnert, sein leeres Bett, sein verwaister Schreibtisch mit Schulbüchern ... Welches Herz konnte das alles aushalten. Hätten wir keine Elternfreude gekannt, so hätten wir es heute leichter. Ein weiterer Verzug konnte für uns katastrophale Folgen haben. Ja, ich muß eingestehen, die Last dieses Gewinnes ist genau so schwer, wie die Last des Verlustes. Wir hatten doch keinen anderen Ausweg. Das Kind ist 7,5 Jahre alt, heißt wieder Andreas. Er freut sich sehr, daß er »seine Eltern« endlich gefunden hat. Er ist einfach im siebenten Himmel vor Freude. Ehrlich gesagt, teilen wir seine Freude vorläufig nicht. Das Herz blutet nach wie vor.

Der dritte Brief:

Mein Optimismus verschwand wie der Rauch, wie der Morgennebel. Wir haben keinen Trost und keinen Ersatz. Die hohen Behörden behandeln uns wie Luft. Ich denke schon manchmal, daß ich gegen eine Mauer anrenne. Unmenschlichkeit und Grausamkeit haben in unserer Gesellschaft tiefe Wurzeln geschlagen. Finden Sie es nicht frech, wenn ein hochstehender Bonze große Augen macht und fragt: »Wieso, wieso haben Sie sich bis jetzt nicht beruhigt?« Wir werden aber nicht nachgeben . . .

Wo Schmerz ist, ist Leben. Bei diesen Briefen tat mir das Herz so weh, und alle Trostworte versagten den Dienst. Liegt es an der Größe der Sowjetunion, daß mir scheint, Gemeinheit und Schmerz, aber auch Freude und Freundschaft haben dort andere Dimensionen? Oder hat mich das Schicksal bis jetzt nur verschont? Ich bin viel gereist in diesem Riesenland. Ich kenne die Gastfreundschaft der Georgier und die Märchen der Litauer, ich kenne den Dreck und die Armseligkeit großer Städte und die Betörung weiter Landschaften. Immer war ich zerrissen zwischen Bewunderung und Abscheu, angerührt und abgestoßen, nie konnte ich die Diskrepanzen verkraften.

Ich saß im Flugzeug Moskau–Chabarowsk, ich hatte mir ein Gastspiel durch das schlafende Land Sibirien gewünscht. Kurz bevor die Gangway weggezogen wurde, war ein junger, kräftiger Bursche hochgelaufen, hatte sich schnaufend erkundigt, ob der Platz neben mir noch frei sei und saß nun und erzählte: »Ich kann besplatno fliegen, ohne Bezahlung. Ich bin Ingenieur und baue in Chabarowsk eine neue Rollbahn. Da kann man gut verdienen, aber was soll ich mit dem Geld, frage ich Sie. Naja, für 250 Rubel ein paar Jeans, aber sonst brauche ich nichts. Manche kaufen Diamanten. Was soll ich damit?« Dann faßt er meine Halskette und während er an ihr zuckelte, sagte er: »Angeln mußte. Hier, die kannst Du ins Wasser hängen, sofort ist ein Fisch dran. Soll ich Dich abholen? Wir könnten zu meinen Eltern fahren. Was machst Du eigentlich im fernen Osten?« Hätte ich damals zugestimmt, ich wäre vielleicht heute noch in Sibirien und würde angeln. Seine etwas abfällige Reaktion auf meine Antwort, ich würde in Chabarowsk Brecht-Lieder singen, wurde mir verständlich, als ich diese anachronistische Stadt erlebte. Der Reichtum des Landes und dessen zivilisatorische Chancen standen in krassem Widerspruch zum Alltag. Die Stadt auf drei Hügeln mit ihren vielen Treppen war voller Japaner, die helfen sollten, die Bodenschätze zu erschließen. Im Berioska-Shop kauften sie dänisches Büchsenbier und besoffen sich vor Langeweile.

Breit und zeitlos floß der Amur. Die neun Stunden Zeitunterschied zu Berlin nebelten mich ein und erinnerten an den Traum von Zeitmaschinen. Am Fluß saßen Angler, hinter ihnen rauchte Holz, sie räucherten die frisch gefangenen Fische. Wenn ein Passagierboot kam, fuhr es mit der Nase auf den Strand, eine Hühnerstiege wurde ausgeworfen und die Leute balancierten an den Strand. Überall waren Militärs zu sehen, die Grenze zu China und der Ussuri waren nicht weit. Die Luft war klar und trocken, und nachts sah man die brennenden Fackeln der Schornsteine. Tags sah man vom Flugzeug den sich ausbreitenden Smog. Im Hotel gab es nichts zu essen, außer trockenen Sprotten und zermatschten Kaviar. Die Menschen waren freundlich zu mir, aber ich empfand unterschwellig Stumpfheit und Brutalität.

Auf dem Rückflug holte ich die Zeit wieder ein. Bratsk lernte ich kennen mit starrem Frost im Oktober und einem unglaublich gefärbten Himmel. Neben dem riesigen Wasserkraftwerk mit Industrieluxus standen erbärmlich schlecht gebaute Wohnhäuser, wie Streichholzschachteln. Das Durchschnittsalter der Bewohner betrug 32 Jahre. Wie sah für sie die Welt aus? Auf dem Dach des Hotels war eine elektronische Anzeige installiert, in den Zimmern reichten die Glühbirnen nicht. Im Aluminiumwerk regierte manuelle Arbeit, Durchschnittsverdienst 450 Rubel, 39 Tage Urlaub, mit fünfzig Jahren Pensionierung, monatlich 130 Rubel. Diese Großzügigkeit sagte mehr über die enorme Gesundheitsbelastung als der Wald im Umfeld, der aussah, als sei ein Atomschlag niedergegangen. Das Zellulosewerk daneben hüllte die abgestorbenen Baumstümpfe, das verzweifelte Grün in schmutzigen Industrienebel. Das Wasser war vergiftet.

Wir fuhren weiter der Zeit entgegen, nach Nowossibirsk. Es war Freitag, und halb Nowossibirsk heiratete. Während ein Paar sich am Lenindenkmal fotografieren ließ, wartete das zweite auf das obligate Fotomotiv vor dem großen Klassiker, die Braut im weißen Kleid bis zu den Knöcheln im Dreck auf dem ungepflasterten Gehsteig. Das dritte Paar saß betreten im Auto, während ein Milizionär den Fahrer abstrafte. Die Anordnung dieser drei geputzten Paare, am schönsten Tag ihres Leben, wie es im Lied heißt, war für mich symptomatisch für das, was sie erwartete – ein Leben zwischen Emotionen, Parteiregime, Dreck und Abstrafung.

Ich sitze neben Markus Wolf im Juni 1989 auf der Bühne und denke an dieses arme reiche Land, aber mir käme nicht in den Sinn, daß Wolf in einem knappen Jahr wieder in der Sowjetunion leben müßte – sicherheitshalber.

Die Fotografen können nicht genug kriegen. Als ob sie die langen Jahre der Abstinenz, in denen Wolf nicht fotografiert werden durfte, aufholen wollen. Sie vollführen ein wahres Fotografenballett. Allerdings bekommt man auch nicht jeden Tag den ehemaligen Leiter der Hauptverwaltung Aufklärung der Staatssicherheit der DDR als Autor vor die Linse. Unter den Zuschauern des Theaters habe ich ihn öfter und ohne Protokoll gesehen.

Im Gründungsjahr des Theaters hatte mir Eva Strittmatter in das Gästebuch des Theaters geschrieben: »Dem Tip und seiner Direktorin Vera Oelschlegel Dank für die Möglichkeit, mit Berliner Lesern in Verbindung zu kommen – ich wünsche, daß eine Tradition entsteht an diesem schönen Platz, daß viele Dichter hier lesen, viele Musiker spielen und viele Sänger singen sollen!«

Evas gute Wünsche waren in Erfüllung gegangen. Es war eine Tradition entstanden. Sie und Erwin Strittmatter hatten mich oft ermutigt, bestärkt, öfter kritisiert. »Man muß warten können«, hat ein über das andere Mal Erwin gesagt, und ich hatte es beherzigt.

Die dritte Vorstellung nach Eröffnung des Theaters war eine Lesung mit Erwin Strittmatter, und er schrieb in unser neues Gästebuch:

26. April 76 – Es hat mir gefallen. Ich war ja ein bißchen »Versuchskaninchen«. Ich komme wieder.

Erwin Strittmatter

Und er kam wieder, und weil er kam, kamen andere. Und eines Tages war eben eine Tradition entstanden. Die Familie »Este«, so die Abkürzung nach den ersten beiden Buchstaben, hat mich mit ihren Büchern und Lesungen, mit Rat und Kritik durch die Jahre begleitet. Neulich, an einem verregneten Februarsonntag, war ich bei ihnen in Schulzenhof, da sagte Erwin: »Weeßte noch, ich war Dein Pate bei der Partei. Biste noch drin? Ich nicht.« Ich erinnerte mich.

Beim Ostermarsch hatte es sich eingeschliffen, daß mich die Kommunisten, die da waren, mit Genossin anredeten, schließlich kam ich aus der DDR. Die finnische Formel! Ich protestierte: »Ich bin keine Genossin.«

Ich weiß nicht mehr, in welcher Stadt es war, wir wohnten in einem Hochhaushotel, da sagte Genosse C. zu mir: »Was macht es schon für einen Unterschied, ob du parteilos eine solche Arbeit auf der Bühne machst oder in der Partei?« »Ich bin aus dem Leipziger Bürgertum«, konterte ich, »so etwas muß schon dankbar sein, wenn es studieren darf.«

C. war mir als Mann sympathisch. Er stieg mit mir in den Aufzug, als ich in mein Zimmer fuhr und argumentierte weiter. Rede, Gegenrede. Als wir oben waren, drückte ich den Knopf, und wir fuhren diskutierend nach unten. Rede, Gegenrede, rauf und runter. Als ich nach Berlin zurückkam, bat ich um ein Aufnahmeformular. Das durfte ich ausfüllen und abgeben, aber dann sagte mir der Parteisekretär: »Horche mal, es ist Aufnahmestop für Intellektuelle, der Proporz zwischen Arbeitern und Intelligenz stimmt nicht. Wir brauchen jetzt niemanden aus der nichtmateriellen Produktion.« Die Sache versandete. Aber nach zwei Jahren fand ein neuer Parteisekretär in den Tiefen des schmuddligen Schreibtischs meinen Antrag, der Proporz sah günstig aus, und ich wurde als »künstlerische Intelligenz« aufgenommen. So »nebenbei« wurde eine Weiche gestellt. Zwei Bürgen waren für die Parteiaufnahme nötig, einer war Erwin Strittmatter.

Ich hatte eine Vision, einen Traum von Gerechtigkeit. Den fand ich formuliert in den Zielen dieser Partei. Die Abschaffung des Privateigentums an Produktionsmitteln, der nichtkapitalistische Weg, der allen gleiche Chancen geben und nicht auf Kosten der Dritten Welt gegangen werden sollte, waren ein überzeugendes Konzept. Die groben Schnitzer und schwerwiegenden Fehler hielt ich für temporäre Verirrungen oder subjektive Fehlgriffe. Die ganze Zeit habe ich geglaubt, man müsse nur hartnäckig und gescheit die besseren Argumente vortragen. Es hat lange gedauert, bis ich begriffen habe, daß das System pervertiert war, daß aus der Struktur heraus nichts ging. Aus Angst vor Folgen für das Theater und meine künstlerische Arbeit habe ich mich in Opportunismus und Listen gerettet. Ich traure um die verlorenen Ideale, und ich schäme mich, daß ich so lange geglaubt habe. Das ist meine Mitschuld. Ich bin um einen Irrtum reicher, um eine Hoffnung ärmer.

Ich denke an *Schuld und Sühne*, an Raskolnikow. Die Tat fällt auf den Erfinder zurück: vervielfacht und mit unberechenbaren Konsequenzen. Man trifft andere, aber zerstört sich vor allem selbst. Aber: Wo Schmerz ist, ist Leben.

Erwin und Eva gelang nicht das »Bäumchen-wechsle-dich-Spiel« von Markus Wolf, Ideal und Wirklichkeit zu tauschen. Erwin sah die Realität. Er sah, er wurde in Schulzenhof von der Stasi überwacht.

Der Autor X. lachte immer sehr, wenn er das erzählte. Für ihn war es der Beweis für Spinnerei der Familie und Erwins zunehmende Senilität. Aber heute wissen alle, er war Offizier der Staatssicherheit. Der gute Freund, der lustige Autor X. Unter den Nazis war er beim Volkssturm Flakhelfer oder -schütze, eine höhere Charge, und mit diesem schlechten Gewissen wurde er von den Russen gekapert. Als Erwin X. auf den Kopf zusagte, daß er Offizier der Stasi sei, druckste der eine Weile rum, ruderte mit den Armen und sagte: »Was soll ich denn nu machen?«

In Schulzenhof meldeten sich bei Erwin »Schreibende«, die seine Hilfe erbaten. Die Werke waren nach dem Muster »Schulzenhofer Kramkalender« oder Schiller gestrickt. Unter Vorwänden mieteten sie sich bei Nachbarn ein (Autopanne, Ruhe nach der Großstadt etc.). Mit Fernglas beobachteten sie das

Haus und notierten alle Autonummern von Besuchern. Einer verfolgte die Kinder mit Bitten um eine Audienz, drängte ihnen seine »Dichtung« auf. Erwin bestellte ihn und sagte ohne Umschweife, daß er ihn für einen Spitzel der Stasi halte, sein Geschreibsel sei ein dummes und dilettantisches Zeug.

Am Abend fand er einen Zettel, unter der Haustür durchgeschoben: »Bitte vernichten Sie alles von mir, ich vernichte alles von Ihnen. Auf Befragen sagen Sie bitte, ich hätte einen Anruf von meiner geschiedenen Frau erhalten, das Kind sei krank.« Am Morgen war er nicht mehr da.

Unsere Freundschaft mußte auch politische Stürme überstehen. Jeder von uns wurde denunziert – Estes ihrer Bücher wegen bei mir, ich meiner Ehe wegen bei ihnen. Da war zum Beispiel die Geschichte mit dem Karl-Marx-Orden.

Erwin bekam ihn von Naumann überreicht, der darunter litt, daß er einem solchen »Schlitzohr« von Schriftsteller, diesen Orden anheften sollte. Während des festlichen Empfangs nach der Übergabe fiel das Blech auseinander und auf den Fußboden, da entwickelte sich folgender Dialog –

Naumann: Du hast den Orden kaputtgemacht, warum?

Strittmatter: Du, der war schon.

Naumann: Nein, Du hast das gemacht, man hat Dich beobachtet und mir berichtet. Das ist eine Mißachtung der Partei und der hohen Ehrung.

Erwin hat den Orden dann umgetauscht. Ich mußte lange Reden Naumanns über intellektuellen Hochmut ertragen und die Moral von der Geschichte: »Das sind nun Deine Freunde!«

Aber auch ohne Politik ging es auf und ab in unserem Verhältnis. Lange hatte ich gezögert, zu Erwins siebzigstem Geburtstag zu fahren. Aber als ich ihn anrief, freute er sich so, daß die Sehnsucht nach den alten Freunden den Ausschlag gab. Merkwürdig, einen bekannten Weg zu fahren, den man lange nicht gefahren war. Schöner Tag, Frühherbst. Dicke Kumuluswolken, ab und zu ein heftiger Schauer. Das letzte Korn wurde eingebracht. Es dürfte nichts »Letztes« geben. Keine Abschiede.

Erwin wirkte hager. Galten seine Weisheiten und Erkenntnisse auch für ihn selbst?

Hermann Kant war mit dem Hund Ali da. Am Hund, dessen Jahre ja dreifach zählen, merkte ich, daß auch wir älter geworden waren. Hermann hatte einen Herzanfall gehabt – beim Schwimmen. Komisch, daß er jetzt anfing, Sport zu treiben. Der Hund zitterte und erkannte mich nicht mehr.

Es mutete mich an wie ein Klassentreffen. Ein Stück Leben, aber so lange her. Erwin schenkte mir sein neues Buch *Geschichten aller Ard(t)* mit der Widmung »Für Vera in alter Freundschaft«.

Das Wort »alt« war bei mir positiv besetzt. »Alter« war für mich ein Kosewort, das sich erst jemand verdienen mußte, Alter war relativ. Viele meiner älteren Freunde waren für mich zeitlos. Erwin hatte mir geschrieben:

»Gestern sah ich das Curt-Bois-Interview, sah, wie die Sonne in seinem Gesicht aufging, als er erwähnte, wie freundlich Du ihn eingeladen hättest, seinen siebzigsten Geburtstag bei Dir zu feiern. »Neue Verdienste«, sagte ich zu Eva, »den alten Mimen ein Comeback zu geben, und demnächst wird ja auch der alte Este eines haben.«

Curt Bois! Nein, es war nicht sein siebzigster Geburtstag, sondern sein siebzigstes Bühnenjubiläum. Seit siebzig Jahren stand dieses Wunderkind auf dem Theater. Was heißt stand? Bois trippelte, latschte, tanzte, saß, kniete, kroch auf dieser Bühne, auf der jetzt Markus Wolf diskutierte. Curt Bois sang, quasselte und spielte gleichzeitig Charles Laughton und dessen Pferd, das Heinerle und Fritz Kortner. Das war kein Schauspieler, das war ein Ereignis. Dies sei aber nun, versicherte er mir nach der Vorstellung, sein letzter Auftritt gewesen, endgültig und unwiderruflich. Neun Jahre später fragte ich ihn, ob er nicht doch seinen letzten Auftritt wiederholen wolle. Er wollte! Wir verabredeten uns in meinem Büro. »Sehen Sie mich an«, sagte er mit einem Fuß in der Tür, »sechsundachtzig Pfund und fünfundachtzig Jahre – und so etwas wollen Sie auf die Bühne lassen?« Er trug seine Memoiren und eine Stulle in einem Plastikbeutel bei sich, setzte sich, noch müde, jedes Angebot abwehrend und fragte mich: »Meinen Sie, es ist besser, daß ich lisple oder mümmle, wenn ich die Geschichte von Korn vorlese?« Er demonstrierte beides, und ich versuchte, das schauspielerische Problem ernst zu nehmen. Dann musterte er den Programmheftentwurf, unterschrieb den Vertrag und schreckte nicht vor äußerstem Charme zurück: »Kann ich sagen: Wie Sie sehen, bin ich auf unbestimmte Zeit vergreist. Im nächsten Jahr werde ich mein achtzigstes Bühnenjubiläum feiern, aber da die Intendantin sich um meine Zukunft besorgt zeigt, läßt sie mich schon jetzt auftreten?« Ich: »Aber, lieber Bois, Sie werden hundert Jahre . . .« »Nein, nein, ich sterbe«, beharrte er, küßte meine Hand und schrie: »Sagen Sie nicht: Immer diese falschen Versprechungen!«

Diesen Mann mußte man lieben.

An wieviel Vorstellungen ich wohl direkt oder indirekt beteiligt war? Fast viertausend haben im Theater seit dem Eröffnungstag stattgefunden. Wie oft habe ich den Moment genossen, wenn das Theater spät nachts ganz still wurde. Der letzte Zuschauer war gegangen, die Akteure auf dem Heimweg, die Technik eingepackt. Gern hätte ich mit einem großen Schlüsselbund, wie ein Schloßkastellan, abgeschlossen, um all die herumschwirrenden Gedanken- und Gefühlspartikel zu verwahren, die die kalte Architektur mit feinem Schimmel überzogen und dem Raum Geschichte schenkten.

Wie hatte die Schriftstellerin Rosemarie Schuder einmal gesagt: »Kunst ist Aus-Druck der Geschichte.«

Auch heute, im Juni 1989, ist die Atmosphäre im Theater geladen. Die Menschen sitzen mit der verzweifelten Hoffnung, daß ihnen das Theater das geben könnte, was die Wirklichkeit ihnen vorenthält. Die großen Fenster zum Platz spiegeln alles wider, Bühne, Zuschauer. – Ich frage Markus Wolf: »Was ärgert Sie?« Ohne zu überlegen, antwortet er: »Am meisten – Dummheit!« Und in einem Zusatz nennt er Ignoranz und zielt damit auf eine der Ursachen für die gegenwärtige politische Misere. »Ignoranz«, denke ich, »das werde ich den Dogmatikern ankleben, die mir den Spielplan totgebissen haben.« Die Inquisition hat ihre Gremien schon einberufen: Parteimitgliederversammlung, Parteigruppenversammlung, Parteiaktiv, Parteileitung. Der Minister hat mich schon wieder bestellt . . .

Aber jetzt sitze ich auf der Bühne und muß mit der Antwort zurechtkommen. Ist es nicht zu einfach, Dummheit als Ursache für eine Fehlentwicklung anzusehen? Ist das nicht ein zu simpler Ansatz? Der Tausch von Ideal und Wirklichkeit ist in meinen Augen ohnehin der letzte Versuch, sich dem Eingeständnis des Scheiterns zu entziehen.

»Was freut Sie?« frage ich. »Abende, wie heute. Mein Familienglück. Wenn ich an einem Wochenende, wie diesem, auch mal die Natur genießen kann.« Markus Wolf wird schwärmerisch.

Das Wetter verwöhnt uns im Juni 1989. Ich freue mich auf Schloß Kochberg mit seinem Liebhabertheater. Hier hatte Goethe Charlotte von Stein geliebt. Thüringen mit seinen sanften Hügeln, die Bäume, unter denen schon der Meister gewandelt war, Schloß und die freundlichen Schloßherren, Familie Förster, alles strömt eine sanfte Magie aus. Ich möchte übermütig werden, aber Gregor, Thüringer und Germanist dazu, zitiert Goethe: »Der Schauspieler soll auch im gemeinen Leben bedenken, daß er öffentlich zur Kunstschau stehen werde.«

Seit vielen Jahren fahren wir nach Thüringen, um für ein Wochenende in dem kleinen denkmalgeschützten Theater zu spielen. Das Repertoire wechselt, nur Rilke und besonders sein »Cornet« sind obligat. Ich liebe diese Weise von Liebe und Tod und spreche sie gern. In der Umgebung von Schloß Kochberg klingt die Dichtung anders als in Berlin, blühen Rhythmus, Musik und Bilder auf. Nachts singen die Nachtigallen im Park, und die Turmuhr zieht sich ächzend auf. Wir baden nackt im Teich, unsere Körper leuchten weiß im Mondschein, als wir die algenbewachsenen Stufen ins Wasser glitschen. China ist sehr weit, und die Schlange scheint ihre Kraft verloren zu haben. Als wir durch den Park ins Schloß zurückgehen, sinniere ich über die Inschrift am Apollotempel in Delphi: Erkenne dich selbst! Gregor lacht: »Dieser Spruch ist doch einfach zu verstehen, na gut, nicht leicht zu machen, dieses auf sich Achtgeben und sich Überprüfen, wie man zu anderen und der Welt steht.« Übermütig zitiert er wieder Goethe:

»Man wird nie betrogen, man betriegt sich selbst.«

Welche Trickkiste habe ich denn zur Verfügung, mich selbst zu betriegen? Versuche ich, das Brett dort zu bohren, wo schon ein Astloch war? Ich denke an *Schuld und Sühne*, an Raskolnikow. Die Tat fällt auf den Erfinder zurück: vervielfacht und mit unberechenbaren Konsequenzen. Man trifft andere, aber zerstört sich vor allem selbst. Aber: Wo Schmerz ist, ist Leben.

Sind Schmerz und Leiden Regulative, um sich nicht aus der Verantwortung zu entlassen?

»Ich glaube, daß ich wachse, wenn ich leide ...«, schrieb Rilke.

»Wo Schmerz ist, ist Leben«, sagte mein Zahnarzt.

Wir liegen in Schloß Kochberg im Bett nach dem *Recital RMRilke* im Liebhabertheater und sehen im Fernsehen einen offiziellen chinesischen Film über »die Niederschlagung der

Konterrevolution«. Die Idylle ist zerstört, das Schlangenjahr übt seine Gewalt aus. Panzer überrollen Radfahrer, Panzer überrollen Radfahrer, Panzer überrollen Radfahrer . . .

Deng Xiaoping: »Die Volksarmee ist in der Tat die große Eisen- und Stahlwand der Partei und des Landes. Wir sollten niemals vergessen, wie grausam unsere Feinde sind. Wir sollten für sie kein Fünkchen an Vergebung übrig haben.«

Es ist sehr still nach dieser Sendung. Wir liegen schweigend und reglos. Die Nacht starrt durch die Fenster. Die Frösche und Nachtigallen schreien.

China ist überall und hier. Seit diesen schrecklichen Junitagen wird der Ausdruck »himmlischer Friede« einen bösen Akzent behalten.

Mir fällt der Dichter Karl Mickel ein, der unlängst zu mir gesagt hatte: »Bald ist auch bei uns offener Bürgerkrieg. Laß in Deiner neuen Wohnung nicht die Öfen abreißen. Du kannst Dir immer noch Holz aus dem Wald holen.«

Wo definieren die weisen Chinesen am Fuß den Punkt für den Schlaf?

Im Juni 1989 liest der demissionierte Spionagechef und jetzige Buchautor Markus Wolf eine persönliche Notiz:

»Etwas mehr Mut zur Offenheit würde unserer guten Sache sicher keinen Abbruch tun.«

Gehört China nicht auch zu »unserer guten Sache«? Was ist denn in dieser wahnsinnigen Welt in diesem schönen Juni noch gut? Ich war ja bereit zu stützen, zu halten, aber was? Sieben Lasten würde ich tragen, aber wofür? Es ist sicher eine kindische Rechnung, wenn ich mir vorstelle, daß die Kosten für vierzig Jahre Spionage der medizinischen Forschung und Entwicklung hätten zugute kommen können. Vielleicht hätte dann mein Bruder eine Chance. Vielleicht könnte er dann wenigstens mit Würde krank sein? Vielleicht brauchte er dann nicht einen großen Teil seiner Kraft, um die widrigen Umstände des Krankenhauslebens in einem verrotteten Gesundheitswesen zu verdrängen?

Vor Jahren hatte ich Hermann Kant eine Schreibmaschine geschenkt. Von Tagesdiäten hatte ich sie mir buchstäblich vom Munde abgespart. Kant hatte darauf einen wenig erfolgreichen Roman geschrieben, und wahrscheinlich war das der Grund, daß er sie bei seinem Auszug stehen ließ. Ich liebte sie und hatte sie nun meinem Bruder geschenkt, der auf einer alten Erika-Reiseschreibmaschine noch aus der Journalistenzeit meiner Mutter sein Buch geschrieben hatte. Einen indischen Glücksgott aus Sandelholz, der auf den Händen stehen konnte, hatte ich dazugepackt.

Es mußte ihn viel Kraft gekostet haben, einen Brief auf dieser Maschine zu schreiben. Es war sein letzter an mich im Juni 1989:

»Hab vielen Dank für Deine Zuwendungen. Das hat mir viel Kraft gegeben, Glaube, Hoffnung, daß es weitergehen wird, muß, daß ich es mit dem Satz halten kann: Schriftsteller müssen sich ihr Ende erst erschreiben. So ist wohl zu interpretieren, was da plötzlich geschehen: Der soll mal schreiben und allen anderen Firlefanz sein lassen! . . . Ein wenig grillig, ich merk schon, aber das sind die Umstände, einschließlich eines schönen Psychopathen im Zimmer. Aber ich sehe es positiv: Wem man das zumutet, dem traut man eine gute Konstitution zu. Und in diesem Sinne ganz herzlich

Dein Bruder Axel«

JULI

Mir passierte grundsätzlich alles, was passieren konnte.

Ich war die Doofe, die man mit Torte und Pampe beschmiß, der man eine Spinne zwischen die Stulle klemmte, eine tote Blindschleiche ins Bett legte und Kaugummi ins Türschloß knetete. Ich war unsere Blödi, der man zehn Mark zu wenig herausgab, der man Zucker in den Tank schüttete und Blechbüchsen unters Auto band.

Ich war die Traumtänzerin, die in jeden Hundehaufen trat, der das Honigglas aus der Hand rutschte, der Koffer auf dem Bahnsteig platzte.

Mir hängte man noch einen Mülleimer an den letzten freien Finger.

Mir passierte grundsätzlich alles, was passieren konnte.

Ich bin in der ersten Juliwoche offensichtlich besonders gefährdet. Meine erste Hochzeit war am 3. Juli auf dem Standesamt Leipzig-Südwest, meine dritte am 4. Juli auf dem Standesamt Pankow. Am 2. Juli dieses Jahres fliegen wir in den Urlaub. Was hat das zu bedeuten? Mit dem 5. Juli, meinem Geburtstag, endet die gefährliche Zeitspanne.

Ich freue mich im vertrackten Jahr 89 so sehr auf den Urlaub, denn es ist mein erster mit Gregor. Wie immer, wenn ich mich durch zuviel Arbeit groggy geschlagen habe, bröckeln Haare und Fingernägel, und ich ärgere mich über jede Fliege an der Wand. Ich bin wieder einmal mit mir selbst so rüde umgegangen, wie ich es mit niemand anderem getan hätte. Doch nun sind die Urlaubsbeschaffungskämpfe bestanden: Gregor und ich sind privilegierte Luxusurlaubsreisende nach Jugoslawien.

Das Land nennt sich zu diesem Zeitpunkt noch »Sozialistische Republik«, aber die Behörden der DDR bearbeiten eine Reise nach Jugoslawien, als handelte es sich bei diesem Land um eine kapitalistisch-imperialistische Hochburg. Genehmigungen über Genehmigungen sind erforderlich: Der Palast-Direktor muß den Urlaub beim Staatssekretär befürworten. Wenn der das Papier unterschreibt, darf ich es zum staatlichen Reisebüro tragen. Dieses bearbeitet mein Ausreisevisum aus der DDR und mein Einreisevisum nach Jugoslawien innerhalb von vier Monaten. Drei Wochen in einer kleinen Privatpension kosten Gregor und mich weit über zehntausend Mark. Das ist, weiß Gott, kein Pappenstiel. Mein Salzburger Manager lacht mich aus: »Ich bitte Sie, Jugoslawien ist doch ein Billigurlaub, den sich jeder Arbeitslose leisten kann.«

Der Journalist G., der jedes Jahr in Jugoslawien Urlaub machte, erreichte sein Plazet, indem er jedes Jahr das Mitglied des Politbüros Joachim Hermann anrief und bat, daß dieser den Generaldirektor des Reisebüros der DDR wie jedes Jahr anrief, und ihm sagte, daß er, G., berechtigt sei, wie jedes Jahr, eine solche Reise zu erhalten, und nun eine solche zugewiesen bekommen sollte. –

So einfach war das, privilegiert zu sein. Hätten nicht Lust und Freude auf ein südliches Land überwogen, hätte ich mich dieser würdelosen Prozedur nicht unterzogen.

Mit einem Koffer Bücher und einem Schlauchboot fliegen Gregor und ich los. Wir frohlocken: Über die Grenze, über die Grenze! Es ist noch in der gefährlichen Zeit – *vor* meinem Geburtstag. Mit Lust essen wir im Flugzeug aus dem Plastikkistchen den lieblosen Salat und das bleiche Huhn. Wir halten es mit dem internen Slogan der Interflug: Alle reden vom Vögeln, wir fliegen.

Auf dem Flugplatz Ljubljana kauft Gregor Zeitungen. Auch ein DDR-Syndrom: Einmal alle bunten Zeitungen kaufen können und dürfen. Im *Stern* springt uns ein Artikel über das theater im palast entgegen, der Journalist nennt das tip ein Glasnost-Theater. In meinem Bauch grummelt es. Das gibt Ärger! Mit spitzen Fingern wird man mir nach dem Urlaub den Bericht unter die Nase halten und meine Stellungnahme fordern. Nicht daran denken. Jetzt sind wir glücklich: Hic Rhodos, hic salta!

Unser Rhodos ist die Insel Hvar. Natürlich kommen wir in Split mit Verspätung an. Wir drängeln zwischen entnervten und übermüdeten Touristen und Bergen von Gepäckstücken, die Menschen charakterisieren wie ausgetretene Schuhe. Weiter, weiter, weiter mit der Fähre, dann mit einem Auto, das nur durch die Kofferklappe zu besteigen ist. Dann holpern wir über eine Straße im Rohbau, dann stolpern wir einen Trampelpfad den Berg hinab – da sind wir in einer stillen Bucht, dem letzten Paradies. Hier ist kein Hotel mit Restaurants, die man nur angemessen bekleidet betreten darf. Es gibt keine Zimmer, in denen es nach Wäsche und alten Stühlen riecht. Keine Bars, keine Musik.

Ivan und Elsa nehmen uns in ihre kleine Pension auf und lassen uns die Illusion, daß am Meer Frieden herrscht.

Die Gerüchte über mich wußten, ich besäße ein Sommerhaus in Jugoslawien, andere sagten, es sei ein Haus in der Karibik. Ich war die Doofe, die man mit Torte und Pampe beschmiß, der man eine Spinne zwischen die Stulle klemmte, eine tote Blindschleiche ins Bett legte und Kaugummi ins Türschloß knetete.

Die Oelschlegel fährt zum Friseur nach Paris – mit Auto und Chauffeur oder mit dem Flugzeug. Die Oelschlegel hat das Marx-Engels-Denkmal in den Park stellen lassen, weil sie den gleichnamigen Platz für über tausend Autos als Parkfläche für ihr Theater braucht. –

Ich war unsere Blödi, der man zehn Mark zu wenig herausgab, der man Zucker in den Tank schüttete und Blechbüchsen unters Auto band.

»Der erste Sekretär der Bezirksleitung Berlin tritt am Vortag des 1. Mai auf, nebst Gattin. Konrad und Vera. Hermann und Dorothea. Die katholische Kirche ist erst zweitausend Jahre alt, kein ehrfurchterheischendes Alter, wenn man bedenkt, daß der Gedanke des Kommunismus die Menschen seit der Urgesellschaft beherrscht. Was sind Kathedralen gegen die Viadukte unseres Bewußtseins. Die blonde Vera nickt wiehernd. Ist dir schon mal aufgefallen, mein Schenkelchen, daß, wer blonde Schamhaare hat, sie auch rasieren kann, ohne die Farbe wechseln zu müssen. Willst dus nackt. Jovial umfängt der Sekretär seine zweite Frau und faßt ihr von hinten durch die Beine untern Rock, im Gegenteil, meine süße Interpretin, was blond ist, will ich schwarz. Heb den Stoff, ich will sie färben. Behende schiebt Vera ihre Kleidung über die Hüfte, und schon langt Konrad nach dem Höschen, ist es nicht ein Ärger der Natur, blond da unten zu sein und gleichzeitig helle Haut zu haben, das nimmt den Effekt, so als illuminierte man bei Tageslicht die Stadt. Der erste Sekretär arbeitet geschickt mit einer Sprühdose, und im Handumdrehen ist das blonde Wäldchen schwarz. Herrlich, wundervoll betrachtet er von allen Seiten sein Werk und kommt schließlich zu der Ansicht, daß es besser ist, etwas zu tun, als ein Leben lang aus Mangel an Initiative sich zu langweilen. Ungerührt schaut auch die Frau ihre Färbung an und kann sich des lautvollen Eindrucks nicht erwehren, beim nächstenmal spritz ich deine Eier rot.«

Etc. pp. usw. – Stefan Schütz in seinem Roman *Medusa*.

Ich war die Traumtänzerin, die in jeden Hundehaufen trat, der das Honigglas aus der Hand rutschte, der Koffer auf dem Bahnsteig platzte.

Mir hängte man noch einen Mülleimer an den letzten freien Finger ...

Beschimpfungen und Gerüchte waren nichts Besonderes. Ich zog Gerüchte und Klatsch an und hatte mich daran gewöhnt wie ein Politiker an Karikaturen. Es gibt Menschen, an denen man Legenden und Geschichten gern festmacht, ich gehöre dazu. Wenn ich mich auch nicht darüber freute, so waren sie doch ein Gradmesser von Popularität. Häufig haben mir »Freunde« Artikel oder Buchausschnitte geschickt, damit ich auch ja nichts verpasse. Ich blättere: »Das süße Leben der DDR-Bonzen« oder: »Das Privatleben der Funktionäre ist für die Bürger tabu – Vera Oelschlegels Überraschung« oder: »Ideologische Mischehen sind suspekt«.

Gregor und ich sitzen unter Olivenbäumen und trinken Wein. Die plötzliche Ruhe wird mir eine Woche Depressionen aufzwingen. Die Krankheit meines Bruders krallt sich als leiser Dauerschmerz in meine Seele. Die mißliche Situation im Theater macht mich verzweifelt.

Noch auf dem Weg zum Flugplatz habe ich einen Text, den ich zum Thema »Lebensende« geschrieben habe, in den Postkasten geworfen.

»Beim Tod hat niemand mitzuspielen, die letzte Szene ist ein Monolog.

Die Überzeugung, alles sei erklärbar, somit erlernbar, erziehbar und damit beeinflußbar, ist vorherrschend. Wissenschaft und Ratio scheinen die Richtigkeit dieser Auffassung zu bestätigen. Doch je existentieller die Situation wird, desto mehr ist man auf sich selbst verwiesen ... Leben ist eine Bahn, die zum Tod führt. Und so wie Jungsein Altwerden bedingt, ist der Tod ein Teil des Lebens. Ein Moment von größter Konsequenz. Der Tod ist eine Mahnung, das einmalige, nicht wiederholbare Leben zu nutzen. Er lehrt uns Demut, er rückt Probleme in ihrem Wert oder Unwert an ihren gebührenden Platz. ›Wozu bin ich gekommen?‹ Diese Frage muß sich jeder stellen.«

Wir trinken Wein, Fledermäuse huschen durchs Licht, Mücken freuen sich über neues Blut. Elsa erzählt: »Weißt Du, einmal hat mir ein alter Mann gesagt, ich soll mir links und rechts unter den Arm eine Portion Hundescheiße klemmen, und dann in Kopenhagen im Stadtzentrum in einen Bus steigen und bis an den Stadtrand fahren. Wenn ich das überstanden hätte, gäbe es nichts mehr, was ich nicht überstehen würde.«

Meine Großmutter hat immer gesagt: »Bei zunehmendem Mond heilt alles schneller.« Der Mond ist nicht zu sehen. Die Berge verdecken ihn, nur sein Licht glitzert auf dem Wasser. Aus Mondlicht und Wasserdunst steigen die Geister der Erinnerung.

Meine erste Sommer-Ferien-Meeres-Reise war eine Gruppentour nach Bulgarien mit Günther Rücker gewesen. Er hatte, um das Geld aufzubringen, das Auto verkauft. Am ersten Tag war ich, berauscht vom Meer, weit hinausgeschwommen. Günther war verzweifelt am Strand auf und ab gelaufen und hatte sich einen solchen Sonnenbrand geholt, daß er den Rest des Urlaubs eine Intensivkur abwechselnd mit bulgarischer Lebertransalbe und Joghurt machen mußte. Doch daran ist unsere Ehe nicht gescheitert.

Er hat mit mir meine Anfängerjahre am Theater in Putbus durchgestanden. Er hat mit mir in der Villa »Odin« und der Villa »Delphin« gelebt. Er hat mir von seinem wenigen Geld gegeben, wenn ich bei meiner Monatsgage von 400,– M brutto pleite war. Er hat sogar 1:5 Geld umgetauscht, wenn ich Schminke kaufen mußte.

Ich hatte in meinem Anfängervertrag stehen, daß ich eigene Schminke und Abendgarderobe zu stellen hätte, ein schwarzes und ein fleischfarbenes Trikot und eine eigene Corsage.

Meine allererste Theater-Premiere war in einem Mantel- und Degenstück, das ein Optikermeister aus Dresden verfaßt hatte. Ich spielte darin eine venezianische Aristokratin, die einen bürgerlichen Kaufmann liebte, (das fortschrittliche Element), aber von einem geilen Mönch, (das reaktionäre Element), entführt wurde. Jener geile Mönch wurde von einem schwulen Kollegen gespielt, dem diese Rolle von Natur aus schwer fiel. Wenn er sich auf mich stürzte, zog ich mir selbst den Rock hoch, damit die Brünstigkeit wenigstens halbwegs glaubhaft wurde. Außerdem war er völlig überanstrengt. Er hatte Abend für Abend in einer Freiluftaufführung eines Störtebecker-Spektakels auf einen hohen Turm zu steigen, und von dort in einem dramaturgisch entscheidenden Moment die schicksalsschweren Worte: »Heil Mecklenburg!« zu rufen. Der Wind kam kalt vom Haff, der Kulissenturm schwankte und der Kollege nahm sich eine Buddel Korn mit auf die kalte Szene. Am nächsten Morgen war er noch nicht ausgenüchtert. Das machte die Probe noch schwieriger. Der Regisseur schickte den Assistenten eine Rolle Pfefferminz kaufen, damit es etwas erträglicher wurde, wenn er mir in der Szene zu nahe kommen mußte.

Viele Leichen von mir liegen noch auf den Putbuser Brettern – die Inken Peters aus Hauptmanns *Vor Sonnenuntergang*, die Desdemona aus *Othello*, die Elisabeth aus Schillers *Don Carlos*, die Eliza aus Shaws *Pygmalion*. Weihnachtsmärchen und Operetten waren obligat. Am Putbuser Theater gab es sogar Ballette und Opern. Aber das war nur ein Teil meines Lebens. Zwischen Rügen und Berlin wechselten Günther und ich sehnsuchtsvolle Briefe und Telefonate:

»heut ist also sonntag und ich wäre so gern zu dir gekommen, aber gott hat den liebenden viel schweres auferlegt.

das auto, das langersehnte, steht fahrbereit vor der tür unter der laterne, und doch kann ich nicht raus aus berlin. montags wird es erst der polizei vorgeführt, weil es ein diplomatenwagen war und neu versteuert werden muß. und so lange fahre ich nur mit einer nummer und darf überhaupt nicht fahren.

du kannst dir nicht vorstellen, wie ich mich auf die premiere freue. aber laß dich nicht vom ehrgeiz zerfressen, denn dann wirds weniger. ich komme in dunkel mit neuem schlips. mehr an ehrenbeweis steht mir nicht zur verfügung.«

Und er kam im dunklen Anzug mit Schlips. Später sagte er mir: »Putbus war ein Kulturphänomen, ein wichtiges Stück Deutschland, da mußt du wenigstens eine Seite in deinem Buch verschwenden.«

Der Intendant hatte den Thomas Mannschen Namen Ernst Saueracker. Er liebte das Theater mit größenwahnsinniger Konsequenz. Er verbot den Damen des Hauses, in flachen Absätzen durch die Stadt zu latschen. »Es macht den Gang häßlich.« Damit verlangte er ein hohes Opfer, denn der Fürst hatte die Stadt mit Katzenköpfen pflastern lassen. Ein Gang in den Konsum, und die Absätze waren hin. Von seinem Arbeitszimmer übersah Saueracker den Markt, den man in jedem Falle überqueren mußte. Schlich man sich doch mit flachen Absätzen an den mit Rosen bestandenen Hauswänden entlang, öffnete er das Fenster und donnerte über den Platz: »Kollegin X., bitte sofort zu mir!«

Er hatte auch künstlerischen Ehrgeiz und inszenierte *Don Carlos*. Ungestrichen. Die Aufführung dauerte über sechs Stunden. Aber die Rüganer ließen sich nicht abschrecken. Nach den Proben machte Ernst Saueracker mit mir auf ungewohnte Weise Kritik. Wir wohnten Haus an Haus auf dem schönen Schinkelschen Platz. Ich in einer Dachkammer für vierzehn Mark Miete, er im noblen ersten Stock. Ernst Saueracker zwängte sich an der Schmalseite des Hauses durch sein Speisekammerfenster, rief mich, ich lugte aus meiner Bodenkammer. Dann blickte ich auf den Scheitel meines seitlich gedrehten Intendanten und erfuhr, was ich alles falsch gemacht hatte.

Mit allen Mißlichkeiten richtete ich mich in Putbus ein und spielte jede Rolle. Nur unter einem litt ich: Ich hatte kein Bad, eine Wanne mit warmem Wasser oder eine Dusche waren ins Reich der Träume verwiesen. In meinem teilmöblierten Zimmer gab es Wasser im ersten Stock auf der Treppe und im Theater ein kleines Waschbecken in der Garderobe. Nicht einmal eine Dusche! Aber ich war ja hierher ins Engagement gegangen, um mir endgültig mein Sächsisch abzugewöhnen. Wer redet da von Badezimmern?

Unter den verschiedenen Angeboten hatte ich mir dieses Theater ausgesucht, da von den Einheimischen sicher kein sächsisches Idiom zu erwarten war. Als ich den Vertrag unterschrieben hatte, rief ich meine Mutter an: »Mutti, ich habe meinen ersten Theatervertrag!« »Wohin?« »Nach Putbus!« Pause, Pause, Pause. Dann meine Mutter: »Das ist ja der Arsch der Welt.« Aus! Mich ereilte das Schicksal aller Künstler, ich wurde nicht verstanden. Innerlich sagte ich mich von meiner Familie los. Daß meine Mutter nicht ganz unrecht hatte, wollte ich mir nicht zugeben, denn es gehörte zu meiner Ethik, daß man ganz unten, auf einer Klitsche anfangen mußte. Ich habe es auch nie bereut.

Zwei Jahre war ich in Putbus. Passiert ist genug für vier Jahre. Die letzten Vorstellungen habe ich schon schwanger mit dickem Bauch gespielt, aber der ließ sich gut in den historischen Kostümen verstecken.

Eigentlich sollte das Kind abgetrieben werden. Der Paragraph 218 war noch in Kraft, und wir fuhren in Berlin von Arzt zu Arzt, keiner war bereit. Es war eine Tour der Erniedrigung, und die Treppenaufgänge und Sprechzimmer der verschiedenen Ärzte sind noch als Film in meinem Inneren gespeichert. Nach dem dritten Bittgang war ich so beleidigt und verstört, daß ich schwor, das Kind auszutragen, selbst wenn ich Mann, Theater und Restwelt verlieren sollte.

In einem mittelalterlichen Hausbuch habe ich gelesen, daß der Vater, wenn ihm die Geburt einer Tochter mitgeteilt wurde, »Sapperlot!« rief, bei einem Sohn allerdings »Potztausend Sapperlot!« Das Baby Nina kam schnell und unkompliziert am Abend zur Vorstellungszeit. Günther hatte es sich gerade vor dem Fernseher bequem gemacht. Als ich ihn anrief und zur Besichtigung seiner neuen Erdenbürgerin einlud, rief er: »Die Dame fängt gut an. Sie holt mich vom Krimi weg.«

Ich verwandelte mich in ein Muttertier und eine Kuh. Es war nicht zu fassen, ich produzierte Milch, die für Drillinge gereicht hätte. Die abgepumpte Milch verwandte ich zum Kochen, kein Pudding ohne selbstgemachte Milch.

Auch daran zerbrach unsere Ehe nicht.

Günthers Vater war Tischler und Kommunist. Er hatte Krebs und starb im Krankenhaus St. Georg in Leipzig vor sich hin. Nach über dreißigjähriger Ehe hatten sich seine Eltern scheiden lassen. Mit dem Baby Nina bin ich zum kranken Großvater gefahren. Sein Bett stand auf dem Flur, Raumknappheit. Mit seinen schweren Tischlerhänden strich er über Ninas Köpfchen und sagte kein Wort. Im Herbst des verfluchten Jahres 89 wird mir diese Szene immer wieder, wenn ich durch dieses inzwischen noch verfallenere Krankenhaus gehen werde, vor Augen stehen.

Eine andere Szene: Es klingelte, ich machte die Wohnungstür auf. Vater und Tochter standen Hand in Hand auf dem Abtreter. Beide schwiegen. Dann sagte Günther: »Sie ist mir aus dem Auto gefallen. In der Kurve ist die Tür aufgegangen. Es ist nichts passiert.« Nina guckte nur. Ich: »Wenn etwas passiert wäre, hätte ich dich erstochen.«

Doch auch das war nicht der Knockout der Ehe. Aber eines Tages hatte Günther eine andere. Ich merkte es, wie man so etwas merkt, durch einen Zufall.

Später habe ich begriffen, er hatte in mir eine seiner literarischen Gestalten geheiratet: die Dame, die Sexbombe. Er litt, wenn Männer sich nach mir umdrehten. Er ging deswegen sogar auf die andere Straßenseite und ließ mich alleine gehen. Da litt ich.

Nach Jahren analysierten wir beide, warum unsere Ehe scheitern mußte. Wir lagen zusammen auf einem breiten Hotelbett, tranken Ballantines, Günther hatte die Passion für dieses Getränk von einer anderen Dame auf mich übertragen, und lachten, daß sich die Zimmernachbarn beschwerten.

Meine erste Scheidung tat weh, aber sie erließ mir erniedrigende Umstände. Wir liebten uns über die Ferne und auf andere Weise weiter und bis heute.

Ein Brief Günthers:

»als ich dir gegenübersaß im büro, hast du ein kleid angehabt, das hatte unten einen knopf zu wenig oder zu wenig zu. und immer rutschte dir das kleid vom schenkel ab, und ich sah immer drüberweg, und du hasts immer wieder zurückgeholt und dein fleisch zugedeckt. auch darüber sah ich hinweg, aber gemerkt hab ichs mir ... (liebe, jetzt rede ich ohne alles drumrum wie mir ist, denn ohne das gehts nicht in der kunst, und entblößer sind wir ja alle, gottseidank!)

denn: ich liebe nichts weniger auf unsern theatern als das herumkoitieren und wortegesage. wie wenn diese kerls nie aus ihrem pennäleronanieren herausgekommen sind und nun die entdeckung machen. es ist immer deswegen peinlich, weil dem publikum eine verabredung nicht vorgeschlagen wurde und nun plötzlich solls teilnehmer werden einer sache, auf die es nicht vorbereitet wurde ...

ich habe von dir – quasi – ein bild, das ich mit mir herumtrage, doch ob es mit dir realiter übereinstimmt, weiß ich gar nicht. und wie die dialoge weitergehen seit von vor fast 20 jahren, das soll uns erst mal einer oder eine nachmachen.«

Die Ruhe des Urlaubs, sie ist im Jahre 89 auch eine Ruhe vor dem Sturm, deckt Erinnerungen auf. Wie bei einem Palimpsest trage ich Schicht um Schicht ab und lese die Jahresdaten meiner Traurigkeiten, Niederlagen, Verluste. Die Zikaden zirpen uns in den Schlaf, und nachts arbeite ich in Träumen meine verdrängten Szenen ab. Wenn sich die Schwalben wie Tagesmeteore in den Morgen stürzen, lasse ich die Angst hinter mir. Politik findet nur in Zeitungen statt, die mindestens drei Tage überaltert sind, und geht mich nichts an. Auf meinem Bett liegt eine kleine Rose. Gregor gratuliert zum Geburtstag.

Liebste, mein Leben,
im letzten Jahr hast Du geschrieben: »Inseln sind nur zu zweit ertragbar.« Und das war in einem der Briefe, die für mich so wichtig waren damals, weil ich Dich schon so sehnsüchtig geliebt habe damals, gegen jeden Verstand, gegen meine Vorurteile, gegen alle Welt. Und jetzt sind wir zusammen an dem Ort, der uns damals trennte. Ein Jahr ist vergangen, und war eins der schönsten meines Lebens, trotz Ärger, Bestrafung, Wut. Alles wäre anders gekommen ohne Dich: mein Gesicht hätte sich weiter verformt, weg von dem, was es hätte sein können und werden wird; meine Angst wäre gewachsen, dieses Tier, diese ständige unbewußte Bereitschaft zur Angst, die aus dem Mangel an Freiheit kommt, aus dem Verlust der Liebe; es war der letzte Moment, und Du kamst. Deine Liebe hat mich geboren zum zweiten Leben ... Wir haben jeder nur dieses eine Leben, das die vergänglichste Sache der Welt ist. Mit Dir ist es nicht nur ertragbar; es ist wunderbar.

Wir sitzen unter Mimosen und Oleander auf Ivans Terrasse über dem Meer, und noch nie war so ein schöner Tag. Der Briefträger kommt mit dem Tuckerboot und bringt Telegramme. Eigentlich gebührte meiner Mutter die Ehre an diesem Tag. Sie hat mir das Leben gegeben und mich über Krankheiten gerettet. Ihre klugen, lieben Worte sind tief in mir, auch wenn ich drüber lästere, wenn sie ihre Sprüche macht: »Als Schauspielerin mußt du gesünder, klüger und schöner sein als die anderen. Pünktlichkeit ist die Höflichkeit der Könige. Denk auch mal an Dich, leg Dich hin. Schwimm nicht so weit hinaus.« Ihr Tagebuch beginnt mit meiner Geburt, vorn im Buch liegt eine abgeschnittene Locke.

5. Juli 1938
Unsere kleine Vera Franziska hat große dunkelblaue Augen, schöne glatte Haut und schwarzes Haar. Als sie mir in den Arm gelegt wurde, hat sie die Augen weit aufgemacht, und es sah aus, als blickte sie mich an.

23. Juli 1938
Ein süßes Bild: Der Vati hat die Kleine aus dem Bettchen genommen und tanzt mit ihr Walzer im Kinderzimmer.

21. August:
Heute haben wir Taufe gefeiert. Der Taufspruch hieß: Fürchte dich nicht, denn ich habe dich erlöst; ich habe dich bei deinem Namen gerufen; du bist mein! . . .

Ich habe bei Jesaja weitergelesen: »Denn so du durch Wasser gehst, will ich bei dir sein, daß dich die Ströme nicht sollen ersäufen; und so du ins Feuer gehst, sollst du nicht brennen, und die Flamme soll dich nicht versengen . . . So fürchte dich nun nicht, denn ich bin bei dir. Ich will vom Osten deine Kinder bringen und dich vom Westen her sammeln, ich will sagen zum Norden: Gib her! Und zum Süden: Halte nicht zurück! . . .«

Ein leiser Schatten legt sich über den Himmel – zwei Geburtstagsbriefe von Nina. Die Wunde Nina ist vernarbt, aber ab und an schmerzen noch die Narben:

5. Juli 77
Liebe Mama, ich wünsche Dir alles Schöne auf der Welt und von dem Schönen nur das Schönste. Uns beiden wünsche ich, daß wir uns die nächsten Jahre so gut verstehen, wie die letzten 15 Jahre. Ich bin zwar älter geworden und Du auch, das bringt vielleicht bestimmte Differenzen, aber auf daß sie minimal bleiben das sechste Glas heute. Die Hauptsache, Du weißt, ich habe Dich lieb, oh, oh ... so doll. Daß wir den richtigen Mann gefunden haben, hat zwar sehr lange gedauert, doch ich glaube, es ist der beste, den du finden konntest ...

5. Juli 1980
... Es tut mir leid, daß ich heute nicht bei Dir bin. Ich bin nicht aus Egoismus nicht da oder gar Verrat. Es ist besser für diesen Tag, der Dein Ehrentag sein soll ...

Nein, der Süden hält nichts zurück. Narbenschmerzen vergehen, verwachsen. Man muß warten können.

Zur Feier des Geburtstages mieten wir uns ein Moped, um über die Insel zu fahren. Wir leisten es uns für drei Tage, denn wir müssen mit Westgeld bezahlen. Es ist ein richtiger Hühnerschreck, und wir knattern fröhlich über die Insel. Für einen Außenstehenden ist es nichts besonderes: Zwei Menschen, die auf einem asthmatischen Vehikel klemmen. Aber für mich ist es Freiheit, die ich meine.

Das Gegenbild: Ich raste in einer großen schwarzen Limousine, Marke Tschaika, die Gardinen an den Fenstern waren zugezogen, vom Flughafen Simferopol, auf dem die Staatsmaschine nur mit uns an Bord gelandet war, über die Krim. Vor dem Wagen räumte die Miliz mit Blaulicht die Straße frei. Über Lautsprecher brüllten sie: »Bürger, machen Sie Platz! Gehen Sie beiseite!« Als sei es von staatsmännischer Wichtigkeit, ob Naumann und ich zwanzig Minuten eher im Urlaubsheim

»Juschni« waren. Verstohlen zog ich die Gardinen zur Seite, um auf die Landschaft zu schauen. Der »Schatten« von Naumann drehte sich um und zog sie wortlos wieder zu. Das Spiel wiederholte sich. Wir flitzten durch Jalta, wo an der einzigen Tankstelle kilometerlange Autoschlangen standen. Inzwischen rapportierte ein KGB-Mann, wer noch auf der Krim Station gemacht hatte. Die eigene Bedeutung stieg, je mehr führende Genossen anwesend waren. Dann bog der Wagen nach links und drehte sich über Serpentinen einer sonst gesperrten Straße zum Meer hinab. Das Tor, von Uniformierten bewacht, öffnete sich der Wagenkolonne mit Miliz, führendem Genossen, Begleitfahrzeug und Gepäckwagen und schloß sich hinter uns. Eine Delegation mit Blumen, Arzt, Heimleiter, Betreuer, Sportlehrer etc. stand wartend vor unserem Apartmenthaus. »Willkommen!« Dann folgte auch hier die Aufzählung der führenden Genossen, die sich von den Mühen des sozialistischen Aufbaus erholten.

1981 waren es sehr viele polnische Politbüromitglieder, die sich neben uns am Strand sonnten. Als in Danzig die Streiks begannen, fragte Naumann den Gewerkschaftsvorsitzenden, ob er denn nicht nach Hause fahren wolle. »Warum«, antwortete er, »das sind doch alles unsere Leute.« Abends fuhren sie zu einem Umtrunk zu Gierek, der sich auf einer Datscha nebenan ausruhte.

Der Ausdruck Datscha für die Prachtvillen, in denen die ganz obersten Repräsentanten Urlaub machten, war ein Understatement. Als Honecker uns einlud, konnte ich mich davon überzeugen. Die schwarze Staatslimousine durchquerte mehrere Sicherheitsschleusen, der Wagenschlag wurde auf beiden Seiten aufgerissen, und wir wurden in eine feudale Villa mit Gold, Marmor und rotem Plüsch geführt. »Erich kommt gleich, er hat noch ein wichtiges Telefonat. Setzt Euch«, sagte Margot Honecker. Sie klopfte auf die Armlehne des Sessels, in dem ich saß. »Na, wie sitzt du? Weißt Du, wer gestern da gesessen hat? – Breschnew!« Erich Honecker kam. Er wirkte faltig, drahtig und – wie immer auf mich – verkniffen. Stolz führte er uns durch das Riesenhaus. Noch ein Salon und noch ein Schlafzimmer und noch ein Bad. Die Schreibtische in den Arbeitszimmern waren überdimensional, und der neue Weltempfänger, den er stolz wie ein Kind vorzeigte, wirkte lächerlich klein auf dem riesigen Möbel. »Soll die Kuriermaschine noch warten?« fragte einer der Leute vom Personenschutz. »Ich hab jetzt keine Zeit, die Sachen fertigzumachen«, sagte Honecker. »Die Standgebühren . . .«, versuchte der Mann zaghaft. Doch Erich wollte nun den Park vorführen. Die subtropische Fauna war wirklich märchenhaft, und geduldige Gärtner hatten auf dem steinigen Boden die seltensten Bäume und Pflanzen gezogen. Direkt am Meer war noch eine kleine Villa und ein Badehäuschen zum Umkleiden und Ausruhen. Es war windig, und mit gebührendem Respekt empfahl einer der mitwandernden Genossen, doch lieber in der Halle zu schwimmen. Das Becken war mit Meereswasser gefüllt, weißer und farbiger Marmor wechselten einander ab. Ich sprang ins Wasser, um meine Beklemmung wegzuschwimmen. Erich schwamm neben mir und spreizte sich im Wasser wie ein Hahn. »Wie lang ist das Becken eigentlich?« fragte ich, um Konversation zu machen. Rasch, und mit dem Versuch jung zu wirken, sprang er aus dem Wasser und maß mit großen Schritten ab: »Eins, zwei, drei, vier . . .« In diesem Augenblick zog es ihm die Beine weg, und er machte den berühmten Bananenschalenausrutscher. Wie ein Maikäfer lag er auf dem Rücken und japste. Nein, bitte nicht das, – vor meinen Augen ein toter Generalsekretär, und ich war schuld mit einer belanglosen Frage. Aber er stand auf und zählte weiter.

Dann gab es auf den Schreck ein endloses Essen mit allem, was das Riesenreich zu bieten hatte, Kaviar, geräucherter Stör, Obst. Nach einigen höflichen Fragen über das Theater und meine Schauspielerei sprach Honecker über die Wichtigkeit einer antifaschistischen Erziehung. Immer wieder gebrauchte er die Formel: »Als wir jung waren . . .« Naumann hörte folgsam und nickend zu. Dann griff sich der Staatsratsvorsitzende eine Polaroidkamera und begann, Gäste und Speisen abzulichten. Wenn die kleinen Pappen aus dem Apparat schnurrten, beugten sich alle Anwesenden, Dolmetscherin, Bewacher, Serviererinnen über das Werk, als hätte es der Meister eben von seiner Staffelei genommen. »Wunderbar, großartig . . .«

Draußen ballte sich ein Gewitter zusammen. Über dem schwarzen Meer zuckten vielfarbige Blitze, und ein Wolkenbruch ging nieder. Alles war besichtigt, alles war doziert, alle waren satt. Kino, der rettende Einfall. Ein überdachter Säulengang führte uns in einen kleinen Kinosaal. Dort habe ich einen der dämlichsten Filme meines Lebens gesehen, eine italienisch-sowjetische Koproduktion, in der irgendwelche lustig-verwegenen Burschen Verfolgungsjagden mit einem Löwen durch Leningrad machten. Der Film war in Russisch mit italienischen Untertiteln, und die arme Dolmetscherin mußte den schwachsinnigen Dialog übersetzen.

Fast ein ganzer Tag war mit dem Besuch draufgegangen, als wir irgendwann nachts wieder die verhangene Limousine bestiegen.

Ich wunderte mich, ich wunderte mich nach jedem Besuch, der obligat stattfand, wenn wir zufällig zur gleichen Zeit Urlaub machten. Das also regiert uns. Hätte ich Charme an ihm entdeckt, wenn er nicht »der Oberste« gewesen wäre? Gab ich ihm nicht einen Kredit, den er nicht einlösen konnte? Er war nicht unsympathisch, aber verklemmt. Verstellte er sich? War das vielleicht seine Art auszuspannen? Oder war er so? Das konnte ich nicht glauben. Einfalt, aber keine stille Größe, Borniertheit, die nicht gewohnt war, auf Widerspruch zu stoßen. Stumpf, rückwärts gewandt und ohne Vision, ohne Neugier. Was mir am unerfreulichsten schien, er war ohne Humor und

Witz, von Ironie zu schweigen. Eines sah ich ganz deutlich, er, wie die anderen, war mißtrauisch. Mißtrauisch gegen Einzelne und gegen das Volk.

Das Volk hatte ihnen, den Roten, nie geglaubt. Es war taub gegen die Warnung der Kommunisten vor Hitler, es wollte lieber die Faschisten als die Kommunisten. Als dann der Krieg zu Ende war, wollte das Volk die Kommunisten, die im Schutz der sowjetischen Bajonette kamen, auch nicht. Die Kommunisten wiederum trauten dem Volk nicht: Das war damals den Nazis nachgerannt. Und jetzt glaubten ihnen die Leute nicht, als sie ein gerechteres, ein friedliches Leben versprachen. Die Menschen verließen das Land. Die Kommunisten mauerten das Land ein. Die Menschen krochen, flogen, schwammen über, unter oder durch die Mauer. Hatte Honecker Grund, dem Volk zu trauen? Seine letzten Befehle für Lager und »einen himmlischen Frieden« waren aus seiner Sicht die logische Konsequenz einer solchen Spur.

Am Strand sah ich mir die dickbäuchigen, bleichen, grauhaarigen oder glatzköpfigen führenden Genossen an. Mens sana in corpore sano? Gewiß gab es auch unter ihnen aufopferungsvolle Schwerarbeiter, die nun ausgepowert waren. Aber wenn ich den Troß ihrer schmarotzenden Familien betrachtete: sie waren wohl doch nicht so selbstlos und aufopfernd.

Fast in jedem Sommer starb einer der führenden Kämpfer. Dann geriet das ganze Heim in Aufregung, alle wußten es, keiner erwähnte es: Der Komsomolvorsitzende spielte Tennis oder soff. Egon Krenz sprach selbst von seinen permanenten Trinkerfestspielen, Krolikowski spielte mit großem Geschrei Volleyball, Schabowski angelte, ohne je einen Fisch zu bekommen. Der Genosse aus Iwanowo trug entschlossen die orangefarbenen Frottee-Freizeitanzüge seiner eigenen Produktion und telefonierte brüllend mit seinem Stab. Der Kanadier Kashtan fuhr jeden Abend mit Familie in die Bars von Jalta. Der Uruguayer Arismendi lief am Strand auf und ab, wie er es jahrelang in seiner Gefängniszelle getan hatte. Der Mann aus Magadan erzählte, wie er mit den Verbannten am Ochotskischen Meer zu kämpfen hatte. Der Kasaner sprach von Dürre. Alle tummelten sich, betreut, behandelt, bedient in dem luxuriösen Sandsteinbau und glaubten wohl selbst nicht an den Sozialismus.

Wie zu den Zeiten der Leibeigenschaft mußten die Angestellten den führenden Genossen auch die Langeweile zerstreuen. Sie bildeten einen Chor und eine Volkstanzgruppe, die abends im prächtigen Kino- und Theatersaal auftraten. Sie mußten ein Neptunfest veranstalten, aber keiner der Gäste durfte angefaßt werden. Ich ließ mich ins Wasser werfen.

Sie servierten uns leckerste Gerichte, und im Ort nebenan, wo sie wohnten, gab es nichts zu kaufen. Bald kam ich auf den Dreh, mir viel aufs Zimmer zu bestellen, das packte ich ein und schmuggelte es für Olga und Walja durchs Tor, oder Sascha, der Bademeister, brachte es mit dem Ausflugsboot weg.

Auf der Krim hätte ich alles haben können und war kribblig unzufrieden, aber auf der Insel Hvar können wir uns nicht leisten, mit einem vom Boot gezogenen Fallschirm zu fliegen, und sind glücklich. Wir lachen, als uns der Hühnerschreck unter dem Hintern zusammenbricht, und der Motor keinen Mucks mehr sagt. Wenn wir nackt Hand in Hand tauchen, frage ich mich, warum ich mich so lange so schlimm habe zurichten lassen. Mußte mir wirklich alles passieren, was passieren konnte? Mußte ich in jeden Hundehaufen treten, mir das Honigglas aus der Hand rutschen, der Koffer auf dem Bahnsteig platzen?

Dieses Jahr im Juli am Meer lebe ich im Auge des Sturms. Mit der Entfernung von diesem Paradies aber wird rapide das Unwetter zunehmen.

Was habe ich für unglückselige Urlaube gehabt! Oft hat mich meine Fähigkeit, eine Sache zu sehen, wie ich sie sehen wollte, gerettet. Selbstverständlich wollte ich einen Urlaub in Frankreich mit Kant schön finden. Die kommunistische Partei Frankreichs hatte ihn zu einem Urlaubsaufenthalt eingeladen. Viele ihrer Genossen machten jedes Jahr in der DDR kostenlos Urlaub, und nun wollten sie sich revanchieren. Kant und ich waren Reisekader, uns durfte man einladen. Den angegebenen Urlaubsort fanden wir nicht auf der Landkarte. Er sollte irgendwo Richtung Ärmelkanal liegen. Glücklicherweise hatte Kant noch etwas Westgeld von seiner letzten Buchveröffentlichung, denn als sich die freundlichen Begleiter in der Prieuré de Bavent von uns verabschiedeten, wußten wir, daß uns der Bauer von nebenan Gemüse und Eier geben würde, wo der nächste Ort lag und die Fahrräder standen, aber ohne das Buchhonorar wären wir aufgeschmissen gewesen. Immer wieder war ich auf die absurde Situation gestoßen, daß sich kein Westeuropäer vorstellen konnte, wie wir mit einer weitgehend wertlosen Währung lebten, daß wir im besten Falle im Binnenland für unser verdientes Geld etwas kaufen konnten.

Die Prieuré war riesig und kurz vorm Verfallen. In den Kaminen nisteten wilde Bienenvölker, und die Wasserrohre ächzten und bebten, ehe sie nach längerem Zögern rostiges Wasser ausspieen. »Warum wohnen wir hier allein«, fragte ich, »es sind doch so viele Schlaf- und Badezimmer da?« Die Antwort war sehr französisch: »Weil nur eine Küche da ist.«

So zerfallen wie das Schlößchen war auch unsere Ehe. In einer Ehekrise in eine solch herbe Landschaft und Einsamkeit gestoßen zu werden, war der Stoff, aus dem die Krimis gemacht werden. Alles bekam absurde Züge. Wir standen in der Hitze am Strand, das ersehnte Bad im Meer fiel aus – es war Ebbe.

Im geliehenen Auto fuhren wir den Westwall entlang. Es goß in Strömen. Die riesigen Betonklötze, zwischen denen nur ab und an der Blick aufs Meer freigegeben wurde, waren eine Dekoration aus einem Science-fiction-Film, und wir waren die Lebewesen von einem anderen Stern.

Auf einer Brücke, über die Eisenhowers Invasionstruppen 1944 marschiert waren, war ein Wagen mit Tomaten umgekippt, so daß es wie nach einem grausamen Massaker aussah.

Wenn wir im Schloß an der riesigen Tafel speisten, saßen wir weit voneinander entfernt. Brauchte einer die Butter oder das Salz, mußte er aufstehen und um den übergroßen Tisch wandern. Nach einem langen aggressiven Schweigen sagte Kant: »Die haben uns hier ausgesetzt.« Wir waren einander ausgesetzt. Beide begriffen wir, daß wir nichts mehr miteinander zu schaffen hatten. Wir zankten uns nicht, wir schlugen uns nicht, wir mieden einander. Wir lebten nicht unfreundlich nebeneinander her.

Weder Landschaften noch Länder, weder teure Hotels noch Schlösser können uns vor uns selber retten. Die Enttäuschung unserer Erwartungen hat ihre Ursache in uns selbst.

Nach Jahren: Unter diesem Aspekt verweigern sich auch Nizza und Cannes. Obwohl ich keine Geldsorgen und ein Auto mit Fahrer hatte, reagierte ich im Urlaub mit Naumann allergisch. Meine Rückenwirbel blockierten, und ich schlief vor Schmerzen nachts auf dem Fußboden. Wenn ich schlief. Am Tag rettete ich mich in die Kunstgalerien und schwelgte in Chagall und Picasso. In der Foundation Maeght stellte sich Konni störrisch zwei Stunden zwischen Tonschalen, die man mit einem Klöppel zum Klingen bringen konnte, um zu demonstrieren, daß ihn alles nichts anging. Ich konnte alleine gehen.

Die ständige Begleitung durch einen bewaffneten Bewacher in dieser südlich schönen Landschaft belastete mich. Sprüche wie: »Die werden sich auch noch umgucken, wenn die enteignet werden; soll eine faschistische Hochburg hier unten sein; solche Dreckecken könnten wir uns nicht leisten etc.«, stellten einen harten Test für meine Toleranz dar. Was zum Teufel ritt Konni, daß er sich wehrte, den Charme und das geistige Umfeld dieses Landes zu genießen. Er hätte reich, bereichert wieder nach Hause fahren können. Statt dessen versuchte er, alles auf sein Niveau zu ziehen. Der Croupier im Spielcasino von Monaco bekam einen heftigen Schulterschlag, weil er in der linken Gewerkschaft war, und der kommunistische Bürgermeister eines kleinen Dorfes in den mediterranen Alpen ein reiches Geschenk, weil er versprach, einen Plan mit den Militärstützpunkten in der Gegend zu übergeben.

Dann kam Paris. Kein Fest fürs Leben. In Begleitung von mehreren Bewachern und Leuten der Botschaft waren wir in einem Restaurant, in einer alten Mühle, gelandet. Im Keller, wie lustig, war ein Kinderkarussell. Auf dem wurde gefahren und getrunken. Frankreich hat viele Schnäpse. Ich schüttete meine teuren Spirituosen in den Sand, bis mich plötzlich einer der Bewacher am Handgelenk faßte und mich anraunzte: »Du denkst wohl, wir sehn das nicht!«

Sich nicht zu betrinken war ein grober Lapsus. Wie es gelungen ist, meinen volltrunkenen Mann in die Suite des kleinen eleganten Hotels zu bugsieren, ist mir entfallen. Nachts wachte ich auf, weil alle Kronleuchter in allen Räumen brannten. Ich stieg aus dem Bett, um zu sehen, was los war. Auch die Tür zum Korridor war offen. Die Bewacher schliefen berauscht. Naumann stand nackt im Lift und hielt ihn für die Toilette, die er in den unbekannten Räumen nicht gefunden hatte. Ich hätte ihn da lassen sollen und eine Zeitung anrufen, mir wäre viel erspart geblieben, und er hätte wenigstens einen lustigen Abgang gehabt. Statt dessen habe ich ihn in die Wanne gesetzt und in dem schlafenden Hotel den Lift saubergemacht.

Mir passierte grundsätzlich alles, was passieren konnte.

In Dubrovnik sehe ich in einem Park ein Piktogramm: Ein runder roter Kreis, darin ein nackter Fuß im Gras, in dem

Flammen züngeln, diagonal darüber ein roter Balken. Eine nützliche Mahnung: Aber wie soll ich wissen, welcher Boden unter mir so heiß wird, daß er zu brennen beginnt? Soll ich, weil ich mir zwei, drei Mal die Füße verbrannt habe, in schweren Stiefeln über die Erde stapfen?

Ich stehe neben Gregor auf dem Platz am Onofrio-Brunnen in Dubrovnik zwischen fähnchenschwingenden Guys und bunten Touristen. Voller Staunen lassen wir uns eine mittelalterliche Stadtrepublik erklären, in der sogar alleinstehende Frauen mit unehelichen Kindern nicht verstoßen wurden. Wir erfahren von wählbarer Obrigkeit, demokratischer Gerichtsbarkeit und Freizügigkeit. Über dem Ratszimmer des Fürstenhofes steht: »Obliti privatorum publica curate.« (Die Allgemeinheit soll den persönlichen Interessen vorangestellt werden.) Am Neuen Rathaus in Leipzig heißt es: »Mors certa, hora incerta.« (Der Tod ist gewiß, die Stunde ungewiß). Die Leipziger übersetzen diesen Spruch mit: »Die Uhr geht todsicher falsch«.

Nicht die Uhr, die Zeit in dem Land, in das wir geboren waren, läuft falsch. Vielleicht, fällt mir ein, läuft Geschichte zyklisch, und wir haben gerade eine schlechte Periode erwischt.

Das Eis aus der Waffel des Engländers neben mir läuft mir über die Shorts, aus dem Brunnen trifft mich ein Wasserstrahl, der wohl meiner Nachbarin aus Schweden gelten sollte, und ich trete barfuß in eine weggeworfene Pizza. Mir passiert grundsätzlich alles, was passieren kann. »Aber auch das Gute!« sagt Gregor und wischt mir das Schokoladeneis von der Hose.

AUGUST

August – jetzt sind nicht mehr alle da. Die große Flucht hat begonnen.

Der August ist die Zeit der Flucht, der die Zeit des Sterbens und die Zeit der Rücktritte folgen werden.

Frage: »Wie begrüßen sich zwei DDR-Bürger?«

Antwort: »Mit ND, ND? Na Du, noch da?«

Wir sitzen an einem schönen Augustabend in der Wohnung in der Marienburgerstraße, mit Gregor und dem Regisseur Bernd Peschke, und trinken den tax-free-Whisky, den wir vom letzten Geld auf dem Flughafen Ljubljana gekauft haben.

Im Fernsehen läuft eine Sendung über die baltischen Republiken. Ein deutsches Dorf, ein altes Ehepaar, Menschen wie Erde, in einer deutschen Wohnstube. Sie sind die einzigen Deutschen, die blieben. Der Mann sagt: »Regierungen kommen und gehen, aber die Erde und das Volk bleiben. Nun ist es anders gekommen. Das Volk ist gegangen.« Dann weint er.

Das Volk geht auch hier, aus diesem Teil Deutschlands, seit vierzig Jahren und besonders in diesem Jahr. Die Atmosphäre ist geladen. Die Menschen, die sich im Urlaub radikal von diesem Staat beurlauben, besiegeln endgültig die Agonie der DDR. Die überfüllten Botschaften des anderen Deutschland in Berlin, Warschau, Budapest und Prag führen die Vorbereitungen zu den Feiern zum vierzigsten Jahrestag ad absurdum. Wir hören stündlich Meldungen über die Flüchtlingsströme. Die DDR läuft leer. Jahrelang haben sich die Menschen in Geduld geübt, Nachsicht gehabt, sich in Hoffnungen verkrochen. Jetzt wollen sie sich nicht mehr einsperren und bevormunden lassen. Sie wollen ihre Freiheiten, sie wollen ihre Lebensalternativen. Der Abriß der Grenze von Ungarn zu Österreich wird zum Fanal. Grenzen sind da, um sie zu überschreiten. Es ist wie ein Sog, wie eine Panik. Mit Mann und Maus fliehen sie, kaum mit mehr, als sie auf dem Leib haben und mit zwei Händen tragen können. Keiner will der Letzte sein.

Wir sprechen über den Sinn und Unsinn von Theater, darüber, was man machen müßte, und was man machen kann. Peschke will einen Film drehen. Irgend jemand hat ihm etwas Geld gegeben, nun braucht er ein Auto, um die Drehplätze zu erreichen, eine Wohnung als Dekoration. Wieder erstaunt mich, wie genau er weiß, was er will. Er verzichtet auf Verdienst, auf Prestige. Er will erzählen, was er mit seinen Augen sieht: die Rissigkeit dieses Landes und seiner Gesellschaft.

Er raucht, hört und guckt, ganz konzentriert. Ab und an hat er ein kurzes Lachen, er spricht immer leise. Er ist von einer Ausgewogenheit, die man erreicht, wenn man durch die Hölle der Verunsicherung und Demütigung gegangen ist. Ruhig sagt er: »Wenn sechs Millionen bespitzelt werden, gilt die Rechnung – genau so viele Spitzel. Wer ist kein Gewalttäter?«

Peschke weiß viel vom Menschen. Von seinen Abgründen, von seinen Urgründen. Das Verborgene holt er herauf und scheut nicht vor Tabus. In dieser Zeit, wo der Mensch hinter Abstraktionen, Klischees und Masse verschwindet, geht er zu den Wurzeln. Da er nicht in die Welt hinaus darf, steigt er in die Tiefen und hat den Mut zum Ritual, zum Mimus. Er bündelt Privates und Politisches wie in einem Brennspiegel, damit kann er Feuer anzünden. Er beunruhigt durch seine Ästhetik des Risikos, durch die man Neues, vielleicht auch Schockierendes, erfahren kann über die eigene Existenz. In Gregors knallgelbem Wartburg fährt er davon, um zu tun, was er tun muß.

Heiner Müller hat gesagt: »Man muß eine Gesellschaft daran messen, wie sie mit ihren Spinnern umgeht.«

Mit Peschke ging sie nicht gut um. Er kämpfte, wie Gregor, um einen Paß. Geld hatte er nicht. Arbeit bekam er nicht. Ich durfte ihm keine geben. Auf Weisung des Ministeriums und der Direktion des Palastes mußte ich Müllers *Auftrag*, den er inszenieren sollte, aus dem Spielplan nehmen: »Das TiP ist kein Müller-Theater. Für Peschke bist Du nicht verantwortlich.« Doch, ich fühlte mich verantwortlich und verstand nicht, warum ich ihn nicht einstellen durfte, obwohl ich Vakanzen hatte. Der Direktor und der Kaderchef des Palastes untersagten es schriftlich. Eine Denunziation der Schauspieler kam ihnen zu Hilfe. Die Schauspieler hatten Angst vor einer neuen harten Handschrift, und die Bürokraten hatten damit eine Begründung, die lautete: »Betriebsklima«. In Wahrheit war Peschke den Ideologen suspekt.

Er wäre ein Fall von vielen gewesen, wie er überall passierte. Aber es wird eine Geschichte mit tödlichem Ausgang werden.

Im August hat der Tod noch Pause, sogar Axels Krankheit stagniert. Seine Lebenskurve bewegt sich auf und ab, aber noch sind nicht alle Möglichkeiten der medizinischen Behandlung erschöpft. Ein besonders teures Medikament liegt noch im Kühlschrank. Es scheint noch nicht nötig. Als ich ihn in seiner kleinen Wohnung in der Nähe der Prager Straße in Dresden besuche, bringt er gerade den Mülleimer runter. Was für ein wunderbares Lebenszeichen! Ich schenke ihm ein Radio mit Kassettendeck, und als Ella Fitzgerald singt, ist es wie früher.

Aber – jetzt im August sind nicht mehr alle da. Die große Flucht hat begonnen.

Im August weist die Kultursekretärin der SED-Bezirksleitung von Berlin die Parteisekretäre an: »Die Genossen müssen mit ihren Fragen durchhalten. Probleme können nur von der Partei als Ganzes und der Gesellschaft gelöst werden. Über folgendes darf nicht diskutiert werden – das ZK, das Statut und das Programm der Partei.«

Mit dieser »kleinen« Einschränkung beginnt die »vertrauensvolle Aussprache der Genossen«, die Parteigespräche, denen ein Umtausch der Parteibücher folgen soll. Das ist die stalinistische Methode einer Reinigung; eine Schistka, um sich von unliebsamen Elementen zu trennen. Darunter versteht man Kritische, Ehrliche, Innovative. Die Heuchler und Karteileichen werden bleiben. Sie sind zuverlässig. Entgeistert sehe ich, wie sich die Parteisekretärin des Theaters trotz gegenteiliger Versicherung bei allen Gesprächen Notizen macht. Ich weiß, wo sie landen.

Im August 1989 sagt der SED-Bezirkssekretär von Potsdam, Günter Jahn: »Ein Karree der Kampfgruppe ist mir lieber als eine Diskussion am Runden Tisch.«

Politik drängt sich in jede Lebensäußerung.

Es ist unverkennbar, daß in dieser Zeit die Verantwortung für den Einzelnen besonders groß ist. Die Verhältnisse sind existentiell zugespitzt. Immer wirkungsloser verhallt der Protest, der aus der privaten Sphäre kommt. Aber ob der Einzelne will oder nicht – er wird bis zum letzten für die Zusammenhänge verantwortlich gemacht, in die er einbezogen ist.

Die Wirklichkeit besteht immer aus Endmarken, die sich nicht mehr verändern lassen. Es gehört dieses Spiel zu jenen, bei denen scheinbar jeder Mitspieler, in Wirklichkeit aber nur die Bank gewinnt.

Im August müßte man mit dem Liebsten über die Felder gehen und die warme Erde riechen. Jetzt müßte man ein kleines Haus auf dem Lande haben und auf den September warten. Vielleicht bleiben doch einige Freunde und Bekannte nur länger als sonst im Urlaub? Vielleicht haben sie ein kleines Haus auf dem Lande, wo es kein Fernsehen gibt, das Radio nur Musik sendet und die Zeitungen nur sehr verspätet eintreffen?

Ich denke an die Häuser, die ich gebaut hatte, von denen ich keines bewohnte oder besaß. Jedes Mal, wenn ein Haus fertig war, war die Liebe kaputt.

Eigentlich hatten Hermann Kant und ich gar nicht genügend Geld für ein Haus. Aber wir sehnten uns nach Natur. So nahmen wir auf uns, daß wir uns mit Geldmangel, sozialistischer Bürokratie, der Baustoffversorgung und der Handwerkersituation im Bezirk Neubrandenburg herumschlagen mußten. Das Bauland pachteten wir. Es lag an einem kleinen See in der Nähe von Neustrelitz.

Das Fundament baute uns ein Handwerker aus Beelitz bei Berlin. Das Fertighaus kam aus Wenigerode. Das Schilf für das Dach holten wir von der Insel Usedom. Der Klempner kam aus Berlin. Der Elektriker wohnte in Neustrelitz. Der Dachdecker allerdings kam aus dem Nachbardorf. Er war hoch in den Siebzigern, und wenn er aufs Dach kletterte, hatte ich tausend Ängste. Trottelig verschätzte er sich bei der Mengenbestellung des Rieds. Jedesmal, wenn das ganze Netzwerk von Organisation abgelaufen war, um eine Fuhre Schilf ranzuholen, teilte er mir mit: »Jo, det wird aba nu nich reichen!«

Ich hatte leichtsinnigerweise Hermann ein Mofa geschenkt. Wenn ein Handwerker am Horizont auftauchte, schwang er sich mit einer fadenscheinigen Ausrede auf das Gefährt – und weg war er. Die Frau machte das dann mit den Handwerkern.

Mein Wunsch, dort in Ruhe arbeiten zu können, Text zu verinnerlichen, Konzeptionen auszudenken, blieb eine Sehnsucht. So viel Besuch hatten wir nie wieder, wie Wochenende für Wochenende auf der Datscha. Ich kochte für Legionen. Während sich alle faul in den See schmissen, stand ich in der Küche und wusch ab.

Eine Idylle: Hermann saß unterm Dach in seinem Arbeitszimmer und schrieb. Ich hatte große Wäsche. Er sagte: »Ich kann am besten schreiben, wenn Du vor meinem Fenster Wäsche aufhängst.«

Da paßt kein Satz mehr dran.

Die Landschaft und unsere Nachbarn waren voller Überraschungen. Da starb zum Beispiel Oma Ida, die Mutter unseres Pachtherrn und Nachbarn. Der Flur wurde zur Leichenhalle, er war mit seinem Backsteinboden auch im Sommer kühl. Aus Trauer und Lebenstraurigkeit wurde natürlich mehr getrunken als sonst. Dann zog man über Ägypten, den Boonekamphügel, den Wodkabuckel zum Friedhof. Zwei alte besoffene Männer schaufelten das Grab: »Erinnerst du dich, wie sich der Jagdaufseher erhängt hat?« Dann kamen die Wochenendler und Angler und schaufelten aus Gefälligkeit weiter. Einer stieß auf einen verfallenen Sarg. Der Alte zeterte: »Nein, das können wir Oma Ida nicht antun.« Der Angler blieb fest: »Die werden sich schon vertragen, da kommt Oma ruff, nochmal fange ich nicht an.«

An der Hochzeitslinde standen immer frische Blumen. Der Bezirksapostel der Neuapostolen brauchte nur halbtags zu arbeiten und angelte aus dem See die größten Hechte und Aale.

Nachts hörte ich die Züge pfeifen.

Seit unserer Scheidung bin ich nicht wieder dagewesen. Jeden Baum haben wir selbst gepflanzt. Zum ersten Mal in meinem Leben hatte ich einen eigenen Garten und habe versucht, ein

Gemüsebeet anzulegen. Als ich fertig war, kam ein Lieferwagen und wendete in meinem Beet.

»Das wird hübsch aussehen in zehn Jahren, was sie da gepflanzt haben«, sagte der alte Mann von nebenan. »In zehn Jahren«, sagte der alte Mann, »werden die Bäume und Blumen schön aussehen.« – Alter Mann, ich wünschte, ich hätte in meinem Leben soviel Ruhe, daß ich zehn Jahre denken könnte. Ich habe Angst vor morgen. Die Decke ist zu kurz, entweder sind meine Schultern kalt oder meine Füße.

Mir kommt Hermann und eine Straßenecke mit einem kahlen Baum in München in den Sinn oder ein Hotelzimmer in Dresden, in dem ein riesiger Samowar, mit Holzkohle zu beheizen, steht. Ich steige die Treppen hoch zu unserer Wohnung im Prenzlauer Berg in der Gudvangerstraße und fahre mit dem Lift in die spätere Wohnung im Berliner Zentrum, in der Alexanderstraße. Er läßt Schmalz aus, und ich mache unzählige Töpfe Sauerkrautsuppe für seine Geburtstagsgäste. Er ertrug meine Korrepetitionsproben, und ich seine Arien unter der Dusche.

Ich schlief mit diesem Mann sieben Jahre in einem Bett, aß mit ihm sieben Jahre an einem Tisch, wir kamen ins Zimmer ohne anzuklopfen.

Wir lachten über die gleichen Witze. Ich liebte seine Mutter, eine Hamburgerin, die mit einer Flinkheit Krabben puhlen konnte wie keine andere. Von ihr hatte er den trockenen nordischen Humor. Seine Mutter erzählte: »Treff ich doch neulich Lieschen. Sagt die zu mir, Du, sagt die, ich hab in diesem Jahr lauter krumme Dinger von Gurken. Was soll ich'n damit machen? Sag ich: Na, kannste einlegen. Ich hab auch 'n Rezept. Als ich die das nächste Mal treff, sagt die, das war ja fabelhaft, sag ich Dir. Und ich: Nu sag ich Dir auch mal was – das Rezept, das is aus'm Osten!«

Ich liebte ihn – auch wegen seiner Art zu schreiben. Lange Zeit waren seine Bücher meine Bücher. Ich war für ihn Klagemauer, Lektor und treueste Leserin. Seine Schreibqualen, seine Angst vorm weißen unbeschriebenen Papier habe ich mit durchlitten, wie auch seine Verbote und Strafen, wie auch seine Popularität und seine Orden.

Eine preußisch-sozialistische Aktennotiz habe ich aufgehoben über »ein Gespräch mit Hermann Kant über *Das Impressum*«. Sicher ist es nicht Hermanns bestes Buch. Aber wie soll auch unter solchen Umständen, wie sie das Papier beschreibt, ein bestes Buch entstehen?

»Der Verlag hat das Manuskript nach der Überarbeitung noch einmal gelesen, besonders unter dem Eindruck der politischen Dokumente der letzten Zeit. Wir sind dabei zu der Auffassung gekommen, daß im Manuskript weitere Veränderungen notwendig sind, die sich auf Grundbegriffe unserer politischen und ideologischen Arbeit beziehen. Davon ausgehend, führten wir unser Gespräch mit dem Autor über Passagen, in denen Differenzen besonders deutlich werden: die Unterhaltung mit der Gräfin Lehndorff (nicht ausreichende Widerlegung der Konvergenztheorie), die trotz Veränderung noch immer karikaturistisch wirkende Szene der Parteiaufnahme, das Ehegespräch über ›Herrn Klassenkampf‹.

... der Verlag ist nach wie vor bestrebt, die Diskussion mit dem Autor weiterzuführen. Wir werden deshalb Hermann Kant als Diskussionsgrundlage konkrete Vorschläge für die Veränderung der diskutierten Passagen unterbreiten.

Unterschrift«

Ich bedaure sehr, daß ich diese »Änderungsvorschläge« nicht habe. Aber ich habe noch ein deutsch-deutsches Dokument, den *Spiegel* Nr. 16/1970. Der berichtete, wie fast immer gut recherchiert, daß im *Rheinischen Merkur* und im *WDR* Besprechungen über das überarbeitete *Impressum* stattgefunden haben zu einem Zeitpunkt, als Hermann noch am Buch arbeitete. Es gab auch keine Kopie, die irgend jemand hätte einsehen können. Nein, der voreilig vom Verlag genannte Erscheinungstermin war heran. Das Erscheinen als solches war ja wohl nicht so wichtig. Der WDR-Redakteur, der auch noch den schönen Namen Friedhelm Baukloh hatte, besprach, verglich, kritisierte »flachen Aufbau-Optimismus«. Eine Richtigstellung dieser Peinlichkeit ist übrigens auf Drängen gesendet worden: Nachts – 0.05 Uhr.

In solchen Feinheiten im Umgang zwischen Künstlern und Medien konnten es unsere beiden deutschen Staaten durchaus miteinander aufnehmen. Viele Jahre später hatte das Fernsehen der DDR meine Inszenierung von Shakespeares *Lustigen Weiber von Windsor* aufgezeichnet. Nun war aber das Medien-Politbüromitglied Joachim Hermann mit dem Berlin-Politbüromitglied Naumann zerstritten. Da mußte stellvertretend seine Frau herhalten. Der Shakespeare kam nicht auf den Sender. Als ich mich beschwerte, sendete man: Montagnacht, 23.45 Uhr.

Der Fakt, daß Hermann nie mit Kopie schrieb, führte übrigens zu verwickelten Situationen. Wohin mit dem Unikat, wenn wir in den Urlaub fuhren? Hermann hatte einen feinen Einfall: in den Kühlschrank. Wenn es brennt, der brennt nicht. Kommt ein Einbrecher, in den Kühlschrank guckt er sicher nicht. Bevor wir die Wohnung verließen, drehte der gelernte Elektriker Kant die Hauptsicherung raus. Als wir erholt nach Hause kamen, schwamm das einmalige Manuskript – Gottseidank in einer Plastiktüte, in der stinkenden Soße der abgetauten Frigidaire.

Die Zensurdebatte war übrigens fast parallel zu einem Vorgang, der mich betraf. Ich hatte ein Liederprogramm erarbeitet mit Texten von Günther Kunert, Volker Braun, Peter Hacks, Karl Mickel und Sarah Kirsch. Plötzlich wurden alle meine

Vorträge für Abende mit diesem Programm mit fadenscheinigen Ausreden storniert. Ich bohrte und erfuhr, der damalige Kulturminister Klaus Gysi solle gesagt haben: »Das alles sind Dichter der schrägen Linie.« Damals schrieb ich an Gysi und bat um Aufklärung. Statt der Aufklärung bekam ich einen Brief: »Ihr Schreiben ... ist eingetroffen. Wir müssen Sie jedoch darauf aufmerksam machen, daß der Minister zur Zeit zur Kur und anschließend im Urlaub ist ...«

Einige Monate später wurde meine erste Schallplatte verboten.

Nein, die Fluchtwelle wundert niemanden. Man wundert sich höchstens, daß es so lange so gegangen ist.

Im August 89 aber sind nicht mehr alle da. Die große Flucht hat begonnen.

Von der Schallplatte habe ich noch einen Andruck. Außer den Musikern und den Zensoren kannte sie nur Hermann.

Ich versuche, vom Knäuel meines Lebens den Ariadne-Faden abzuwickeln, um mich durch das Labyrinth meiner Jahre mit Hermann Kant zu finden. Ich laufe und laufe durch die Gänge. Der Faden rutscht mir aus der Hand, und ich finde den Ausgang nicht. Ich laufe gegen Wände. Alle Wege sehen gleich aus. Wo ist der Ausgang?

Unter Hermanns Eifersucht habe ich gelitten wie ein Vieh. Ich schwankte zwischen kalter Wut, Verzweiflung und rotem Zorn. Warum dieses verfluchte Mißtrauen wegen zwei Stunden länger Probe? Alle meine Freunde wurden einbezogen, um zu versichern, zu beeiden, daß dieses oder jenes wirklich so oder so lange gedauert hatte. Nein, der kriminelle Fakt der begangenen Untreue war ohne Interesse, die Eifersucht selbst war die Befriedigung. Die Nächte der Eifersucht waren lang und endeten damit, daß ich vor Kummer und Entsetzen einschlief, wenn er nach grausamen Wortgefechten den Koffer packte, in sein Auto knallte und wegfuhr. Er ging jedes Mal Aufnimmerwiedersehen bis zum nächsten Abend. Jedes Mal schwor ich mir, ihn umgehend zu betrügen, damit ich endlich seine Erwartungen rechtfertigen und zu Recht abgestraft werden konnte.

Der Marquis de Sade hat sicher in diesen Nächten auf unserem Biedermeiersessel gesessen und an diesen exorzistischen Ausschweifungen seine Freude gehabt. Nach einer dieser Szenen überkam mich in der Erschöpfung plötzlich eine tödliche Langeweile. Seine genau gesetzten Worte hatten mich geschlagen und sich wie Peitschenschnüre um mich gewickelt. Ich konnte mich nicht mehr bewegen. Ich versagte.

Er kam wieder wie immer, wir lebten wie immer, aber ich konnte nicht mehr lieben wie immer. Ohnmächtig hoffte ich, daß alles nur ein Alptraum gewesen wäre.

Einmal hätte Hermann Gelegenheit gehabt zu zeigen, wie er einen Nebenbuhler zusammenhaut. Auf meiner Gastspielreise in Georgien hatte mich ein Freund der Strittmatters, Reso K., ein Germanist der Universität Tbilissi, begleitet. Er war ein typischer Georgier, obwohl er blauäugig und rothaarig war. Keine Stunde ließ er mich aus den Augen. Seine Freunde wurden meine Freunde, sein Land war mein Land. Ich hörte die traurigen, schönen Gesänge der georgischen Männer mit Reso. Ich sprach mit Zuschauern nach den Konzerten, mit Leuten auf der Straße mit Hilfe von Reso. Ich fuhr im Zug durch die Nacht, am Tag per Auto durch ausgetrocknete Flußbetten mit Reso. Was Wunder, daß ich und er sich verliebten. Die unerfüllte Sehnsucht sauste zwischen dem Kaukasus und dem märkischen Sand hin und her. Als Reso in Berlin war, faßte er sich nach einem Besuch bei Strittmatters ein Herz. Er packte sich als Wegzehrung seine Tasche voll Bier und lief los: Der lange Marsch in die Alexanderstraße. Dort klingelte er, lange, denn es war irgendwann gegen drei Uhr morgens. Ich öffnete ihm schlaftrunken und kaum bekleidet, starrte ihn an, wie ein Phantom, dann weckte ich Hermann: »Geh raus, draußen steht der Georgier und will mich holen.« Hermann fuhr, wie von der Tarantel gestochen aus dem Bett: »Dem werd ichs . . .« Ich zog mir die Decke über den Kopf und erwartete ein schreckliches Getöse, Schlägerei und Mord. Ruhe. Immer noch Ruhe. Dann hörte ich die elektrische Kaffeemühle. Als ich mich geduscht und angezogen zu ihnen setzte, sprachen sie über die Bedeutung der Literatur.

So war das mit der Eifersucht konkret.

Reso ist tot. Er starb bei einem Besuch in Weimar durch Herzversagen in Goethes Park. Das war zur Zeit der ersten Unruhen in Georgien im Mai. Er gehört zu den Toten, die ich im harten Jahr 89 betrauere.

Hermann fuhr gern Auto. Hunderte von Kilometern, ohne zu murren. Manchmal fuhr er einfach so. Einmal war er in Hamburg. Es war schon spät am Abend, als ich mich in die Wanne setzte, aber aus einem Instinkt handelnd das Telefon mit ins Bad nahm. Das klingelte auch. Die Diensthabende des Kulturministeriums rief an: »Bei uns ist eben eine Nachricht angekommen – Hermann Kant hat einen Autounfall. Er liegt im Krankenhaus in Kyritz.«

Was ich gesagt habe, weiß ich nicht. Nur an die Nacht erinnere ich mich, durch die ich fuhr. Es war heller Mondschein, und Wolken jagten über den Himmel. In mir war alles stumpf, ich weigerte mich, die Nachricht zu glauben.

In dem kleinen verfallenen Krankenhaus von Kyritz hieß man mich, vor dem Operationssaal zu warten. Eine alte weiße Parkbank stand da. Ich erfuhr, daß Hermann innere Verletzungen hatte, die nicht ungefährlich waren.

Als sie ihn nach Stunden aus dem Operationssaal fuhren, lag er da – ganz klein, ganz weiß. Ganz fremd war er mir. Ich folgte der Prozession ins Krankenzimmer und begriff nichts.

Irgendwas wurde gesprochen. Dann kam Hermann zu sich, er stöhnte. Da verstand ich und wurde ohnmächtig.

Der Arzt lud mich ein, bei seiner Familie zu wohnen. Seine Boxerhündin hatte gerade Junge, die fütterte ich und spielte mit den Kindern. So oft es ging, saß ich bei Hermann. Die Nachtschwester zeigte mir, wie man das Sauerstoffgerät bediente und überließ mir das Feld. Wenn ich ihm die Atemmaske aufsetzte, hatte ich jedesmal Angst, ihn zu ersticken.

Das Auto war ein Wrack. Ich ließ es fotografieren. Als Hermann davon hörte, bettelte er mich, die Fotos mitzubringen. Lange zögerte ich, konsultierte die Ärzte. Das Wrack sah zu schlimm aus. Hermann sah sich die Bilder an, wie ein Pirat ein leergeraubtes Schiff, lächelte und sagte stolz: »Mann, ganz schön.«

In allen meinen Aufzeichnungen von damals stand immer nur: O, schwarzer Dezember. Und bei einem Konzert: »Ich denke, mir wird die Stimme wegbleiben.«

Hermann begann, wieder zu schreiben. Einen Monolog schrieb er für mich *Kommen und Gehen*. Eine frisch gebackene Bürgermeisterin hält eine Jugendweiherede. Nach der Sendung im Fernsehen kamen Briefe: »Bitte, könnte ich Näheres über Vera Oelschlegel erfahren. Wo sie Bürgermeisterin ist. Ich hätte gerne auch etwas über ihren Lebenslauf erfahren.«

Der Zauberberg Krankenhaus hatte Hermann gefangen. Schwer konnte er sich aus dem Geflecht von Sorge und Anteilnahme, die ihn als Mittelpunkt hatte, losreißen. Durch seinen Unfall kamen wir noch einmal ganz dicht zusammen, aber der berechtigte Egoismus eines Genesenden ließ alle alten Wunden wieder aufbrechen. Meine Liebe war müde geworden.

Aber eines wußte ich genau, ich würde ihn erst verlassen und zu Konni gehen, wenn er seinen Roman *Aufenthalt* zu Ende geschrieben hatte. Es würde vielleicht sein bestes Buch.

Mit jedem fertigen Kapitel kam der Abschied näher. So sehr ich ihn wünschte und wollte, so sehr fürchtete ich mich vor diesem Tag, dieser Stunde. Angst kann man besiegen, aber die Furcht besiegt einen. Mit Furcht vor dem Ende stand ich mit Mark Niebuhr, der Romanfigur, auf dem Bahnhof von Kolberg und Praga, freute mich im Gefängnis über den Hering zu Weihnachten, schämte mich auf dem Gang durch das geschundene Warschau. Ich litt zweimal, verlorne Liebe, verlornes Leben, sechshundert Seiten.

Dann war Hermann fertig. Es kam eine Zeit, die war so bitter, so weh, ach so zerrissen. Hätte ich nicht noch Halt rufen können, festhalten, umkehren? In der Liebe gibt es kein Später. In der Liebe existiert nicht das Wort Vielleicht. Zwischen zwei Feuer gebannt, immer verbrannt.

»Sie war liebenswürdig, und er liebte sie;
er aber war nicht liebenswürdig,
und sie liebte ihn nicht. Altes Stück

Kennen Sie das alte Stück? Es ist ein ganz außerordentliches Stück, nur etwas zu melancholisch. Ich habe mal die Hauptrolle darin gespielt, und da weinten alle, nur einer weinte nicht, nicht eine einzige Träne weinte er, und das war eben die Pointe des Stücks, die eigentliche Katastrophe. –«

Mit diesen Worten Heinrich Heines aus *Das Buch Le Grand* begann ein Liederabend. Er war mir sehr wichtig, denn es war das erste Mal, daß ich mit meinen Freunden vom Ensemble 66 im theater im palast auftrat. Es wurde ein schönes Konzert. Froh war ich nach Hause gegangen.

Hermann schaute fern, trank seinen Hennessy und sein DAB Bier, das er sich von seinen Intershopschecks kaufte, Literatur verflüssigt. Dann schlug die Stimmung um: »Hure, Nutte, Verräterin«. Er ging mit Fäusten auf mich los. Ich konnte nicht zurückschlagen. Ich duckte mich weg, ich war fassungslos. Nie war ich in meinem Leben richtig geschlagen worden. Er tat mit den Händen, was er mit Worten schon lange getan hatte. Mit jedem Schlag prügelte er die Reste meiner Liebe zu ihm heraus. Am nächsten Tag bin ich zum Arzt gegangen. »Bitte konstatieren Sie meinen Zustand und geben Sie ihn zu meinen Unterlagen.« – »Wer war das?« – »Das sage ich nicht. Bitte, heben Sie die Papiere ein Jahr auf. Wenn ich sie bis dahin nicht gebraucht habe, vernichten Sie sie.«

Hermann schrieb mir einen bitteren Brief:

»Ich war in allem am Ende und kam nur noch auf den atavistischen Einfall, um mich zu schlagen.

Sehr in dicken Klammern: Ich habe mit vorsichtigen Umschreibungen bei der Ärztin nachgefragt. Antwort, wie ich ahnte: Es gibt einen Zusammenhang zwischen den verfluchten Tabletten und dem, was der Doktor Persönlichkeitsveränderung nennt. Ich hatte das Zeug geschluckt. Es ändert nichts. Es nimmt nichts zurück. Es hilft mir nur, wenn ich mir entsetzt zusehe. Es hat auf der weiten und langen Welt keinen Menschen gegeben, den ich weniger verletzen wollte als Dich. Schlechtes Deutsch. Ich wollte immer gut für Dich sein. Ich bin es nur manchmal gewesen . . .

Manchmal denke ich: Sie weiß nur nicht, wie sehr sie mein Leben ist, und wenn sie es wüßte, ginge es anders. Ich glaube, begriffen zu haben: Es ginge nicht anders, aber ich glaube ebenso, Du weißt wirklich nicht, was Du mir warst.

Vielleicht wird deutlich, was Du mir gewesen bist, wenn man mich jetzt sieht und sieht, was ich habe: Ich habe ein einziges Lebewesen, vor dem ich das Maul auftun könnte, und das ist ein Hund, also habe ich niemanden. Ich habe mich ganz an Dich gegeben gehabt. Du hast den Tausch nie verlangt, aber ich habe ihn getan. Ich habe Dich gegen die Welt getauscht gehabt. Du warst das Leben; der Rest war Betrieb. Darunter sehr wichtiger, die Partei und die Literatur und die Polemik und die Ämter und ein paar Freunde und eine freundliche Öffentlichkeit; aber das Leben warst Du. Und ich sage Dir: So wird keiner mehr zu Dir sein; so ungeteilt für Dich. Dies ist nicht gesagt, Dir finstere Aussichten zu machen; es ist gemeint, daß Du meine Verfinsterung verstehst.«

Das Erlebte holt mich ein. Ich zerre den beißwütigen Hund meiner Erinnerungen an der Leine: »Kusch! Ruhig! Willst du wohl die Herrin nicht beißen!« Er reißt sich in mein Fleisch, mein Gehirn. Die Erinnerung ist nicht harmonisiert. Zärtlichkeit und Bitterkeit überfluten mich abwechselnd beim Schreiben. Aber in der Liebe gibt es kein Später. Was man nicht gleich tut, im Augenblick, wo man es fühlt, ist vorbei, vertan. Es kommt nicht wieder, so nie wieder.

Er würde ein Kauz werden, der von Bier und Äpfeln lebt, wenn ich ihn verließe. Oder böse. Hatte er vorausgesagt. Er war weder das eine noch das andere geworden. Er hatte sich mit Ämtern und Aufgaben überladen lassen, die ihm die Zeit zum Schreiben nahmen.

Er hatte Reden geredet, Sitzungen durchgesessen, hatte Mannesmut vor Königsthron bewiesen. Er hat mit Volker Braun seine Lesungen geteilt, als dieser nicht mehr öffentlich auftreten durfte, er hat vielen geholfen, deren Gedächtnis in dieser Zeit der Neuordnung der Pfründe kurz geworden ist. Menschlich, allzumenschlich. Aber er hat nicht geschrieben, denn das Wenige der letzten zehn Jahre war zuwenig zum Leben für einen Schriftsteller und zuviel zum Sterben. Er hatte sein Talent auf Sitzungen und in Verlautbarungen vergeudet. Auch das tut mir weh.

Erwin Strittmatter, der Freund, hat Hermann gewarnt vor zuviel Funktionen. »Schreib doch die Geschichte von Veras Weggang. Du hast Naumann in der Hand«, hatte er ihm geraten. »Nein, er ist ein guter Mann«, war Hermanns Antwort gewesen.

Wenn die Wunden nicht mehr schmerzen, schmerzen die Narben. Die Medizin kennt den Phantomschmerz.

Einmal hatte Kant, nachdem er alles schon wußte, zu Naumann gesagt: »Ich dachte, du bist mein Freund?« – »Du glaubst wohl an den Weihnachtsmann«, hatte der darauf geantwortet.

Sich erinnern tut ganz schön weh.

Vor nicht allzu langer Zeit habe ich Hermann ein Stück Silberdraht geschenkt. Der Arzt in Kyritz hatte es ihm aus dem Bauch gezogen. Seitdem hatte ich es in meiner Handtasche herumgetragen.

Im August sind nicht mehr alle da. Die große Flucht hat begonnen.

Im August sagt mir Nina, daß sie heiraten wolle, wegheiraten in ein anderes Land.

Im August kommt mein Bruder Fried, um sich zu verabschieden. Er geht weg. Sein Ausreiseantrag ist genehmigt worden; Familienzusammenführung.

Unsere Familie war trotz vieler Erschütterungen stabil gewesen. Wir gingen sehr offen und selbstverständlich miteinander um. Jeder wußte, daß er sich in allen Situationen auf die anderen verlassen konnte.

Für meine Brüder war ich immer die große Schwester, eine Autorität, die waltete, als die Mutter das Brot verdienen mußte. Meine Mutter schreibt: ». . . Du warst immer da, wenn ich nicht konnte – damals als meine Große, wenn ich arbeitete, um das Geld zu verdienen, Du hast die Jungs betreut, wenn ich nicht da war . . . Was jetzt geschah, war nicht leicht für mich. Ich konnte nicht einmal weinen . . .«

Ich war die Große, Fried der Kleine, der Filius. Er ist 1944 geboren, in den Nachkrieg, in den Hunger. Und er hatte immer Hunger. Zu seinem dritten Geburtstag schenkten wir ihm, daß er sich sattessen konnte. Filius war der Pfiffikus der Familie. Er feierte Geburtstag, wenn es gar nicht an der Zeit war. Er lernte

Koch und wurde Ökonom. Er hatte bei Frauen die größten Chancen.

Das Abschiednehmen macht uns verlegen. Wir sitzen in der Küche im Prenzlauer Berg, auf dem Tisch die Rosen, die Fried mitgebracht hat. Axel krank, die Mutter in höchster Sorge, Fried weg, ich randvoll mit Theater – die kommende Zeit wird schwer werden. Wie sehr, können wir noch nicht ahnen.

Fried weiß durch seine Arbeit in der Charité interne Dinge. Er erzählt von Honeckers Operation: »Die wollten eigentlich die Gallenblase operieren, aber die erste Operation mußte wegen seines Herzkammerflimmerns und einiger vorangegangener Kunstfehler abgebrochen werden. Als sie dann wieder aufmachten, haben sie die Galle rausgenommen und bei der Revision des Gallenganges einen Dickdarmdiverticulitis entdeckt. Das eigentliche Leiden war ein Nierentumor. Eigentlich hätte man nach einem Primärkarzinom suchen müssen. Im Grunde war Honecker das Opfer seiner falschen Denkkategorie, daß Nomenklatur eine Nomenklaturmedizin brauchte. Er war physisch schwer wieder hochzuholen, weil er eine absolute zerebrale Blockade hatte. Der Arzt hatte gemeint: ›Das ist kein Kalk mehr, das ist schon Marmor.‹«

Mir fällt der Sommer auf der Krim ein. Wie verkniffen muß Honecker *jetzt* sein – mit Krankheit und Altersstarrsinn belastet. Wie kann er überhaupt noch regieren? Kann keiner den alten Mann aufhalten?

Mich schmerzt, daß Fried weggeht, aber ich verstehe ihn. Er hat keine Chance mehr, seit er aus der Partei ausgeschlossen wurde.

Er war damals Fachberater der Firma Iberma, und er war ein »hoffnungsvoller Kader«.

Die Firma ging 1980, nachdem mein Bruder schon rausgeschmissen war, in das Imperium Schalck-Golodkowski ein.

Mein Bruder: »Iberma übernahm die Führung der ›gemischten Gesellschaften‹ und Aufgaben der Industriespionage. Mitarbeiter wurden direkt zu Industriediebstahl angehalten. Zu diesem Zwecke erhielten sie in der dritten Etage des Hauses der Elektroindustrie (Stasi-Etage) in Berlin andere Namen, falsche Papiere und Geld.«

Mit Frieds Parteiausschluß war das so: Er hatte sich nach einer Kampfgruppenübung nachts mit seinen Kumpels vollaufen lassen. Dann hatte er versucht, mitten auf der Straße stehend, ein Taxi anzuhalten. Die Besatzung eines Streifenwagens versuchte, ihn von der Straße zu kriegen. Es kam zu einer handfesten Prügelei mit Veilchen und abgerissenen Knöpfen.

In einem Parteiverfahren wurde Fried sofort ausgeschlossen. Die fristlose Entlassung folgte auf dem Fuße. Die schlechte Kaderakte, die wie eine stinkende Aura überall mitwanderte, verhinderte, daß er irgendwo wieder arbeiten durfte. Ohne Partei konnte man leben, ohne Arbeit nicht. Seine beste Perspektive war: Nachtpförtner.

Ich tat einen Canossagang zu meinem eigenen Mann. Naumann ließ mich spüren, welch miese bürgerliche Familie das sei, aus der ich stammte, aber er half. Anruf: »Dein Bruder kann sich in der Charité melden, als Verwaltungsleiter für die chirurgische Klinik. Das ist zwar ein Schleudersitz, . . . aber das hätte er sich früher überlegen sollen. Personalbogen bis Montag früh. Hoffentlich war das der letzte Familienkäse.«

Es war die einzige Chance für Fried. Ich war überzeugt, daß er es schaffen würde. Aber der Makel des Parteiausschlusses verbaute alles, verhinderte Verantwortungsübernahme, versperrte ihm Reisen.

Nun sitzt er in unserer Küche, um sich zu verabschieden. Ach, wie ich Abschiede hasse! Die monatelangen Erniedrigungsprozeduren, die er auf den Ämtern und Behörden durchstehen mußte, hatten ihn zermürbt. Er sieht müde aus. Wir umarmen uns, und ich höre lange seinen Schritten im zerfallenden Treppenhaus in der Marienburgerstraße nach. Glück auf den Weg, Bruder!

Im August sind nicht mehr alle da. Die große Flucht hat begonnen.

SEPTEMBER

Ich habe einen wiederkehrenden Traum: Ich stehe auf der Bühne. Es sind viele auf der Szene. Alles ist farbig. Ich höre Musik. Publikum. Ich weiß, gleich bin ich dran. Das Spiel treibt drauf zu, gleich kommt mein Einsatz. Aber mit welchem Wort, welchem Ton? Ich kenne das Stück nicht, das gespielt wird. Wo ist die Souffleuse? Ist denn kein bekanntes Gesicht auf der Bühne? Ich habe Angst. Jetzt . . . Ich erwache schweißgebadet.

Zwischenakt, Umbau, Kostümwechsel.

Nein, ich erwache nicht. Ich bin wach, ich träume nicht. Vor mir sitzt ein Tribunal. Das wievielte Mal in diesem Jahr? Die Szene: das ZK-Gebäude. »Komm doch mal rüber, wir müssen reden«, lud mich die Abteilungsleiterin für Kultur, Ursula Ragwitz, ein. Sie ist eine dickliche Klavierlehrerin mit mütterlicher Mimikry, schwerhörig und ehrgeizig. Sie leitet die Abteilung Kultur, eine mächtige Instanz, mit der Willkür einer ungeschickten Hausfrau.

»Ich begrüße euch, Genossen«, beginnt sie, »wir müssen uns heute mit dem Spielplan, besonders dem Projekt mit jungen Regisseuren, das *Grenzüberschreitung* heißen soll, und der sozialistischen Demokratie in Deinem Theater beschäftigen. Du kannst gleich etwas sagen«, wendet sie sich an mich, »aber Du sollst wissen, daß wir der Meinung sind, daß der Spielplan elitär, intellektuell und unangemessen ernst ist.«

»Vielleicht liegt es an den ernsten Zeiten«, versuche ich vorsichtig einzuwenden. Das Tribunal – Genossin Ragwitz, die Kultursekretärin der Bezirksleitung der SED Brombacher, Palast-Direktor und Palast-Parteisekretärin – sieht sich vielsagend an. »Uns liegen Berichte vor, daß du dich weigerst, über den Spielplan in der Parteigruppe zu diskutieren und kalt jeden Hinweis von Genossen abwürgst. Wir erwarten deine Stellungnahme.« Die Parteisekretärin fügt hinzu: »Mich persönlich würde interessieren, welche Botschaft Du hast? An wen wendest du dich denn mit diesem Spielplan?«

Ich gucke sie mir an. Ich bin ihnen zuwider, kein Zweifel. In Parteikreisen war man der festen Überzeugung, daß ich am Sturz Naumanns aus dem Politbüro schuld war und damit der Auslöser für den Riß in Einheit und Kontinuität der Parteiführung. Die Kultursekretärin verfolgte mich mit System. Sie zog überall und laufend Erkundigungen über mich ein und vertrat die Meinung: Ich sei ein kaltes Biest und hätte Konni durch meine Anschauungen negativ beeinflußt. Ich sei der Anfang von seinem Ende gewesen.

Gleich kommt mein Einsatz. Aber mit welchem Wort, welchem Ton? Ich kenne das Stück nicht. Wo ist die Souffleuse? Stokkend beginne ich. Worum geht es eigentlich? Was wird hier gespielt? Ich komme in Rage: »Was soll denn das, wißt Ihr denn nicht, was hierzulande vorgeht? Habt Ihr keine anderen Sorgen? Was kümmert Ihr Euch um den Spielplan eines Theaters? Kümmert Euch um die Straße!«

Kälte. Frost. Eis.

»Falls Du es nicht gemerkt haben solltest, das ist Dein Parteigespräch. Wir wollen vertrauensvoll mit Dir sprechen, uns austauschen. Die Lage ist ernst, aber daran sind auch die Negativdiskussionen unter den Künstlern schuld. Und was machst du? Du versuchst, solche Riesenprojekte wie die *Ilias* unterzubringen? Die Genossen des Ministeriums haben Dir ja schon ihre Meinung gesagt . . .«

Ja, das hatten sie. Ihre Argumentation zu einer Lesung des Homer lautete: »Es paßt zur Zeit nicht in die Landschaft. Wer soll sich das zweiundzwanzig Stunden anhören? Es ist ja nicht einmal ein Stück. Es ist taktlos und unangemessen.« Und der Direktor des Palastes hatte beigesteuert: »Das ist eine Sicherheitsfrage im Palast. Wie oft soll ich es noch sagen: Der Elias bei mir nicht.«

»Du mußt Dir mal abgewöhnen, nicht auf dem Boden der Partei zu handeln. Das tip ist ein besonders ausgestelltes Theater. Das Feld des Experimentierens darf nicht zu sehr ausgedehnt werden. Du unterläufst staatliche und Parteibeschlüsse. Du solltest Breite und Volkstümlichkeit behaupten, statt dessen hältst Du in der gegenwärtigen Situation einen Nietzsche-Abend für sinnvoll . . .«

Ja, in der Tat, ich halte einen Nietzsche-Abend nicht nur für sinnvoll, sondern für längst überfällig. Soll ich zitieren?

»Es gibt eine bitterböse Alternative, der nicht Jedermanns Tapferkeit und Charakter gewachsen ist: als Passagier eines Schiffes zu entdecken, daß Capitän und Steuermann gefährliche Fehler machen und daß man ihnen in nautischem Wissen überlegen sei, – und nun sich zu fragen: Wie! Wenn du gegen sie eine Meuterei erregtest und sie beide gefangen nehmen ließest? Verpflichtet dich deine Überlegenheit nicht dazu? Und sind sie nicht wiederum im Rechte, dich einzusperren, weil du den Gehorsam untergräbst? – Dies ist ein Gleichnis für höhere und bösere Lagen: wobei zuletzt immer noch die Frage bleibt, was uns unsere Überlegenheit, unseren Glauben an uns selber in solchen Fällen gewährleistet. Der Erfolg? Aber da muß man eben schon das Ding thun, welches alle Gefahr in sich trägt, – und nicht nur Gefahren für uns, sondern für das Schiff.«

Zwischenakt, Umbau, Kostümwechsel.

Wütend fahre ich nach Hause. Warum muß ich mir das gefallen lassen? Die Leitung eines Theaters ist ohnehin nicht eitel Sonnenschein, und mit den speziellen Schwierigkeiten im Palast der Republik, weiß Gott, kein Vergnügen. Ich tue es doch nicht für mich, es ist doch kein privates Hobby, um das ich kämpfe. Es geht um ein Theater.

Der einzige, der ein Recht zu urteilen hat, ist der Zuschauer. Aber auch er wird durch diese Reinrederei entmündigt.

Im Autoradio höre ich, daß Honecker aus dem Krankenhaus entlassen ist und einen Erholungsurlaub antreten wird.

Zu Hause finde ich einen Brief meiner Mutter vor:

»Mit den schweren Dingen muß man im Leben allein fertig werden und so hab ich meinen Kummer und meine Verzweiflung versucht zu tragen – ich denke jetzt so oft, daß ich mit meinen Kräften am Ende bin – aber oft war es so in meinem Leben, daß ich fast Unmögliches noch fertigbrachte, weil die Kräfte wuchsen, wenn ich meinte, ich werde gebraucht.

Ich war gestern in Dresden und dort hat mir die Stationsärztin brutal die Wahrheit gesagt ... Ich mag nichts wiederholen – es wird jetzt sozusagen die letzte Reserve eingesetzt, das bedeutet, daß Axel ab Dienstag täglich drei Stunden am Tropf hängen wird und gleich mit zwei Präparaten behandelt wird. Wie sie meint – Erfolg wird es sicher nicht haben. Über kurz oder lang muß Axel sterben – wörtlich: ›Das kann schnell gehen, es kann aber auch Jahre dauern; also tun Sie alles, was Sie für ihn tun können, gehen Sie mit ihm ins Theater, richten Sie die Wohnung ein. Er soll jetzt noch das tun, was er tun muß.‹

Aber die letzte Chance ist noch nicht vergeben, warum sonst setzen sie diese Medikamente ein. Warum die Quälerei – warum? Ich war anschließend bei Axel, und noch ist er voller Hoffnung – aber er sagte mir: ›Ich habe Angst, mir ist immer schlecht.‹ Und ich habe mir nichts anmerken lassen, so elend mir war. Ich weiß nicht, wie ich nach Hause gekommen bin, –

ich weiß nicht, wie es weitergeht, – und doch denke ich, daß ich jetzt nicht schlappmachen darf. Ich will es versuchen. Aber ich muß Dir auch etwas aufschreiben, was ich denke, das ich sagen muß.

Wenn mir etwas passiert, dann ...

Ich werde mein Möglichstes tun, steh mir zur Seite, meine Große.«

Meine Mutter ist nie von Axels Seite gewichen. Bei allen Katastrophen, Krisen, Scheidungen hatte sie ihre Hände über ihn gehalten, auch als er schon lange kein Kind mehr war. Und so sehr er dagegen rebelliert hatte, so sehr brauchte er sie. Jetzt, in der Mitte des Lebens, sollte er ihr genommen werden.

Mir tut das Herz so weh.

Meine Sinne weigern sich, die schrecklichen Fakten zu glauben. Axel wird es schaffen. Er ist stark, er ist noch jung. Er hat so viele Krisen überstanden. Er hat sich von der Fronarbeit und Verlogenheit der Zeitungen befreit. Er hat den »Umgehungsjournalismus«, wie er seine Arbeit genannt hatte, weggeworfen und ein Buch geschrieben. Zeitweise haben ihn die politischen Umstände so zermürbt, daß es ihm nicht möglich war zu arbeiten. Er wurde mager und hatte unstete Augen. Er verzankte sich mit allen und fühlte sich verfolgt und observiert. Verzweifelt stellte er einen Ausreiseantrag – in die Sowjetunion. Zwei Ehen waren ihm zerbrochen. Er hat alles überstanden. Er hat entzückende Kinder, die ihn lieben. Und er hat wieder eine Liebe. Diese Liebe hält ihn, hilft ihm.

Das war eine Geschichte, wie man sie nur in Romanen liest. Auf der Suche nach einer Wohnung war Axel Ilona auf einem Amt begegnet. Sie verliebten sich und gingen zusammen aus. Sie hatten sich noch nicht einmal geliebt, als Axel von seiner tödlichen Krankheit erfuhr. Da ging sie nicht, da blieb sie, da hielt sie zu ihm.

Schlaf – Tiefschlaf, Traumschlaf. Hilf mir aus meinen Gedanken! Nachts liege ich unter Gregors Arm und habe Wadenkrämpfe wie als Kind. Wenn es mir schlecht geht, kommen sie wieder – Wadenkrämpfe, Muskeln aus Stein. Ich ziehe an meinem großen Zeh. »Versuch, an etwas anderes zu denken«, sagt Gregor. »Erzähl mir was!« Wie immer, wenn es mir schlecht geht, kommt mir meine Kindheit in den Sinn.

Ach, war ich ein häßliches Kind, dürr, langbeinig, unterernährt. Deshalb wurde ich eines Tages einer Kommission vorgestellt, die entschied, daß ich aufs Land sollte, Kinderlandverschikkung.

Das ging so: Ein Zug auf dem Leipziger Bahnhof wurde mit Kindern vollgestopft und fuhr eine Route über die Dörfer. Er hielt an jeder Station und lud Kinder aus, je nachdem wieviele Quartiereltern es gab. Die standen auf dem Bahnhof und suchten sich »ihr« Kind aus. Es war quälend, ich wußte, keiner würde mich haben wollen. Als ich an einer Station auf freiem Felde ausgeladen worden war, blieb ich übrig. Alle zogen schon davon, da kam noch verspätet ein Ehepaar und schaute sich suchend um. »Bist du die letzte?« fragten sie, und ich konnte vor Scham kaum nicken. »Na, dann kommt mit.« Sie luden meinen Koffer auf den mitgebrachten Handwagen, und wir marschierten über fünf Kilometer staubigen Weg, gesäumt von krüppligen Pflaumenbäumen. Sie waren einsilbig und betrachteten mich mitleidig. Wenn sie sprachen, verstand ich sie kaum, denn sie benutzten ein spezielles Sächsisch, das in der Gegend von Colditz an der Mulde gesprochen wurde. Es war der Schneidermeister des Ortes, bei dem ich gelandet war. Er hatte eine kleine Landwirtschaft und versah das Amt des Küsters. Dreimal am Tag wurde zur festgesetzten Stunde geläutet. Der Sohn, ein Flegel um die Vierzehn, war sehr erfreut, daß jemand ins Haus kam, den er knechten konnte. Er nahm mich mit zum Läuten und verlangte eine Mutprobe. Ich solle mich auf den Glockenbalken stellen und zum Turm hinausschaukeln. Ich wundere mich heute noch, daß ich nicht abgestürzt bin. Ich war nie schwindelfrei, fürchtete mich vor hohen Brücken, stieg nie auf Bäume. Ganz fest klammerte ich mich an den Balken und schloß die Augen. er hängte sich an die Seile, und während mir die Glocken in den Ohren dröhnten, schwebte ich über sächsischem Land. Die fünf Minuten Geläut – es waren für mich Tage.

Die Frau des Schneidermeisters nahm mich mit, wenn sie die Kirche saubermachte oder schmückte, wie zum Erntedankfest. Eines Tages gab sie mir den Auftrag, auf dem Altar Staub zu wischen. Ich hatte Angst, Angst vor dem Heiligtum. Vorsichtig wischte ich über die Bibel und erwartete einen strafenden Blick für solche Entweihung. Nichts. Ich wischte über Christus, der mit leeren Augen am Kreuz hing. Nichts. Die Farbe blätterte ab, ein schmutziges Taschentuch lag neben vertrockneten Blumen, rostiges Gestänge hielt den Altar an der Mauer fest. Das war alles? Ein Vogel flog durchs Schiff und mir dämmerte, daß man mich veralbert hatte. Ich war auf den Leim gegangen, der gar nicht klebte. Ich konnte meine Füße vom Boden heben, gehen, wohin ich wollte. Ich hatte ein Prinzip begriffen, eine Formel gelernt: Ich gehe, wenn ich will!

Aber ich konnte damals noch ganz andere Erfahrungen machen, zum Beispiel wie man im Schneidersitz näht und anschließend auf einem blankgewichsten Brett bügelt, und wie der Bolzen des Bügeleisens im Herd zum Glühen gebracht wird. Brot wurde gebacken, in einem Ofen, der mit Pflaumenreisig erhitzt wurde. Pflaumenmus wurde im Waschkessel gekocht. Die halbe Nacht mußte gerührt werden. Vor fünf Uhr am Morgen, wenn der Wald noch naß war, gingen wir in die Pilze. Jauche fuhren wir in einem Kessel auf dem Handwagen, der vom Hund gezogen wurde, aufs Feld. Und samstags wurde gebadet. Im Stall. Das Handtuch hing über der Kartoffelquetsche, damit es die Ziegen nicht fraßen. Wasser wurde in dem großen Kessel heiß gemacht, in dem wir auch Pflaumenmus gekocht hatten. Entweder kriegte jeder sein eigenes Wasser, dann waren gerade Hintern und Beine bedeckt, oder alle badeten im gleichen Wasser – das war dann quantitativ gut, aber qualitativ . . .

Seitdem bin ich eigen. Ich bestehe auf einem Badezimmer mit frischen Handtüchern. Und niemand darf sich an meinem Handtuch abtrocknen oder meine Bürste benutzen – außer Gregor.

Schlaf – Tiefschlaf, Traumschlaf. Der wiederkehrende Traum und Angst.

Meine Antennen sind ausgefahren. Sie kreisen Tag und Nacht, um keine Nachricht zu verpassen. Im *Neuen Deutschland* veröffentlicht unser führender Journalist, Erich Honecker, einen Artikel, in dem er die DDR als einen Staat bezeichnet »mit einem funktionierenden, effektiven sozialistischen Gesellschaftssystem, das sich mit den von ihm verwirklichten Menschenrechten auch in den Herausforderungen der neunziger Jahre bewähren wird.«

Ich lese die Zeitung nur noch aus Perversion.

Wenn das Telefon klingelt, zucke ich zusammen. Aber es ist nur der Theaterbetreuer von der Staatssicherheit, der sich anmeldet.

Er kommt, um mir zu sagen, daß die Stasi einem Musiker, der vor fünf Jahren nach einem Gastspiel in Italien nicht mit nach Hause gekommen war, die Wiedereinreise in die DDR genehmigen werde, denn der sei »sowieso nur ein armes Schwein«. Humanität als eine Ausnahmeregelung. Das werden wir in diesem Herbst noch öfter erleben.

Der Musiker C. war das Opfer eines unblutigen Gattenmordes in der DDR. Nach dem Tod seiner Frau hatte er wieder geheiratet, eine viel jüngere, sehr attraktive Frau. Wir bewunderten ihn dafür. Um so mehr waren wir erstaunt, daß er sie im Stich lassen wollte, und waren überzeugt, daß sie ihm bald nachreisen würde. Doch gefehlt. Kategorisch erklärte sie, in der DDR bleiben zu wollen. Was war geschehen? Sie hatte einen Liebhaber, und die beiden hatten überlegt, wie sie den störenden Ehemann loswerden könnten. Sie setzten einen simplen, teuflischen Plan um. Sie redeten ihm ein, daß er hierzulande unterprivilegiert sei, unter Wert gehandelt und unterdrückt werde. Die Frau schmiedete Pläne für ein neues Leben im Westen. C. nahm die Sache ernst, und das Pärchen war den Ehemann los, hatte Wohnung und Vermögen.

Die Behörden schienen das ganz in Ordnung zu finden, denn in der Zeitung stand neben dem Honecker-Artikel eine Mitteilung, daß Häuser und Wohnungen flüchtiger DDR-Bürger vergeben würden. Der Rückzug sollte den untreuen Bürgern abgeschnitten werden. Die Revolution strafte ihre Kinder.

Im Postkasten liegt eine Ansichtspostkarte »Grüße aus der Universitätsstadt Gießen an der Lahn«:

»Nach einem wunderschönen Wochenende mit Familie in Bonn, habe ich Gießen im Schnellverfahren absolviert.

Es grüßt Dich Dein Bruder Fried«

Wieviele dieser Postkarten sind damals verschickt worden? Gießen wird uns nicht als Universitätsstadt im Gedächtnis bleiben – »Auffanglager«, Stadt der Tränen, Stadt der Hoffnung.

Zwischenakt, Umbau, Kostümwechsel.

Zum Hohn werden immer mehr Parteiversammlungen angesetzt. Es ist nicht zu fassen, daß die Partei angesichts der gärenden Situation hartnäckig schweigt und die Jubelfeier zum vierzigsten Jahrestag vorbereitet.

Im Palast, in dem Festbankett und festlicher Ball stattfinden sollen, ist man fleißig. In der Leitungssitzung des Direktors werden folgende Themen behandelt:

– Stand der Vorbereitung des vierzigsten Jahrestages der DDR

– Stand der Erfassung von Sekundärrohstoffen und Futtermitteln

– Bedeutung der Kaderarbeit als politische Arbeit

Außerdem wies der Kulturdirektor H. auf die »Schwerpunktveranstaltungen in Vorbereitung des XII. Parteitages« hin

Sonstiges:

– Ab sofort wird der Einlaß für Personen durch Kräfte der Sicherheitsorgane in Zivil durchgeführt.

– Die Ehrenmedaillen zum vierzigsten Jahrestag der DDR können abgeholt werden.

Im Theater häufen sich Anrufe: »Ich komme nicht zurück. Ich muß die Zusammenarbeit leider beenden.«

Kaum hat der Leiter des künstlerischen Betriebsbüros unseres Theaters den Spielplan fertig, klingelt das Telefon. Schon das vierte Stück müssen wir aus dem Repertoire nehmen. Hajo E., unser Chef vom Künstlerischen Betriebsbüro, leidet physisch, daß das Theater so aus der Bahn geworfen wird. Die Schauspieler der Spielensembles reagieren auf seine Anrufe, die die Hiobsbotschaft über die Absetzung der Inszenierung vom Spielplan übermitteln, mit Betretenheit und Wut auf das System, das dieses Ausbluten erzwingt.

Mein wiederkehrender Traum: Ich stehe auf der Bühne. Es sind viele auf der Szene. Alles ist farbig. Ich höre Musik. Publikum. Ich weiß, gleich bin ich dran. Das Spiel treibt drauf zu, gleich kommt mein Einsatz. Aber worin besteht er? Soll ich auch gehen? Jetzt Mutter, Bruder, Tochter, Gregor und das Theater im Stich lassen?

Wieder klingelt das Telefon, und ich schrecke zusammen. Am anderen Ende sagt jemand: »Ihre Mutter ist gestürzt. Die Verletzung ist schwer, wahrscheinlich ein Oberschenkelhalsbruch. Sie ist im Krankenhaus und wird operiert.«

Es hat in der Luft gelegen, daß etwas passieren würde. O, meine Mutter! Ihre Kräfte haben sie verlassen, wenn auch nur für einen Augenblick. Es ist zuviel, viel zuviel für eine Mutter.

In Leipzig liegt meine Mutter im Krankenhaus St. Georg, ehemals ein schönes Bauwerk. Jetzt verkommen, verfallen. Notdürftige Improvisationen ersetzen notwendige Einrichtungen. Sie liegt allein. Ihr Gesicht ist aufgedunsen, sie blickt mich verzweifelt an, als ich zur Tür hereinkomme. Sie kann kaum sprechen. Nach einer Weile sagt sie: »Wofür habe ich diese Strafe verdient? An den Folgen einer solchen Verletzung ist meine Mutter gestorben. Wer kümmert sich jetzt um Axel? Axel, Axel!« Ich wasche sie, mache ihr ein Butterbrot, versuche sie zu trösten, selbst untröstlich. Während ich sie streichle, unfähig zu denken, schweift mein Blick über das alte Bett, den abgesplitterten Schieber, die schiefen Schranktüren. Wie hat der Arzt vorhin gesagt: »Ich bin froh, daß wir Ihre Mutter auf der schönen Station unterbringen konnten.«

Sie haben sich gewöhnt, gewöhnen müssen! Das ist schlimmer als böse Worte. Wie müssen die anderen Stationen aussehen!

»Leider fehlen Schwestern, sie sind aus dem Urlaub nicht zurückgekommen. Es sind auch nur noch zwei Ärzte da, die operieren können.«

»Alles wird gut, sei ganz ruhig, das wird schnell heilen, hat der Arzt gesagt, sei ruhig . . .«

Ich halte die Hand meiner Mutter, die leise weint. Die Flugzeuge dröhnen über das Krankenhaus. Der Spätsommernachmittag stinkt nach Chemie durchs Fenster und überdeckt selbst den Krankenhausgeruch.

Leipzig wird vergiftet. Aus der Luft schlägt der Industriedreck aus Leuna, Buna, Espenhain als klebriger schwarzer Nebel, als stinkender Regen, als rußiger Wind auf meine Vaterstadt nieder. Es stinkt vom Himmel. Die kleinen Flüsse sind Kloaken der Chemie geworden, bedeckt mit schmierigen Schaumschollen. Die Stadt hat Ausschlag. Die Augen tun weh, wenn man die kranken Häuser und Bäume ansieht. Dreck knirscht zwischen den Zähnen. Die Straßen, durch die sich quietschend die Straßenbahn quält, sind löchrig und holprig.

Leipzig, eine Stadt in der DDR, eine deutsche Stadt. Es sind die Widersprüche des Landes, die hier kulminieren. Die Kontraste sind schärfer, die Aggressivität größer als anderswo. Vieles von dem, was sich heute an verschiedenen Orten formuliert, ist dort lange schon erlebbar.

Leipzig, ein steingewordenes Bündel von Widersprüchen. Ehemals war das eine Weltstadt, Ost-West-Metropole des Handels mit langer kultureller Geschichte von sächsischem Großbürgertum, ausgestattet mit Selbstbewußtsein und Identität. Heute heruntergewirtschaftet zur sozialistischen Provinz mit gekappten Traditionen. Das Bürgertum exilierte in die Metropolen des Kapitals. Geschäftsfreunde, Sportfreunde, einfach nur Freunde, alle gingen weg. Unser Kürschnermeister vom Brühl war einer der wenigen, die blieben. Er glaubte, wenn er nur tüchtig sei, würde man ihn in Frieden arbeiten lassen. Er arrangierte sich mit den Herrschenden. »Jetzt hab'sch n'scheen Mantel fir de Gretschkown gemacht, die Alte von däm sowjetschen Marschall.« Es hat ihm nicht geholfen. Als man ihm seine Kürschnerei in den sechziger Jahren wegnahm, weinte er. Nach wenigen Monaten war er tot.

Und immer noch jedes Jahr die Messe: Die Welt kommt nach Leipzig, aber die Leipziger kommen nicht in die Welt. Leipzig, ein paar Tage im Jahr, das Bewegungsfeld von Kapital. Ein paar Tage, in denen über der Stadt die Illusion schwebt, mehr zu sein, als Provinz. Ein paar Tage vom Rest der DDR bestaunt, bewundert, beneidet. Schroffheit der Widersprüche, täglich erlebbar. Aber dann beginnt der Alltag wieder und das, was Brecht den »stinkenden Atem der Provinz« nannte. Der Fall aus der Illusion schlägt in Aggressivität um.

»Helle, hämisch, heimtückisch«, sind die Sachsen, heißt es. Sie haben eine besondere Lakonie, die sie auszeichnet. Probe: »Da sagt der zu mir, wie heißtn du? Da sag ich zu dem, wieso denn?« Ein Sachse kämpft still, zäh und verbissen. Wenn ihm Widerstand entgegengesetzt wird, sagt er leise: »Das wärdn wir doch sähn!« Und er wird sehen, daß er siegt.

Und mit diesen Eigenschaften haben sie sich eingerichtet in der DDR, der ungeliebten, die aber dennoch die Verkörperung von Macht und Autorität ist, der Staat. Das Resultat dieses Arrangements sind fiktive Identität, unruhiger Opportunismus, dumpfer Nivellierungsdrang. Haltungen, in die wiederum der Staat seine Wurzeln schlagen kann. Bis zu dem Tag, an dem er solche Schwäche zeigt, daß nicht einmal mehr ein Deutscher an ihn glauben kann.

Seit Generationen wohnt meine Familie in Leipzig. Nun frißt die Braunkohle das Haus meiner Großmutter. Das war einmal eine schöne Villa im Vorort Markkleeberg mit großem Garten und Kutscherhaus. Hinter dem Haus begannen die Felder, aus denen die Lerchen in den Himmel jubelten. Dort residierte meine Urgroßmutter und tyrannisierte die Familie. Dort bedeckte das große Freimaurerwappen meines Großvaters die Wand des Empfangssalons. Carl Lauterbach war Musikverleger und Mäzen. Die Großen der Musik gingen bei ihm ein und aus. Der beste Freund meines Großvaters war Max Reger.

Meine Großmutter erzog den Sohn und ihre sechs Töchter und verheiratete sie alle – bis auf meine Mutter – standesgemäß. Mein Vater war der einzige junge Mann, der nicht in Dunkel und weißen Handschuhen um die Hand des Fräulein Tochter bei der verehrten gnädigen Frau anhielt. Er bat die liebe Mutter in Knickerbockern um Verständnis, daß er Ruth heiraten würde – und das tat er auch.

Meine Urgroßmutter sah aus wie eine Urgroßmutter. Sie saß auf einem Renaissancestuhl mit geschnitzten Löwenköpfen, der am Fenster stand mit Blick auf das große Tor. Sie hatte ein schwarzes Spitzenhäubchen auf, eine Plüschdecke über den Knien und verwechselte stets ihre Urenkel, die in Massen durch ihr Zimmer schwemmten.

Heute könnte man von diesem Platz aus die großen Schaufelbagger sehen, die das Land in eine grauenvolle, zerstörte Science-fiction-Dekoration verwandeln. Teure, sinnlose Vernichtung alten Kulturlandes.

Urgroßmutter ist fast hundert Jahre alt geworden. Von ihren Enkelinnen war meine Mutter die schönste. Immer wurden ihre Beine bewundert.

Meiner Mutter Glück war immer, andere glücklich zu machen. Sie konnte fast alles – außer kochen. Das konnte meine Großmutter gut. Ihre Apfelgelees waren exzellent. Sie machte Saft aus Holunderbeeren. Der Saft wurde in Bierflaschen mit Schnappverschlüssen gefüllt und dann in der Röhre eingekocht. Regelmäßig explodierte eine Flasche, und die Küche mußte geweißt werden. Im Winter, wenn es heiße Holundersuppe mit Keksen und Grießklößchen gab, war das Malheur immer noch ein Anlaß zum Gespräch.

Von meiner Großmutter gibt es ein schönes Foto, wie sie hoch zu Pferde sitzt. Die Lauterbachs waren eine Familie couragierter Weiber. Mit fünfundsiebzig Jahren hielt meine Großmutter ein durchgehendes Pferd auf. Als meine Mutter ihr deswegen Vorwürfe machte, sagte sie: »Quatsch, es war ein ganz junges Tier.«

Die älteste Schwester war der erste weibliche Doktor der Naturwissenschaften der Leipziger Universität. Und meine Mutter ist ohnehin gebündelte Energie und bewunderungswürdige Willenskraft. Wird sie auch dieses Mal durchhalten, geschwächt von all dem Schrecklichen, was sie durchleben mußte und noch muß?

Wird die Kraft reichen?

Es ist dunkel, als ich gehe. Sie ist erschöpft eingedämmert. Als ich durch die öde Krankenhausanlage gehe, denke ich daran, wie ich mit dem Baby Nina zum krebskranken Großvater hierher gefahren war. Wie mein zweiter Vater, ein bekannter Leipziger Internist, seine Praxis verlor und hier im St. Georg gerade noch arbeiten durfte. Wie meine Mutter ihn geheiratet hatte, als er im Gefängnis saß. Er war verhaftet worden unter dem Vorwand, er habe gegen Paragraph 218 verstoßen. Aber der Hauptvorwurf ging gegen einen renommierten Arzt mit Privatpraxis und dessen Familie. Meine Mutter hatte für ihn gekämpft, und das hatte sie eben besser gekonnt, wenn sie seine Frau war.

Das gemeinsame sonntägliche Klavierspiel fiel mir ein: Haydn-Sinfonien zu vier Händen. Unsere gemeinsame Kochleidenschaft. Taschengeld verdiente ich mir, indem ich seine Bücherkartei führte und die neuesten Ergebnisse der großen Auktionshäuser aufschrieb. Er war ein großer Bibliophile und als Bücherhai unter anderen Haien gefürchtet.

Hier, im Krankenhaus St. Georg, war er an den Folgen eines Schlaganfalls gestorben. Meine Mutter war in seiner letzten Stunde bei ihm.

Zwischenakt, Umbau, Kostümwechsel.

Fast nur am Rande habe ich inmitten dieses Kummers, die Öffnung der Schlagbäume zwischen Ungarn und Österreich registriert. Gregor und ich sitzen nachts vor dem Fernseher und lachen über die witzigen, bissigen Bemerkungen unserer Landsleute, die mit ihren Trabis und Wartburgs dem sozialistischen Vaterland ihren stinkenden Auspuff zukehren.

Gute Zeit für Witze. Man versucht, den Frust von der Seele zu lachen. Das Lachen ist laut und gehässig, aggressiv und hämisch, als wollten wir uns endgültig kaputtlachen.

Honecker bekommt von Gorbatschow ein Auto geschenkt. Er setzt sich gleich hinters Steuer und will losfahren. Aber das Auto fährt nicht. Er geht raus und sieht unter der Motorhaube nach: Kein Motor drin. »Aber Michael, das Auto hat ja gar keinen Motor?« Gorbatschow: »Brauchst du doch auch nicht, bei euch geht es doch sowieso nur noch bergab.« Honecker: »Und wenn es doch irgendwann noch einmal bergauf geht?« Gorbatschow: »Brauchst du auch keinen. Dann sitzt du ganz bestimmt nicht mehr hinterm Steuer.«

Honeckers Lieblingssport ist Bobfahren: Links eine Mauer und rechts eine Mauer und schnell bergab.

Frage: »Würdest du Honecker die Füße küssen?« Antwort: »Ja, wenn er hoch genug hängt.«

Die ungarische KP braucht Mitglieder. Und für jeden, der neue Mitglieder wirbt, gibt es eine Prämie: Wer ein Mitglied wirbt, der braucht ein Jahr lang keinen Parteibeitrag zu zahlen. Wer zwei Mitglieder wirbt, der darf aus der Partei austreten. Und wer drei Mitglieder geworben hat, bekommt einen Schein, daß er nie in der Partei gewesen ist.

Zwischenakt, Umbau, Kostümwechsel.

Von meinem Intendantenschreibtisch kann ich mit den Augen über das neue und alte Berlin bis zum Alex spazierengehen. Ich sehe die Friedrichswerdersche Kirche, von Schinkel erbaut, den Palast und auch das ehemalige Bankgebäude von Herrn Abs, das jetzige Zentralkomitee der SED, auch das »hohe Haus« genannt.

Dorthin bin ich schon wieder bestellt, nun aber ausdrücklich zu einem Gespräch unter vier Augen. Doch bevor ich mich auf den Weg machen kann, richtet mir die Sekretärin aus, daß die

Genossin Ragwitz zu einer wichtigen ZK-Sitzung gerufen worden sei. Sie bäte um Geduld.

Endlich! Die Partei beginnt nachzudenken, will ihre Sprachlosigkeit überwinden, Entschlüsse fassen, handeln.

Aus meinem Fenster sehe ich auf den Platz vor dem »hohen Haus«. Er ist leer. Der Parkplatz normal frequentiert. Vielleicht sind die ZK-Mitglieder zu einer Sondersitzung durch einen Hintereingang gelotst worden. Vielleicht ist jetzt eine historische Stunde? Vielleicht . . .

Als der Anruf kommt, der mich ins ZK ordert, orakle ich: »Die Stimmung wird niedergeschlagen, gedrückt sein.«

Aber, wo ich gehe im »hohen Haus«, normale Geschäftigkeit, normale Freundlichkeit. – Die leitende Genossin Hausfrau empfängt mich im neuen Strickkostüm: »Entschuldige, aber wir haben noch ein paar zusätzliche Nationalpreise beschlossen. Schließlich ist es ja der vierzigste Jahrestag.«

Da denke ich, mich streift ein Bus, mich tritt ein Pferd, mein Hamster bohnert.

Wahrscheinlich bemerkt sie meine Fassungslosigkeit. Sie bietet mir Platz an, klopft hart auf den Tisch und sagt: »Du wirst sehen, wir gehen gestärkt aus er ganzen Geschichte hervor, gestärkt.« Da finde ich meine Sprache wieder: »Wie macht Ihr das?« Und sie fragt schwerhörig: »Hast Du was gesagt?«

Ideologie ist nicht mit Logik beizukommen, alles ist möglich. Meine Meinung über Menschen, die Macht ausüben, war nicht hoch. Kaum einen habe ich gefunden, der damit souverän umgegangen wäre, der den Sinn des Wortes Macht begriffen hätte, was bedeutet, man hat etwas zu machen für andere. Man hat hart zu arbeiten, zu dienen. Die meisten werden vom Repräsentationsfieber, vom Rechthabenkrampf, vom Eitelkeitsrausch befallen. Sie verwechseln sich mit dem Amt, das sie vertreten. Mißbrauch, Eigennutz, Opportunismus. Sie verwandeln sich in Maschinen, Schalter und Sprachrohre.

Trotzdem erschrecke ich über die gefährliche Weltfremdheit. So etwas regiert? Am liebsten hätte ich mit unserem Sachsenkönig, August dem Starken, gefragt: »Derfen die denn das?« Wie aus einer anderen Welt erreicht mich die weitere Rede der Genossin: »Ich mache mir Sorgen um dich. Wir alle machen uns Sorgen. Du bist so abweisend und absolut. Du siehst schlecht aus, Du arbeitest zuviel. Willst du nicht mit deinem Freund zur Kur fahren? Gleich oder nächste Woche?« –

Die wollten mich loswerden.

Früher delegierte man in die Produktion. Das wurde damit begründet, daß man als Künstler das Leben der arbeitenden Klasse kennenlernen sollte. Was eine »Sache der Ehre« sein sollte, wurde als Erziehungs- und Strafmaßnahme gehandhabt.

Zweimal hatte es mich ereilt, damals, als ich an der Filmhochschule studierte. Vor mir liegen noch die Lohnabrechnungen, die meine Mutter aufgehoben hat. So war ich in der Ziegelei Zehdenick als Zuschieber tätig und habe dafür netto 66,85 Mark für zwei Wochen in der Lohngruppe drei bekommen. Und als Arbeiterin in der Zwirnerei des VEB Kunstseidenwerkes »Friedrich Engels« in Premnitz 96,29 Mark netto. Benutzen mußte ich das Tor zwei, stand auf der Abrechnung. Armut habe ich dort kennengelernt, Roheit und Abgestumpftsein. Ich habe mir bewiesen, daß ich auch in einer Zwirnerei arbeiten kann, aber zugleich hat sich in mir eine tiefe Abwehr festgesetzt. Es war mir nicht möglich, das Leben der Werktätigen in einem goldenen Licht zu sehen. Freundlichkeit habe ich auch dort empfangen und versucht zu geben, aber wir sind uns fremd geblieben. Zwei Welten.

Die Hochschule für Filmkunst und Fernsehen, wie ihr voller Name lautete, hatte keine gute Schauspielfakultät. Die Dozenten der künstlerisch-technischen Fächer waren exzellent. Aber die Dozenten des Hauptfaches waren durch die Bank gescheiterte Künstler. Wahrscheinlich ging man davon aus, daß letztlich nur das Talent entscheidet und Kunst nicht zu lehren sei. Meine Schauspiellehrer liehen mir Geld, nahmen Anteil an meinem Liebeskummer und waren nett. Aber die Geheimnisse des Berufes haben sie für sich behalten.

Nach Jahren erst habe ich zwei Frauen getroffen, die viel wußten vom Beruf des Schauspielers und ihr Wissen auch vermitteln konnten. Eine war Marita Goettgen, die das Geheimnis von Stimme, Atmung und Gestus des Schauspielers beherrschte. Die andere war Hilde Buchwald, die alles über das schauspielerische Denken mit dem Körper und der Bewegung wußte. Beide haben mich beeinflußt und geformt, haben Nachsicht gezeigt, mich nie aus der Pflicht entlassen. Freundin bin ich beiden geworden, und ich werde ihnen immer dankbar sein.

Jetzt, wo ich selbst Professorin bin, habe ich erfahren, wie mühsam und sinnlos es erscheint, Erfahrungen der Bühnenarbeit, ihre Demütigungen und die notwendige Demut jungen Leuten voller Ideale und Himmelsstürmerei zu vermitteln. Hat man Glück, denken sie vielleicht irgendwann in zehn Jahren: »Mensch, so unrecht hatte die Alte ja gar nicht.«

Mein wiederkehrender Traum: . . .

Bühne . . . viele . . . farbig . . . Publikum . . . kenne Stück nicht . . . Souffleuse . . . kein bekanntes Gesicht auf der Bühne?

Ich sitze wieder mit Markus Wolf auf der Bühne. Resonanz und Erfolg sind so groß gewesen, daß wir diese Reprise vereinbart hatten. Wieder kann keine Stecknadel zu Boden fallen, so voll ist es. Wieder sind die flinken Posten von Horch und Guck da, um Mißliebiges gleich zu notieren.

Aber man soll nie versuchen, Erfolge zu wiederholen. Verluste sind sichtbarer als Gewinn.

Markus Wolf liest und diskutiert, wie beim ersten Mal. Aber die Welt hat sich gedreht, die Zeit hat eine enorme Beschleunigung erfahren. Die Worte werden papieren, die Gedanken zünden nicht mehr. Was im Juni mutig gewesen war, wird im Wust der Äußerungen von Unzufriedenheit im September allgemein. »Dagegen« ist jetzt jeder.

Für die Sorte von Funktionären, die plötzlich das Nichtfunktionieren der sozialistischen Republik entdecken und sich in Interviews trutzig äußern, hat ein Freund einen schönen Spruch bereit: »Die Ratten springen auf den fahrenden Zug.«

Selbstgesprächen kann man nicht ausweichen.

Das Wiederkäuen meines Lebens ist kein heiteres, unbeschwertes, lustiges Dahinschreiben, sondern ein Weg zu bitterer, herber, wehetuender Erinnerung.

Axel ist von Dresden nach Leipzig gefahren, zur Mutter. Das muß ihm eine übernatürliche Anstrengung abverlangt haben. Die Mutter bewegungsunfähig im Bett, mein kranker Bruder erschöpft auf dem Stuhl. Leidende Kreaturen, die versuchen, einander zu halten. Meine Mutter weint bitterlich, als sie mir davon erzählt. »Keiner hat mir gesagt, daß Axel alle Haare verloren hat. Ich war so erschrocken und konnte es vor ihm nicht verbergen.« Mein Bruder hatte einmal schöne Haare, kräftig und schwarz.

Wiederkehrender Traum ... Angst ...

Nachts, wenn wir Bein an Bein liegen, und ich mit offenen Augen Polizeisirenen nachhöre, scheinen mir die politischen Schlachten unsinnig angesichts des Elends, das Krankheit mit sich bringt. Ich gäbe alles, was ich je besessen, wenn mein Bruder eine Stunde länger leben, was mir je Erfolg war, wenn meine Mutter wieder laufen könnte.

Das Telefon im Monat September klingelt nur, um Hiobsbotschaften zu verkünden. Heute 11.10 Uhr, wie der Produktionsleiter, der das Gespräch entgegennimmt, präzise vermerkt, ruft

Bernd Peschke an. Er teilt mit, daß er und der Schauspieler Manfred Ernst in der Bundesrepublik seien und nicht mehr zurückkommen werden.

Die Nachricht trifft mich unerwartet. Minutenlang bin ich unfähig zu denken. Wieder will ich die Katastrophe nicht zur Kenntnis nehmen. Natürlich verstehe ich die beiden. Sie haben in diesem Land nichts mehr zu verlieren. Die Vorstellungen von *Quartett* sind das einzige Band gewesen. Beide hatten sonst keine Arbeit, kein Geld, keinen Paß, keine Aussicht auf Änderung. Mein Schock schlägt in Aktionismus um. »Wir müssen schreien, wir müssen etwas tun gegen diese Austreibung, gegen das Ausbluten dieses Landes.«

Gregor und ich fahren zu Heiner Müller. Der sitzt auf dem Stuhl vor der offenen Balkontür in seinem Neubaucontainer und hört zu, ganz still. Dann zündet er sich eine Zigarre an. Dann schweigen wir. Lange. Was soll man schon sagen, außer »naja«. Das Gespräch tropft. Langsam kreisen wir eine Idee ein. Eine letzte Vorstellung zu spielen. Als Zeichen. Als Protest. Wir konstatieren unsere Ohnmacht.

Auf dem Weg nach Hause sprechen wir über Peschke, den Theatermacher, den Freund. Wir wissen noch nicht, daß dies eine Geschichte mit tödlichem Ausgang sein wird.

Variante meines wiederkehrenden Traums: Ich stehe auf der Bühne. Ich bin allein ... gleich bin ich dran ... welches Wort, welcher Ton? Souffleuse? ... Angst. Jetzt ... Ich erwache schweißgebadet.

Als ich in der Nacht aus dem Theater komme, ich habe die letzte, 101. Vorstellung von Märta Tikkanens *Liebesgeschichte des Jahrhunderts* gespielt, finde ich einen Zettel von Gregor:

»Bin zu Müller, aber mein Herz ist bei Dir!

Hier die neusten Plattformen – (dazu ein Stapel Papiere kopiert, abgelichtet, zerlesen)

Heute: In Leipzig, Innenstadt abgesperrt, Riesendemo. Honni wieder an Bord des sinkenden Schiffes.

Wir haben jeder einen Schlüssel für die Wohnung. Das ist Deiner (paßt)!«

Müde hocke ich auf dem Fußboden vor dem Fernseher und sehe die vielen Flüchtlinge in der Prager und Warschauer Botschaft, lese in ihren Gesichtern, aufmüpfige Verzweiflung, entschlossenen Mut.

Sie werden es schaffen. Den kleinen Kindern, die sie bei sich haben, wird man von den kalten Nächten im Garten der Botschaft in Prag erzählen, und es wird klingen wie eine ferne Legende. Sie sind jung, sie sind gesund.

Axel kann die Bilder nicht sehen. Endlich hat er einen Fernsehapparat, aber in Dresden empfängt man die Bilder der westdeutschen Fernsehanstalten nicht. »Das Tal der Unwissenden« nennt der Volksmund Dresden. Mir gehen die Bilder aus seinem Krankenzimmer nicht aus dem Sinn. Der alte Mann, der apathisch vor sich hindämmert. Die untauglichen Versuche des Personals, es den Leidenden freundlicher zu machen mit billigen Farbdrucken an den Wänden. Aber es gibt nur eine Toilette für die ganze Station. Auch aus diesem Krankenhaus sind viele weggeblieben. Die Schwester, die Axel pflegt, war vierundzwanzig Stunden auf den Beinen. Ist man da noch zart, geduldig und behutsam? Vergißt man da nichts? Tut man da keinen Fehlgriff? Halt, ich darf nicht vergessen, Zellstoff zu besorgen. Die Station bekommt nur ganz kleine Zuteilungen.

Als ich im Bett liege, nicht müde, nicht munter, wünsche ich mir meinen wiederkehrenden Theateralptraum, um die Bilder aus den Krankenhäusern in Dresden und Leipzig loszuwerden. Aber der Traum läßt mich im Stich. Mit Angstbereitschaft schiele ich nach dem Telefon auf dem Fußboden. Wird es, nachts, schreien, wecken mit böser Nachricht . . .?

Als Gregor kommt, habe ich das Kissen naß geheult. Nackt stelle ich mich in die Küche und brate Steaks. »Weißt du«, sage ich, »wenn man lebt, muß man leben, richtig leben, ganz toll leben.« Gregor gießt Whisky ein.

Mir kommt der Spruch eines Mafioso aus einem alten Film in den Sinn:

»Tu es selbst, tu es gleich und hör nicht auf es zu tun.«

OKTOBER

In der Marienburgerstraße stehen keine Bäume. In dieser Straße sieht man nicht, wie sich die Natur im Oktober auf das Sterben einstellt.

In der Marienburgerstraße hängt eine einzige Fahne an der langen Häuserfront. In dieser Straße werden die Defizite der Gesellschaft genau registriert.

In der Marienburgerstraße trifft mich großer Schmerz. In dieser Straße lerne ich, mit Verlusten zu leben. Der Kalender zählt auf, was ich verlor.

Am zweiten Oktober

findet die letzte Vorstellung *Quartett* statt – rund um den Palast haben Panzer an allen Straßenecken der Innenstadt Stellung bezogen, sie bereiten sich auf die Parade zum Jahrestag und den »Ernstfall« vor. Das Zentrum der Stadt hat sich in ein Heerlager verwandelt. Mannschaften aller Waffengattungen üben Paradeschritt, Panzer und Raketenträger ihr Kolonnenballett, Lautsprecherbatterien ihre Phonstärke. Es ist gespenstisch. Die Nacht vor dem Kriege? Bis weit nach Mitternacht probt die Macht militärische Selbstdarstellung. Bis weit nach Mitternacht kann im Stadtzentrum keiner schlafen.

Das Theater ist voll, der letzte Stehplatz besetzt. Heiner Müller kommt direkt vom Flugplatz ins Theater – er hatte in Paris öffentlich über die europäische Kulturzukunft nachgedacht. Er hat einen entzündeten Fuß und kann nur in Stoffschuhen laufen. Langsam betritt er die Szene und räuspert sich: »Die Leitung des Hauses hat mich gebeten – weil der Darsteller des Valmont und leider auch der Regisseur in den Wirren der Zeit abhanden gekommen sind. Sie müssen nicht befürchten, daß ich Schauspieler werden will. Es handelt sich um einen einmaligen humanitären Akt.« Er zündet sich eine Zigarre an.

Wir stehen alle noch unter dem Eindruck der Fernsehbilder von den Flüchtlingen in der Prager Botschaft der Bundesrepublik. Heute morgen hat das *Neue Deutschland* zynisch kommentiert:

»Humanitärer Akt

Wie der Sprecher des Ministeriums für Auswärtige Angelegenheiten mitteilte, sind die ehemaligen Bürger der DDR, die sich rechtswidrig in den Botschaften der BRD in Prag aufhielten, über die DDR in Zügen der Deutschen Reichsbahn in die BRD abgeschoben worden ... Sie haben durch ihr Verhalten die moralischen Werte mit Füßen getreten und sich selbst aus unserer Gesellschaft ausgegrenzt. Man sollte ihnen deshalb keine Träne nachweinen ...«

Müller sitzt am Tisch und liest die Rolle des Valmont, ich spiele das Fragment einer Inszenierung. Die beiden Ebenen, Autor und Werk, Schauspielerin und Interpretation, schieben sich ineinander. Ein Theaterexperiment, das nur der Zufall bescheren kann, das nicht zu organisieren, nicht auszudenken ist.

Die Vorstellung läuft. Jeder Satz, fast jedes Wort kriegt eine ambivalente Bedeutung. Der Machtkampf der Geschlechter, der sich in Zerstörung und Einsamkeit, in Resignation und Rivalität, Selbsttäuschung und Selbstaufgabe auf dem Theater niederschlägt – er wird zum Gleichnis. Endspiel – heute zum letzten Mal! Ist es nicht ein verzweifelter Versuch der Merteuil, sich mit dem rissigen einzigen Leben ins Benehmen zu setzen, wenn sie sagt:

»Wenn ich die Augen schließe, sind Sie schön, Valmont. Oder bucklig, wenn ich will. Das Privileg der Blinden. Sie haben das bessere Los in der Liebe. Die Komödie der Begleitumstände bleibt ihnen erspart: sie sehen was sie wollen. Das Ideal wäre blind und taubstumm. Die Liebe der Steine.«

Draußen rollen die Panzer. Eine chinesische Lösung, der »himmlische Frieden«, droht dem bevorstehenden Feiertag wie ein blutiges Menetekel. Es ist ein perverses Gesellschaftsspiel: Im Palast bohrt sich der erotische Dialog unter die Haut, ins eigene Fleisch und verwandelt sich in politischen Protest, vor dem Palast marschiert die Gewalt.

Neues Deutschland:

»Volksrepublik China feierte den 40. Jahrestag ihrer Gründung, Egon Krenz überbrachte persönliche Glückwünsche Erich Honeckers an Deng Xiaoping, Pekings Tiananmen-Platz erlebte ein mitreißendes Fest der Lebensfreude. Krenz: ›Euer Feiertag ist unser Feiertag. Uns vereinen gleiche Ideale.‹«

An diesem Abend nehme ich *Quartett* sehr persönlich. Ich kenne den bitteren Ernst, mit dem Frauen versuchen, mit Variationen des Geschlechterspiels ihr Schicksal zu überlisten. Wie sie jede Rolle annehmen. Ich habe sehr persönlich erfahren, wie schnell sich jeder kleine Sieg in eine Niederlage verkehrt. Die Chancenungleichheit geht mich ganz persönlich an.

Valmont: Ich glaube, ich könnte mich daran gewöhnen, eine Frau zu sein, Marquise.
Merteuil: Ich wollte, ich könnte es.
(Pause)

Müller gießt sich Wasser ein und sagt: »Hier steht Pause. Ich lese jetzt einen Text, der nichts mit dem Ganzen zu tun hat. Es ist ein Text aus der ungarischen Geschichte –

Daily News nach Brecht 1989

Die ausgerissnen Fingernägel des Janos Kadar / Der die Panzer gegen sein Volk rief als es anfing / Seine Genossen Folterer an den Füßen aufzuhängen / Sein Sterben als der verratne Imre Nagy / Ausgegraben wurde oder der Rest von ihm / Bones and Shoes Das Fernsehen war dabei / Verscharrt mit dem Gesicht zur Erde 1956 / Wir die wir den Boden bereiten wollten für Freundlichkeit / Wieviel Erde werden wir fressen müssen / Mit dem Blutgeschmack unsrer Opfer / Auf dem Weg in die bessere Zukunft / Oder in keine / Wenn wir sie ausspein

Am Ende der Vorstellung steige ich die Marmortreppe nach oben – zum letzten Mal – und heule.

Die Videoaufzeichnung dieses unwiederholbaren Abends bleibt ein Dokument jenes preußischen Oktobers.

Als wir nach der Vorstellung nach Hause fahren, sind das Auto mit Müller und unseres die einzigen »Fahrzeuge mit Zivilisten« zwischen den grünen Mannschaftswagen und Schützenpanzern, zwischen Gulaschkanonen und Armeejeeps in der bewaffneten Stadt. Die Schminke klebt mir noch im Gesicht und mir ist, als ginge das Spiel von Gewalt und Erpressung nahtlos über vom Theater ins Leben.

Wo der Regisseur Bernd Peschke an diesem Abend ist, weiß ich nicht. Gebe Gott, daß er sich irgendwo betrinkt.

Wir jedenfalls tun das in dieser Nacht. »Der Tag geht, Johnnie Walker kommt«, so heißt es in der Reklame. Gregor und ich hocken mit alten Senfgläsern, gefüllt bis zum Rand mit Johnnie und Soda, im Bad auf dem Fußboden und drücken uns das Muster der vietnamesischen Matten in den Hintern. Vor dem Fenster blitzt der Fernsehturm seine Warnsignale den Flugzeugen in den versmogten Himmel. Ich friere, obwohl die Gasheizung läuft. Der Mastix in meinen Haaren stinkt.

Die Vorbereitungen zum vierzigsten Nationalfeiertag der DDR laufen auf Hochtouren. Das Theater wird für zehn Tage einfach zugemacht, um Baufreiheit für die Festdekorationen im Palast der Republik zu haben. Das Theater stört wieder einmal. Mir ist es nicht unrecht, denn nach dieser letzten *Quartett*-Vorstellung erscheint mir jeder andere Theaterabend fade und unwichtig. Ich bin genervt und reagiere geradezu hysterisch, als Honecker auf einem Treffen mit Widerstandskämpfern und Aktivisten der ersten Stunde sagt:

»In vier Jahrzehnten hat sich bestätigt, daß die Existenz der sozialistischen DDR ein Glück für unser Volk, für die Völker Europas ist.« – Die Welt ist aus den Fugen.

Axel hat für ein paar Tage Urlaub vom Krankenhaus bekommen, um Kräfte für das neue Medikament zu sammeln. Er genießt seine kleine Wohnung in der Nähe der Prager Straße, er genießt den Alltag. Seine Liebe hat ihn nicht verlassen, Ilona kümmert sich aufopferungsvoll um ihn.

Für den vierten Oktober

ist die zweite Massenausreise aus Prag mit der Reichsbahn durch die DDR vereinbart worden, und Tausende strömen auf die Schienenwege und Bahnhöfe, in der Hoffnung, aufspringen zu können, mitfahren zu dürfen – nichts wie weg. Der Hauptbahnhof in Dresden liegt unweit von Axels Wohnung, deren Umgebung noch ein Bauplatz ist. Als mein Bruder nach Hause will, findet er Straßen und Wege durch Polizei und Staatssicherheit abgeriegelt. Es hilft nicht, daß er seinen Ausweis zeigt, um zu beweisen, daß er nicht zum Zug, sondern in seine Wohnung will. Er wird nicht durchgelassen. Da muß dieser todkranke Mann über Bauzäune steigen, durch Betonröhren kriechen, sich zwischen Müllcontainern durchquetschen. Sein Lebensmut und sein sächsischer Humor haben ihm beigestanden. Als er mir seinen Heimweg mit Hindernissen erzählt, lache ich, obwohl mir zum Heulen ist. Ich will nicht, daß er merkt, was für eine Angst ich um ihn habe.

Am fünften Oktober

findet im Theater eine Versammlung aller Mitarbeiter statt, auf der heiß über die politische Situation debattiert wird. Viele machen zum ersten, zum allerersten Mal den Mund auf. Wir verabschieden eine Resolution, in der es heißt:

». . . In Sorge um die wachsende Entfremdung zwischen Bevölkerung und Regierung,

in Sorge um die abnehmende Identifikation der Bürger mit dem Staat,

in Sorge über den krassen Widerspruch zwischen Realität und deren Darstellung in den Medien

halten wir es für dringend erforderlich, das Schweigen zu brechen . . .

Es ist an der Zeit!«

Das hängen wir öffentlich aus – im Palast und im Theater. Die Stasi des Palastes registriert jeden, der stehenbleibt und liest. Aber das hält niemanden mehr ab.

Am siebten Oktober

folge ich einem Gastspiel ins Goethetheater Bad Lauchstädt mit Christa Wolfs *Selbstversuch*. Es ist ein schöner Herbsttag. Gregor sitzt zu Hause und arbeitet an der Herausgabe eines Bandes mit Interviews von Heiner Müller, Nina hat das »Volksfest« zu fotografieren, und ich fahre durch die sächsische Nichtlandschaft, rieche den Herbst, durchsetzt mit Chemiedreck, und freue mich, daß es eine Nachmittagsvorstellung ist. Auch in Bad Lauchstädt reagieren die Zuschauer übersensibel, hören sie aus jedem Satz einen Doppelsinn, so daß der Monolog durch Zwischenapplaus und Extempores beinahe zehn Minuten länger als gewöhnlich dauert.

Auf dem Rückweg fahre ich zu meiner Mutter nach Leipzig

ins Krankenhaus. Der Geruch von Bohnerwachs, Kampfer und gewärmtem Essen besetzt schon meine Sinne, wenn ich mit dem Auto um die Ecke biege. Kleine Freude, großer Sieg: Mutti kann schon auf dem Bettrand sitzen. Wie immer sprechen wir über Axel. Wir hoffen, wir bangen. Als ich heimkomme, geht über Berlin das große Feuerwerk nieder.

Gestern abend war Unter den Linden in Anwesenheit von Gorbatschow und den anderen Staatsoberhäuptern, die zum Jubelfeste angereist waren, der Fackelzug mit hunderttausend FDJlern zelebriert worden, heute vormittag die Truppenparade. Meine Lebenssituation zwischen Krankenhäusern und Theater in diesem preußischen Herbst der sozialistischen Agonie und des demokratischen Aufbruchs hält mich in Atem.

Als ich meine Requisiten aus dem Auto räume, taucht zwischen den fahrenden Autos in der Greifswalder Straße ein kleiner Demonstrationszug mit jungen Leuten auf, sie rufen: »Auf die Straße, auf die Straße!« In der Marienburgerstraße werden die Fenster aufgerissen. Jaulende Polizeiwagen aus dem Revier in der Immanuelkirchstraße, die parallel verläuft, sperren unsere Straße ab, schieben die Demonstranten vor sich her.

Am neunten Oktober

sind im *Neuen Deutschland* 28 Fotos von Honecker und folgender Text:

»Störung der Volksfeste verhindert

In den Abendstunden des 7. Oktober versuchten in Berlin Randalierer, die Volksfeste der DDR zum 40. Jahrestag zu stören. Im Zusammenspiel mit westlichen Medien rotteten sie sich am Alexanderplatz und dessen Umgebung zusammen und riefen republikfeindliche Parolen. Der Besonnenheit der Schutz- und Sicherheitsorgane sowie der Teilnehmer an den Volksfesten ist es zu verdanken, daß beabsichtigte Provokationen nicht zur Entfaltung kamen. Die Rädelsführer wurden festgenommen.«

Die Zeitung haben wir schon mit dem Koffer in der Hand aus dem Postkasten genommen. Wir sind auf dem Weg zu einem Gastspiel nach Luxemburg. Am Palast wartet ein Bus der Staatlichen Künstleragentur, um uns zum Flugplatz nach Tempelhof zu bringen. Der Motor läuft schon, da signalisiert der Bühnenpförtner noch ein Telefonat. Meine Sekretärin Ingrid K. war am Apparat: »Die Freundin Ihrer Tochter hat angerufen. Nina ist am Wochenende von der Polizei zusammengeschlagen worden. In welchem Krankenhaus sie liegt und welcher Art die Verletzung ist, konnte sie nicht sagen.«

Wieder bin ich nicht imstande, den vollen Umfang der Katastrophe zu erfassen. Ich flehe Ingrid, meine gute, treue Freundin und Sekretärin an, die Krankenhäuser telefonisch abzusuchen und Nina ausfindig zu machen. Bis ich in Tempelhof bin, hat sie herausgefunden, daß Nina in der Charité liegt, aber jede Auskunft über ihren Zustand verweigert wird. In meiner Not wende ich mich an Dr. E., einen alten Bekannten, und bitte ihn, seine Autorität als Chefarzt der Diplomatenklinik einzusetzen, um Nina dorthin zu holen. – Am Abend kann ich aus Luxemburg mit Nina sprechen. Sie wirkt gefaßt, offenbar noch ganz unter Schock.

Die Solidarität der Theaterleute, besonders des Intendanten W., ist wunderbar, trotzdem sind es zerrissene Stunden in Luxemburg zwischen Proben und Vorstellungen, zwischen Interviews für Gott und die Welt, zwischen Gregors Freude, zum ersten Mal in ein westliches Land zu dürfen und meiner Verzweiflung, nicht in Berlin zu sein. Alles verwischt und vermischt sich in meiner Erinnerung, ich weiß nur noch: Ich will nach Hause.

Vom Flugplatz fahre ich zu Nina ins Krankenhaus. Sie spricht stockend und leise, ihre geübte Ironie will nicht gelingen. Das Sprunggelenk ist operiert worden, es war mehrfach gebrochen, der Kopf schmerzt.

»An den Minister für Staatssicherheit
Minister des Inneren
Generalstaatsanwalt der DDR
Kopien an Hager (Politbüro), Ragwitz (Zentralkomitee der SED), Hoffmann (Kulturminister), Böttger, (Stellvertretender Kulturminister, verantwortlich für Theater), Wekwerth (Präsident der Akademie der Künste und Intendant des Berliner Ensembles), Chefredakteur *Freie Welt*

Am 7. Oktober 1989 wurde meine Tochter Nina Rücker von einem Polizisten brutal mißhandelt.

Nina Rücker arbeitet als Fotografin bei der Illustrierten *Freie Welt* und war mit dem Redaktionsauftrag, das Volksfest zu fotografieren, unterwegs. Bei der Ausführung ihrer Arbeit wurde sie von einem Uniformierten in der Mollstraße/Beimlerstraße grundlos mit dem Gummiknüppel auf den Kopf und in die Beine geschlagen. Das geschah so brutal, daß sie anschließend in der Charité operiert werden mußte, zur Zeit stationär behandelt werden muß und für wenigstens zwei Monate arbeitsunfähig ist. Außerdem wurden ihr die persönlichen Sachen zeitweise weggenommen und die belichteten Filme eingezogen. Ich bin empört über diese sinnlose Brutalität und fordere, daß die Verantwortlichen zur Rechenschaft gezogen werden, sowohl diejenigen, die geschlagen haben, als auch diejenigen, die den Befehl dazu gaben.

Ich werde meine Autorität als Künstlerin einsetzen, um diese Verletzung von Gesundheit und Würde eines Menschen öffentlich zu machen.«

Es sind hilflose Worte, die ich zornig niederschreibe. Zynisch hatte ja die Presse solche Leute wie Nina als Randalierer diskriminiert. Kein Wort, kein Satz scheint mir treffend genug. Nina ist an Leib und Leben verletzt, man hatte ihre Würde mit Füßen getreten. Bei jedem Besuch merke ich, wie Nina nicht nur körperlich leidet.

Was geht in mir vor – Schuldgefühle, weil ich sie nicht beschützt habe, kalte Mordlust, Scham, weil es nicht mich, sondern sie, die Kleine, Zarte, Schwache getroffen hat? Ich verstehe einmal mehr meine Mutter, die in ihrem Krankenbett in Leipzig mit dem Schicksal hadert, daß es mit der Krankheit ihren Sohn und nicht sie getroffen hat.

Alles, was in diesen Tagen des Oktobers 1989 geschieht, verschwindet für mich hinter dieser Verzweiflung.

Selbst die Zusammenkunft der Theaterleute im Deutschen Theater wird zweitrangig. Obwohl dort der Antrag an den Polizeipräsidenten von Berlin auf eine Demonstration am vierten November formuliert wird. Obwohl eine Resolution verabschiedet wird, die die Bestrafung der Verantwortlichen für das brutale Vorgehen von Polizei und Stasi am siebten und achten Oktober verlangt. Obwohl der Rechtsanwalt Dr. Gregor Gysi, der von der Bühne den Theaterleuten juristische Ratschläge gibt, sie über ihre Rechte aufklärt, sich bereit findet, Nina juristisch zu vertreten.

Ein Prozeß kann nicht schneller heilen und nicht die Kränkung vergessen machen. Ich setze in die DDR-Gerichte keine Hoffnung, denn hier ist kein Rechtsstaat.

Am achtzehnten Oktober

ist Ninas Geburtstag. So ein Geburtstag! – Wir sitzen auf dem Gang des Krankenhauses, an uns vorbei schlurfen Leute zum Klo. Viele, viele sind zu Nina gekommen, nicht nur um ihre Glückwünsche abzugeben, sondern um Solidarität zu bekunden. Während Nina vor mir im Rollstuhl sitzt, läuft unser beider Leben in mir ab.

Nina war so ein lustiges Kind. Sie hat die schönsten Briefe geschrieben. Zwei Zettel:

»Liebe Elternteile!
Sahar und ich haben für unsere bisherige Arbeit im Klub International zwei Karten für den Friedrichstadt-Palast bekommen. Es fängt 19 Uhr an, ich weiß nicht, bis wann es geht

Freundschaft Allen Völkern der Welt

Nina« –

»Habe Englisch! Dann gehe ich mich fotographieren lassen! Bin gegen 6 Uhr da! Kann auch sein, ich lasse mich nicht fotophieren«

Aus einem Pionierlager in Mecklenburg:

»Liebe Mama, ich habe ganz große Sehnsucht nach Dir und nach dem Hund. In unserer Gruppe sind noch viel, die Sehnsucht haben, und in unserem Zelt fängt 21.30 Uhr die Heul-Stunde an, da ist es am besten, wenn man schon schläft oder wenn man unter die Decke kriecht und für sich heult.

Gestern abend hatten wir ein Miting (ich weiß nicht wie es geschrieben wird), es war ganz schau. Außen standen wir mit Fackeln, ab und zu kam mir auf einmal die Gänsehaut.

Wir hatten in der Zeit schon Manöver, Neptunfest und Pioniertanz. Das Manöver hat Spaß gemacht, unsere Gruppe hat in unserer Lagerfreundschaft den ersten Platz gemacht. Das Neptunfest hat keinen Spaß gemacht, von unserer Gruppe wurde keiner getauft. Der Pioniertanz war ganz schön. Wir haben uns ausgesponnen.

So, nun gibt es Essen, ich muß auf der Lagerstraße antreten, es gibt Kartoffelsuppe mit Obst.

Das Essen ist nicht besonders. Die Jungen wollen sich beschweren, weil der Milchreis wie Eierpampe geschmeckt hat.

Jetzt versucht Nina mit großer Mühe aufzuschreiben, was und wie es sich am Jubeltage der DDR ereignet hat. Es sind Schmierzettel, die sie mir gibt. Sie hat immer wieder neu angesetzt, und aus vielen Formulierungen spricht Angst. Es fällt ihr schwer, sich zu erinnern, der Schock sitzt tief.

Bericht von Nina Rücker:

»Am 7. Oktober 89 nahm ich um 12.00 Uhr, zum offiziellen Beginn des Volksfestes, meine Arbeit auf. Der Auftrag meiner Redaktion *Freie Welt* lautete: Fotografieren des Volksfestes.

Von 12.00 bis 13.00 Uhr arbeitete ich vorwiegend in der Alexanderstraße. Danach fuhr ich zum traditionellen Wachaufzug Unter den Linden. Dann fotografierte ich wieder auf dem Alexanderplatz, in der Alexanderstraße und in den Rathauspassagen.

Gegen 16.00 Uhr bildeten sich Diskussionsgruppen an der Weltzeituhr. Entsprechend meinem Auftrag fotografierte ich auch dort. Gegen 17.00 Uhr löste sich eine Gruppe von jungen Leuten und demonstrierte über die Rathauspassagen zum Palast der Republik. An der Brücke Marx-Engels-Forum wurde sie durch eine Polizeikette gestoppt. Die Arbeit der Journalisten wurde in keiner Weise behindert.

Als sich der Zug gegen 18.00 Uhr über die Liebknechtstraße Richtung Alexanderplatz bewegte, begleitete ich ihn und fotografierte. Ich beabsichtigte, anschließend in Richtung Friedrichshain zu gehen, um beim Feuerwerk Bilder zu machen. An der Straßenbahnhaltestelle Mollstraße/Ecke Liebknechtstraße entstand ein Sog, der mich in der Menge zum Hofeingang Beimlerstraße/Keibelstraße schob. Dort fotografierte ich mit einem Blitzgerät über die Menschen hinweg. Neben mir arbeitete ein Kamerateam (vermutlich ein französisches) und weitere Journalisten. Seitens der Polizei gab es keine Aufforderung, die Arbeit einzustellen oder den Platz zu verlassen. Plötzlich entstand hinter mir Bewegung, ich drehte mich um und bemerkte einen Uniformierten mit Gummiknüppel. Instinktiv wandte ich mich ab und spürte gleichzeitig einen Schlag auf den Kopf und ins Bein. Ich sackte zusammen, kam aber innerhalb von

Sekunden zu mir. Ich spürte einen dröhnenden Schmerz in Kopf und Fuß. Ich wurde aufgefordert aufzustehen. Ein Polizist versuchte, mich hochzuziehen. Doch als ich den rechten Fuß aufsetzen wollte, kippte ich vor Schmerz wieder um. Wieder schrie man mich an, ich solle aufstehen. Ich sah mich hilfesuchend um und bemerkte, daß Fotoapparat, Blitzgerät und Fototasche im Gras lagen. Als ich versuchte, nach meinen Sachen zu greifen, schlug ein Uniformierter mit dem Knüppel auf das Blitzgerät. Jemand schleifte mich über den Rasen. Ich wurde wieder aufgefordert aufzustehen. Ich kam irgendwie hoch, wurde an beiden Seiten von Männern in Zivil gefaßt. Ich hüpfte auf einem Bein bis zum Hofeingang Beimlerstraße/Keibelstraße. Einer der beiden drehte mir im Hof schmerzhaft den Arm um. Ich schrie. Dann verlangte ich, daß meine Sachen nicht zurückgelassen werden. Einer der Männer drehte sich zum Tor zurück. Notgedrungen machte ich die gleiche Bewegung und sah einen Mann in Zivil mit meiner Tasche und dem Apparat. »Übernimm du die, das ist nicht mehr meine Aufgabe«, hörte ich, und ein jüngerer Mann faßte mich am rechten Arm. Obwohl ich auf meine Schmerzen und die vermutliche Verletzung hinwies, zerrten mich die beiden Männer zu einer Tür des Polizeipräsidiums. Es ging dann ca. zehn Stufen hoch zu einer eisernen Tür. Dort stand ich im Flur mit mehreren jungen Leuten. Der Fuß war inzwischen dick angeschwollen, und ich bat wiederholt um ärztliche Hilfe. Ein Polizist öffnete ein Zimmer, dort konnte ich mich setzen. Dann kamen drei Mädchen, die auch zugeführt worden waren, in den Raum. Eine von ihnen war Krankenschwester. Sie erbot sich, meinen Fuß zu schienen. Man brachte uns Besenstiele, Wischlappen und schwarze Dreieckstücher. Nach einiger Zeit teilte mir ein Polizist mit, daß die Schnelle Medizinische Hilfe informiert sei. Er nahm meine Personalien auf und gab mir meinen Personalausweis, der sich in der Fototasche befunden hatte, zurück. Auf mein Drängen nach Aushändigung der Fototasche teilte er mir mit, daß der Genosse, der diesen Fall bearbeite, sich bei mir melden würde. Die vesprochene Schnelle Medizinische Hilfe kam gegen 19.00 Uhr. Ich wurde mit einem Krankenwagen in die Chirurgie der Charité gebracht, und es wurde mir sofort eine optimale Behandlung zuteil. Am Sonntag, dem 8. Oktober, wurde das Sprunggelenk des rechten Fußes operiert. Die genaue Diagnose kann den Krankenhausunterlagen entnommen werden. Die Ärzte haben mir mitgeteilt, daß ich acht bis zwölf Wochen rechnen muß, bis ich wieder imstande sein werde zu gehen.

Bei mir hat sich niemand gemeldet. Auf Intervention meiner Redaktion wurde mir die Tasche von einem Beamten der Kriminalpolizei Berlin-Mitte am 10. Oktober in die Charité gebracht. Die beschlagnahmten Filme wurden entwickelt am 17. Oktober an die Redaktion gegeben. Anderthalb Filme wurden einbehalten.«

Das ist das zweite Dokument dieses preußischen Herbstes.

An Ninas Geburtstag höhnt die Zeitung in einem Kommentar: »Sozialismus in der DDR steht nicht zur Disposition.«

An Ninas Geburtstag ist Honeckers letzter Arbeitstag. Das wissen wir allerdings noch nicht, als wir auf dem Gang vor dem Klo sitzen.

An Ninas Geburtstag ist mein erster Probentag zu meiner letzten Inszenierung im theater im palast: *Männerbiographien in der DDR: Ich bin schwul* von Jürgen Lemke. Daß es meine letzte künstlerische Arbeit in diesem Theater nach vierzehn Jahren werden soll, ahne ich zu diesem Zeitpunkt noch nicht.

An Ninas Geburtstag wird mir klar, daß wir beide schon uralt sind, wenn es nach der Intensität unser beider Leben geht. Was für ein Weg zwischen dem verhängnisvollen Mai, als ich von Naumanns Griff nach Nina erfuhr, bis zu diesem preußischen Oktober.

Damals: War mir schon nicht klar gewesen, was es hieß, Naumann zu heiraten, so hätte ich mir nie vorstellen können, was es bedeutete, mich von ihm zu trennen. Es war eine Angelegenheit von höchstem Partei- und Staatsinteresse:

»20. Juni 83, 10.00 Uhr

Liebe Vera,

Da Konni Dich nicht erreichen konnte, soll ich Dir sagen, daß Dich Genosse Honecker um 16.00 Uhr zu einem Gespräch erwartet.

Gruß! Gudrun« (das war Naumanns Sekretärin)

Honecker saß im Staatsrat, er wies mir den Sessel vor seinem Schreibtisch an und sagte: »Auf dem Sessel, auf dem du jetzt sitzt, hat Konni damals gehockt, als er mich bat, dich heiraten zu dürfen. Naja, so ist das nun geworden. Eigentlich schade.«

Dann verlangte er, daß ich ihm die Briefe zwischen Naumann und Nina aushändigte. »Einigt euch über alles bei der Scheidung«, sagte er. »Nichts in die Öffentlichkeit. Ich erwarte von dir Parteidisziplin. Keine Erklärungen, keine Kommentare, das regeln die Genossen.«

Ich war schon fast an der Tür, da fiel ihm wohl noch etwas ein, und er fragte nach dem Theater. »Ja, die Theater müssen endlich mal ordentliche Spielpläne machen. Es sind ja gute Leute da . . .« Und dann zählte er die Namen der Intendanten auf – und es waren tote oder vertriebene Leute, die er nannte. Seine Senilität, die diesem Land unendlich geschadet hat, hatte wohl schlimmer und früher eingesetzt, als man gemeinhin annahm.

Trotz Honeckers Einverständnis mit einer Scheidung war Naumann klar, daß ihn mein Weggang schwer anschlagen würde. Er kämpfte mit allen Mitteln. Er bat, bettelte, weinte. Er drohte, machte Erpressungs- und Bestechungsversuche, schenkte mir Schmuck, zerschnitt mir die Reifen. Alles, was er gegen mich einsetzte, war massiv und total. Es gelang ihm, mich zu verunsichern. Ich bekam Angst vor seinen Racheplänen.

Honecker schickte mir die Briefe zurück. »Laß sie uns verbrennen«, sagte Naumann, »und von vorn anfangen, einen Strich machen unter dieses Kapitel.« Er hatte sich verwandelt, war wie in der ersten Zeit, da ich ihn so geliebt hatte. Auch das verunsicherte mich. War ich im Begriff, ihm Unrecht zu tun?

Da haben wir die Briefe im Kamin verbrannt.

Aber ich hatte auch von ihm gelernt. Oft hatte er mir geschildert, wie er mit belastenden Briefen oder anderen Dokumenten umging: »Ich bestelle mir den Mann und sage ihm, naja, du hast Mist gemacht, aber das soll unter uns bleiben. Ich gebe dir den Brief, das Dokument zurück, du kannst es vernichten. Na, da ist der vielleicht dankbar. Meistens zerreißt er es gleich an meinem Tisch. Aber ich habe längst eine Kopie gemacht.«

Die Quittung für meine Schwäche, die Originalbriefe zu vernichten, ließ nicht auf sich warten. Am Tag nach dem Autodafé der Briefe war Naumann Ehrenbegleiter von Gaddafi. Zu einer Betriebsbesichtigung kam auch Honecker. Naumann nutzte die Gelegenheit und sagte ihm so en passant: »Übrigens – ich habe mich mit Vera ausgesprochen, wir bleiben zusammen.«

Als er mir das erzählte, dachte ich, mir bleibt die Luft weg.

Die Jahre, die kamen, waren bitter. Er haßte mich, und er haßte das Theater. Die Schere, die zwischen Kunst und Macht klafft, schnitt durch unsere Ehe und verschlimmerte das ohnehin Böse.

Am zwanzigsten Oktober

wird die Zeitschrift *Sputnik* wieder zugelassen. Im Februar hat mich ihr Verbot beinah die Intendanz gekostet. Die Post nimmt ab sofort wieder Abonnements an, die Leute stehen Schlange.

Auf den langen Autofahrten zwischen den Krankenhäusern in Berlin, Dresden und Leipzig habe ich viel Zeit zum Nachdenken. Das Unglück meiner Familie und die Herbststimmung der Menschen fordern, daß ich erbarmungsloser mit mir umgehe als sonst, sachlicher, böser formuliere. Es sind bittere, herbe, wehtuende Erkenntnisse über den Verlauf meines Lebens, über verschenkte, vertane Möglichkeiten, verpaßte Chancen. Es geht nur, wie Brecht es formulierte, indem ich den Finger auf jeden Posten lege und frage: Wie kommt er hierher?

Auf den langen Fahrten zwischen den Krankenhäusern versuche ich mir darüber klar zu werden, was in meinem Leben Schein war. Aber es war und ist schwer, von sich über sich hinauszukommen.

Am achtundzwanzigsten Oktober

sehe ich meinen Bruder das letzte Mal. Sein Körper ist eine einzige Wunde. Die stumpfen Injektionsnadeln haben ihn zerstochen. Die Venen weigern sich, den Schlauch für den Tropf aufzunehmen. Das Blut fließt zu langsam, immer wieder kommt die Schwester und schraubt an der Flasche. Axel hat neben sich auf dem Bett das Radio stehen, er verfolgt alle Nachrichten. Elend ist er sehr, das Sprechen fällt ihm schwer. Aber er ist nicht ohne Hoffnung. Er kämpft. »Jetzt werde ich endlich schreiben können«, sagt er, »die Pfeifen in den Verlagen und Zeitungen werden uns nicht mehr hindern.« Ich lese ihm die Worte mehr von den Lippen, als daß ich sie hören kann. »Wo hast du die schönen Rosen her im Oktober?« fragt er mich, und dann will er wissen, wie es den anderen geht, wie es in Berlin ist, was ich arbeite. Seine geistige Präsenz steht in krassem Gegensatz zu seinem körperlichen Verfall. Er freut sich darauf, eines Tages im theater im palast lesen zu können. »Vielleicht können in der nächsten Auflage meines Buches alle gestrichenen, verbotenen Passagen gedruckt werden?« Ich stehe am Ende des Bettes und streichle seine Füße. Ich möchte ihm etwas von meiner Wärme, von meinem Leben geben. Seine Füße sehen noch aus wie Füße. »Es ist schön, daß du da bist«, sagt er. Ich bleibe lange und streichle seine Füße.

Am neunundzwanzigsten Oktober

ist mein Bruder gestorben. Abends.

Obgleich ich seinen Tod vorausgesehen habe, bin ich tief erschüttert. Sehr tief. Es gibt Verluste, die sind so groß, daß die Seele kein Wort und keinen Laut hat. Sie vereist.

Am dreißigsten Oktober

in aller Frühe fahre ich mit Gregor zu meiner Mutter, um ihr die schreckliche Nachricht zu bringen. Es ist der schwerste Gang meines Lebens. Ich bin heute noch nicht imstande, die Stunden bei meiner Mutter zu beschreiben.

Als mich am Nachmittag die Bestatterin in Dresden fragt: »Wollen Sie Ihren Bruder noch einmal sehen?«, habe ich nicht mehr die Kraft dazu. Seine Liebe aber weint leise und sagt: »Er sieht friedlich aus.« Sie war in seiner letzten Stunde bei ihm.

Wenn nicht Gregors Hand wäre . . .

In der Marienburgerstraße stehen keine Bäume. In dieser Straße sieht man nicht, wie sich die Natur im Oktober auf das Sterben einstellt.

In der Marienburgerstraße hängt eine einzige Fahne an der langen Häuserfront. In dieser Straße werden die Defizite der Gesellschaft genau registriert.

In der Marienburgerstraße trifft mich großer Schmerz. In dieser Straße lerne ich, mit Verlusten zu leben.

NOVEMBER

Die Tränen liefen, ich hatte kein Taschentuch. Nur sechsundzwanzig Buchstaben für mein Leben, acht Satzzeichen für mein Gefühl. Es ging mir schlecht genug. Ich konnte mir leisten, stolz zu sein.

Im Flugzeug neben mir schläft alles, ich heule. Die Maschine bohrt sich von Berlin nach New York, ächzt durch die Novembernacht nach Westen. Für vierzehn Tage laufe ich der Revolution davon in das Wunderland Amerika. Zum ersten Mal Amerika, ich soll Brecht singen, Christa Wolf und Heiner Müller rezitieren und diskutieren. Die Einladung der amerikanischen Germanisten nach Boston ist schon ein Jahr alt, nun aber kommt die Reise zur Unzeit. Ich sitze an die kalte Außenwand des Flugzeugs gedrückt, und es ist mir wie Traum im Traum.

Vor zwei Tagen, am vierten November, haben Gregor und ich auf dem Alex gestanden, ganz stumm vor Freude. Von jetzt und hier begann das, wovon wir immer geträumt haben: die gerechte, die gute, die kluge Gesellschaft.

Sätze, die dies bekräftigen, ja beschwören, dringen an unser Ohr. Es wird gelacht, es wird gepfiffen, es wird geklatscht. Marx ist tot, Lenin ist tot. Der Marxismus hatte hergehalten als Mittel der Rechtfertigung einer menschenverachtenden Politik, weg damit. Utopien von Antifaschismus, sozialer Gerechtigkeit, Freiheit eines jeden waren verjuxt, verschenkt, verschleudert. Der Rest ist Verfall. Neue zündende Slogans sind in bunten Farben auf Transparente gemalt. Aufgestauter Haß, Frust und Demütigung sind explodiert mit unerwarteter Wucht und Intensität. Und nun schlagen die Wogen der aktuellen Begeisterung für persönliche und nationale Unabhängigkeit und Größe hoch.

Es sind Sternstunden. Fast amüsiert hören wir die Pfiffe gegen Heiner Müller. In den Anmerkungen zu *Mauser* schrieb er: DAMIT ETWAS KOMMT MUSS ETWAS GEHEN DIE ERSTE GESTALT DER HOFFNUNG IST DIE FURCHT DIE ERSTE ERSCHEINUNG DES NEUEN DER SCHRECKEN.

Sicher würde es nicht nur reinigende Gewitter geben, sondern auch Schlamm, zähen stinkenden Schlamm. Aber nach vielen Stunden im grauen November auf dem Alex schlendern wir innerlich tanzend nach Hause, übermütig, hungrig und froh.

Die Euphorie verdrängt für Stunden den Tod und den Theateralltag, wie die gestrige verunglückte Hacks-Premiere. Das Leben hat, wenigstens für kurze Zeit, das Theater überholt.

In Boston bin ich brandnew aus dem Land, das plötzlich in den Zeitungen aus den kleingedruckten Notizen auf irgendeiner Seite auf die Frontpages gerückt ist. Ich komme gar nicht dazu, den Zeitunterschied zur Kenntnis zu nehmen, Einladungen und Interviews überstürzen sich. Am Donnerstag, es ist der neunte November, komme ich spät abends aus Harvard und finde eine Nachricht vom Fernsehen beim Hotelportier vor, daß mich in wenigen Minuten ein Auto abholen würde. Das Taxi liefert mich in der Fernsehanstalt ab, und eine Assistentin empfängt mich mit der Frage: »Haben Sie schon Nachrichten gehört?« Ich verneine, man eilt ins Studio, man weist mir einen Stuhl an, man bastelt mir ein Mikrofon ans Kleid, die Vorspannmusik ertönt. »The wall has fallen, is gone«, sagt der Nachrichtensprecher, »thousands of people are celebrating. President Bush said: This is a great day!« Sprach's, steht auf, setzt sich neben mich und fragt mich irgend etwas. Während ich die Meldung höre, verfluche ich meine Englischkenntnisse, die mich offenbar narren, ich kann die Nachricht nicht erfassen. Ich glotze auf den Moderator, stottere, lache, weine und denke: Warum nehmen die nicht die Kamera weg? Die Tränen laufen, ich habe kein Taschentuch.

Am nächsten Tag bin ich in Boston bekannt wie ein bunter Hund. Ich werde auf der Straße angehalten, die Leute grüßen.

Plötzlich ist die Welt wieder schön. Die Freude über die geöffnete Grenze, die Offenheit und Freundlichkeit der Amerikaner lösen den Druck, der seit Wochen auf mir lastet. Ich kann wieder lachen und schlafen. Mein Schicksal zeigt mir für Tage aufregende, überwältigende Seiten des Lebens.

Dazu gehört New York!

Nichts, was ich über diese Stadt gelesen, gehört, gesehen habe, stimmt. Alles, was geschrieben, gesagt, gemalt wurde, stimmt. Ich bin fassungslos.

Und ich habe unglaubliches Glück. Am zweiten Abend in New York singe ich in der New York University. Ein holländischer Pianist, der klassische Musik studiert hat und sich in Nachtbars seinen Unterhalt verdient, begleitet mich. Und es wird vor vollem Hause ein Erfolg. Drei Tage in New York und so ein Dusel. Wie im Rausch fliege ich nach Boston zurück.

Während ich im Hotel Marriott auf die Eröffnung des Kongresses warte, fällt mir eine *New York Times* vom 18. November 1989 in die Hand. Ich lese über die DDR und lese, sehe noch einmal hin, wirklich, da steht:

Anger Over Artists Luxuries

Meanwhile, a wave of indignation has spread here over the real and supposed privileges enjoyed by writers and artists, many of whom have luxurious dwellings, fancy Western automobils, video recorders and other luxuries that ordinary citizens can only dream about.

On Thursday for instance, Junge Welt, the youth paper, reported that Vera Oelschlegel, a prominent singer and theater director, had two apartements, one with six expensivly appointed rooms.

Die *New York Times* wiegt Zentner und zieht mich in die Tiefe. Ich lese mehrmals, um zu begreifen, was da steht. Die Diskrepanz zwischen der Welt, die mich umgibt, und der, von der ich lese, vergrößert das Traumhafte der Situation. Ich bin das erste Mal in Amerika, um aus einer der legendären Zeitungen der Welt zu erfahren, daß ich nun vermutlich eine Wohnung los bin, auf die ich seit Jahren warte.

Nur sechsundzwanzig Buchstaben für mein Leben, acht Satzzeichen für mein Gefühl. Es ging mir schlecht genug. Ich konnte mir leisten, stolz zu sein.

Was weiß denn so ein dämlicher amerikanischer Journalist über den »Luxus« in der DDR? In dem perfekten Amerika hat man so selbstverständlich einen Videorecorder wie in der DDR einen Eimer, man hat ein fancy automobil und in der DDR einen Stinker, man faxt die Nachrichten durch, und in der DDR ist es ein Privileg, ein Telefon zu haben.

Ich bin für sie ein Star aus Eastberlin, und es ist unglaubhaft, daß ich in einer Einzimmerbehausung lebe, in der die Autos auf sechs Fahrbahnen tags über meinen Tisch, nachts über mein Bett fahren. Sie schauen irritiert, wenn ich versuche, den Slogan von »der Lösung der Wohnungsfrage als soziales Problem« zu erläutern und die Menschenintensivhaltungsarchitektur damit zu erklären. Kasernierungsmentalität und Gleichmacherei kann man Amerikanern mit einem ausgeprägten Sinn für Individualismus nicht verdeutlichen. Ich bin von einem anderen Stern. Dort wohne ich in einem Container zur Menschenaufbewahrung, einem Postmietbehälter für Singles.

Als ich mit einer Handvoll Quarters Gregor anrufe, sagt er: »Ich weiß gar nicht, ob es nicht besser ist, du bleibst da. Hier ist Pogromstimmung.«

Später erfahre ich den Weg der Nachricht. Im Palast auf einer Parteiversammlung hatte eine Stadt-Abgeordnete der SED mit Empörung mein »luxuriöses« Leben unter dem Gejohle der Genossen angeprangert. Die *BZ am Abend* druckte alles, was die Genossin zusammengereimt hatte, ungeprüft, und die Nachricht nahm ihren Lauf durch die *Bild-Zeitung,* über die Münchner *Abendzeitung* – da war es schon eine Villa mit Marmorbad geworden – bis zur *New York Times,* und wer weiß, was die Leser in Japan über mich erfuhren.

Der Pessimist sagt: »Es ist so schlimm, schlimmer kann es nicht werden.« Der Optimist entgegnet: »Doch, es kann!«

Zweimal in meinem Leben habe ich Häuser gebaut, unzählige Male Haus und Wohnung umgebaut, aber jetzt hatte ich kein Zuhause. Ein festes Dach, vielleicht sogar aus Schilf, blieb mein Traum.

Ich mochte das zweite Haus, das Naumann gebaut hatte – es hatte solch ein Dach. Es war warm und gemütlich. In einer großen Küche konnte ich die Töpfe vom Herd auf den Tisch stellen, im Brunnen vor der Tür die Kartoffeln waschen, und vom Ufer hörte man die Frösche quaken. Für friedliche Seelen wäre das ein friedliches Haus gewesen.

Wo die Wanzen waren, wußte ich nicht, aber rund um das Haus wurde das Gelände mit Kameras bewacht. Im Wachhaus, das genauso groß wie die Datscha selbst war, saß ein »Genosse« in Jägeruniform und guckte auf die Mattscheibe, ob Klassenfeind oder Wildschwein sich näherten. Wenn ich mich nackt sonnte, hatte er etwas Unterhaltung.

Naumann erinnerte sich wieder, daß er eigentlich Förster werden wollte. Wo die Bauwagen gestanden hatten, wurden Bäume gepflanzt. Damit das Wild nicht an die Rinde ging, wurden im Winter Futterraufen aufgestellt. Im trockenen Sommer bekamen die Bäume Wasser. Für die Singvögel gab es Nistkästen und Futterhäuschen.

An einem Wochenende fuhr ich auf die Datscha. Konni hatte mir eine Überraschung vorausgesagt. Ich war skeptisch. Die abscheulichen Garagen waren früher einmal eine »Überraschung« gewesen, ein metallener Schlagbaum eine andere.

Diesmal wurde es ein Schock: Der Feldweg, der zum Anwesen geführt hatte, war zu einer Straße aus Bitumen geworden. Eine Pioniereinheit der Armee hatte das Ding in wenigen Tagen hingeschüttet.

Ich lief Amok und erntete nur Hohn. »Eine Grüne, eine Umwelttante, aber bequem fahren willste auch ...« Heulend fuhr ich davon. Ich verstand nicht, wie Konni, der jeden Baum einzeln hegte, so etwas anweisen konnte.

Auf dem See wurde eine Grenze aus gelben Bojen gezogen, die durften die Segler nicht überfahren. Ihre Beschwerden und Eingaben wurden ignoriert. Dabei segelte Konni selbst, schlecht, aber immerhin. Es machte mir keinen Spaß, mit ihm zu fahren.

An einem windigen Frühlingstag mußte ich wieder mit. Zehn Minuten später kippte das Boot. Das Wasser war kalt, aber ich bin eine gute Schwimmerin. Doch die Hose, verdammt nochmal die Hose. Das Wasser lief oben rein, aber unten nicht wieder raus. Plötzlich war ich wie in einem Sack voller Steine. Meine Bewegungen verlangsamten sich – Verzweiflung – ich sank und sank – und plötzlich hatte ich Grund. Mitten im See stand ich, wenn auch auf Zehenspitzen. Ich stand, ich hatte Boden unter den Füßen. Ich war noch nicht dran.

Irgendwo kamen wir ans Ufer. Wir liefen ins nächste Dorf.

Es war Wochenende und Mittagszeit. Konni ging ins erstbeste Haus, wies den Hausherren an, seinen Trabi aus der Scheune zu holen und uns zur Datscha zu fahren. Der Mann tat das, als sei es das Selbstverständlichste von der Welt. Konni hatte etwas, das ihn zum Kommandieren befähigte.

Er zog auch gern seine Generalsuniform an, wenn er zum Schießen oder zu einer Übung in den Bunker ging, dann war er mir ganz fremd. Ich haßte ihn in seiner Generalsuniform mit Streifen an den Hosen und widersetzte mich, wenn ich mit auf den Schießplatz sollte. Alle Angestellten in Wandlitz waren militärisch organisiert. Sogar die Haushälterinnen mußten zum Schießen.

Naumann malte mir oft aus, wie es sein würde, wenn die Truppen des Vereinten Oberkommandos durch Berlin rollten. Wenn es noch für einen Tag Zucker und für zwei Mehl gab. Wenn Kinder und Zivilisten evakuiert würden. Mich beruhigte er: »Du kommst natürlich in den Bunker. Da hast du allen Komfort, auch im Falle eines Atomschlags.« Es war einer der großen Ehekräche, als ich ihm sagte: »Wenn es soweit kommen sollte, öffne ich eine Flasche Sekt und saufe sie mit einer Prise Arsen. In den Bunker geh ich nicht.« Da sagte er: »Du taugst mit deinen schlechten Augen sowieso nichts. Du siehst nichts, hast Ohren wie ein Luchs und eine feine Nase – dich werden wir im nächsten Krieg als Hund einsetzen.«

Naumanns Sprüche waren berühmt und berüchtigt. Er amüsierte und schüchterte ein. So: »Leiten heißt, zwischen sich und die Arbeit möglichst viele Leute schieben.«

Bei einer Fete hatte ihm ein anderer Funktionär in betrunkenem Zustand gesagt: »Sei doch froh, daß du uns hast. Ich mache fast die ganze Arbeit, die du machen müßtest. Du bist hochgestiegen und bist der Scharfrichter.« Das hatte ihm Naumann nie verziehen. Bei jeder Gelegenheit drohte er seinem Leitungsstab:

»Ich bin der Scharfrichter, vergeßt das nicht, ihr werdet das alle noch zu spüren bekommen.«

Einmal beschimpfte er Mielke am Telefon: »Du primitiver Kläffer, du dummes Schwein, du weißt ja überhaupt nicht, was los ist. Du hast nur Informanten, und das sind genau solche Arschlöcher wie du.«

Mitglied des Politbüros des Zentralkomitees der SED; Erster Sekretär der Bezirksleitung der SED Berlin; geboren am 25. November 1928; seit 1945 Mitglied der Partei; von Beruf Diplomlehrer für Marxismus-Leninismus; Arbeiter; leitende Funktionen in der FDJ und in der Partei; 1963 Kandidat und seit 1966 Mitglied des ZK der SED; Abgeordneter der Volkskammer der DDR – so stand es 1981 in einer Kurzbiographie. Später wurde er dann noch Mitglied des Staatsrates.

Intellektuelle beschrieben ihn als kleinbürgerlich und größenwahnsinnig, schnoddrig in seiner rhetorischen Brillanz, praktizistisch und demagogisch.

Margot Honecker sagte einmal über ihn: »Ein sehr fähiger Mann mit einem sehr schlechten Charakter.«

Naumann war mit vielen Entscheidungen und Methoden im Politbüro nicht einverstanden. Dort wurde nicht mehr diskutiert oder erwogen, es wurde verabredet. Er hat Politbüro-Beschlüsse vervielfältigen und im Sekretariat der Bezirksleitung umlaufen lassen und sich dann laut und offen gegen Form und Inhalt dieser Papiere geäußert. Seine Einschätzungen waren näher an der Realität als die des Politbüros, die man im *Neuen Deutschland* (ND) serviert bekam. Zunehmend hatte er in öffentlichen Reden seine Unzufriedenheit ausgedrückt: »Wenn ihr wissen wollt, wie es wirklich ist, dürft ihr nicht das ND lesen, ihr müßt auf das hören, was ich sage.«

Als er das Angebot bekam, vor der Akademie für Gesellschaftswissenschaften zu sprechen, warnten ihn Freunde vor einer Falle. Doch er schlug die Ratschläge in den Wind und nahm die Einladung von Professor Reinhold an. In seinem Vortrag in der Akademie entwickelte er ein Neun-Punkte-Programm, das im wesentlichen Kritiken und Diskussionsmaterial enthielt. Das ist mitgeschnitten und mitstenographiert worden und über den Ideologen Hager mit einem Brief von Reinhold an Honecker gegangen. Dieser bestellte Naumann, zeigte ihm die Mitschrift und fragte, ob er das gesagt habe. Naumann bejahte. Darauf forderte Honecker ihn auf, eine mündliche und schriftliche Stellungnahme innerhalb von sechsunddreißig Stunden abzugeben.

Naumann schrieb: Was er getan habe, entspräche zwar nicht der Parteinorm und Parteidisziplin, er stünde aber dazu. Er habe eine freche und nicht genehmigte Rede gehalten, habe das aber aus Sorge getan und bäte, ihn trotzdem als treuen Genossen, der im Prinzip nie an der Partei gezweifelt habe, anzusehen.

Honecker bestellte ihn wieder und empfahl, die Stellungnahme umzuschreiben oder zu sagen, er sei betrunken gewesen. Naumann lehnte ab. Am nächsten Tag wurde er aus dem Politbüro und dem Zentralkomitee ausgeschlossen.

Im November des Jahres 1985, als das passierte, war ich mit dem Theater zu einem Gastspiel in Bulgarien. Zu Hause hatte ich kaum meine Koffer abgestellt, als Konni mich in diese Angelegenheit einweihte. Im Arbeitszimmer eröffnete er mir: »Ich werde vermutlich morgen aus dem Politbüro ausgeschlossen.« Da reagierte ich ganz spontan und sagte: »Da kannst du endlich wieder Mensch werden.«

Als er am nächsten Tag aus der bewußten Sitzung kam, zog er sich den Bademantel an, drehte im Badezimmer alle Wasserhähne auf und stellte das Radio an.

Auch in Wandlitz waren die Häuser verwanzt. Als wir einmal einen Ehekrach hatten, kam Mielke am nächsten Tag auf mich zu: »Warum willste denn nicht auf die Parteischule? Biste dir zu fein?« Genau darum war es in unserem Streit gegangen.

Konni zog mich neben sich auf den Fußboden, nahm sein kleines Notizbuch und las mir unter Wasserrauschen und Radiogeräuschen vor, was jeder gesagt hatte. Er hatte sich Solidarisierung versprochen, da ja doch alle um die Probleme wissen konnten. Keiner aber sprach für ihn oder die Problemstellung. Keiner hatte an ihm ein gutes Haar gelassen.

Ich tröstete ihn und sagte: »Da wirst du eben Förster. Vielleicht ist es eine Chance.« Es war schon immer sein heimlicher Wunsch.

Am nächsten Tag ist Konni zu Hause geblieben.

Statt seiner ging Honecker in die Bezirksleitung. Er unterbreitete dem Leitungsstab den Sachverhalt und verlangte Stellungnahmen. Der erste sagte: »Wir sind keine Naumann-Partei, wir sind die SED.« Honecker war sichtlich erleichtert, und dann mußte jeder ein solches Statement abgeben. Das Ritual wurde der Rangordnung nach abgearbeitet.

Dann ging Honecker ans Rednerpult: »Naumann ist aus dem Politbüro ausgeschlossen worden. Ich kann mir den Vorwurf nicht ersparen, die jahrelangen Hinweise ignoriert zu haben. Diese betrafen seine moralische Integrität, seine Machtsucht, sein parteischädigendes Auftreten. Ich war von seinem Kampfwillen, seiner Massenverbundenheit, seinen Führungsqualitäten geblendet.«

Jetzt kam es, was die Spatzen in Berlin längst von den Dächern pfiffen: Naumann säuft.

Volltrunken hatte er bei der Eröffnung eines Nationalitätenrestaurants der Chefin in Gegenwart aller besoffenen Sekretäre und ihres Mannes den Schlüpfer zerrissen und gefummelt.

Er hat vor der Universität Frau S. in den Volvo gezerrt, und die Sekretäre haben eine Stunde draußen gefroren. Er hat mit der Tochter, er hat mit der Freundin der Tochter, er hat . . .

Sex-Story eines Mannes, der den Ideen Gorbatschows verpflichtet war? Nein – Naumann war kein konzeptioneller Politiker und nicht einmal ein Wüstling. Er hatte einfach jede Selbsteinschätzung verloren. Er hatte die Krankheit: Macht. Ihm ging es nicht um Partei oder Volk, ihm ging es, wie anderen, um die Befriedigung seines Machtwillens. Von engen Mitarbeitern wurde er so beschrieben: »Er war ehrgeizig, machthungrig, skrupellos, er wollte Generalsekretär werden.«

Sein Vertrauensbruch mit Honecker passierte, als dieser Krenz zum Thronprinzen auserkor; Naumann erhielt den Trostpreis: Er wurde Mitglied des Staatsrates.

Aus einer solchen Höhe fällt man tief und hart. Die Genossen waren nicht fein. Raus, hieß es, aus allen inneren Kreisen, so schnell wie möglich – raus. In Karlshorst wurde ihm ein Haus zugewiesen, es war scheußlich und viel zu groß. Naumann versuchte zu retten, was zu retten war.

Nach der bösen Politbüro-Sitzung hatte er in aller Ruhe Radio und Fernseher im Büro eingepackt. Er wollte die Datscha behalten, Fahrer und Bewacher sollten dort arbeiten. Doch da machten die Genossen nicht mit, und zu guter letzt mußte er sogar nachweisen, daß er seinen Lada-Niva selbst bezahlt hatte.

Ich war geflohen, lebte bei Freunden. Naumann blieb krampfhaft in Wandlitz. Das Haus war schon ausgeräumt. Er harrte aus. Als ich kam, saß er auf dem Mülleimer, hatte ein Besteck, einen Teller und eine Plastiktasse. Kühlschrank und Speisekammer waren leer. Das Telefon klingelte nicht mehr.

Alle Ausweise wurden ihm abgenommen. Er bekam eine Arbeit zugewiesen im Staatlichen Zentralarchiv in Potsdam. Dort waren schon andere mißliebige höhere Genossen, zum Beispiel Schirdewan, gelandet.

Im Unglück verläßt man einen Menschen nicht. Ich nahm mir vor, alles zu tun, damit er wieder Boden unter die Füße bekam. Er war weltfremd geworden. Hilflos stand er in der Kaufhalle und wußte nicht wie ihm geschah.

Er war einmal der große Boß. Ich erinnere mich, wie die Fürsten der Hauptstädte einander die Ehre gaben: Berliner Kulturtage in Warschau. Bei solchen Tagen setzten sich ganze Sonderzüge, Sonderflugzeuge und Lastwagen in Bewegung. Alles brachte man mit – die Köche und die Mannequins, die Künstler und die werktätigen Arbeiter, den Arzt und das Bier. Am Eröffnungstag fand eine große Estrade statt: rituelle Ansprachen und eine »Kulturmaßnahme« mit zweisprachiger Ansage und Freundschaftsbekundungen. Dann wurden die Künstler abgespeist. Pro forma folgten sie der Einladung irgendeines hohen Genossen, der natürlich selbst nicht anwesend war, sondern durch einen Subalternen Grüße überbringen ließ.

Dieses Mal bekam ich eine schriftliche Einladung:

»Im Namen des Kandidaten des Politbüros der SED und des Ersten Sekretärs der Bezirksleitung der SED Berlin, des Oberbürgermeisters der Hauptstadt der DDR, Berlin, des Ersten Sekretärs des Wojewodschaftskomitees Warschau und des Präsidenten der Stadt Warschau erlaube ich mir, Sie herzlichst einzuladen zu einem Abendessen im Restaurant ›Adria‹.«

Das »Adria« war groß und bunt, teuer und geschmacklos. Ich wurde zwischen dem Ersten Sekretär von Warschau, Joseph K., und Naumann plaziert. Frau K. saß verstört an der Seite.

Die Suppe wurde serviert. Das Ritual der Trinksprüche begann. Man erhob sich von den Plätzen und stieß auf die unverbrüchliche Völkerfreundschaft, den Sozialismus, den Frieden, die sowjetischen Genossen unter Führung der ruhmreichen KPdSU an.

Dann wurde Fisch serviert. Plötzlich wurde das Licht zurückgeschraubt, und ein Stripteaseprogramm begann. Ich huste eine Gräte auf die Gabel. K. kniffte Naumann stolz in die Seite: »Na, habt ihr das auch in Berlin?« Und dann schickte er reitende Boten aus, die in ganz Warschau die Nutten zusammenfegen mußten, damit die Vorführung Nonstop weiterlaufen konnte.

Am nächsten Tag sollten staatsmännische Themen zwischen den beiden Ersten Sekretären behandelt werden. Es war ein milder Herbst. Große schwarze Autos, begleitet von Miliz, die die Straßen freiräumte, fuhren in den bunten Wald. Angekommen, zog K. eine Plastiktüte aus der Tasche und ging in die Pilze. Inzwischen war ein luxuriöses Picknick aufgebaut worden. Die anderen begnügten sich damit, sich zu vergnügen und stärkten die deutsch-polnische Freundschaft mit Trinkerfestspielen. Wie hieß es in den Toasten? Die »große Sache« oder »unsere gemeinsame Sache«. Sie blieb ganz und gar auf der Strecke.

Jetzt, nach dem tiefen, dem donnernden Fall, suchte ich das Gespräch mit Konni. Vielleicht konnte ihn der Abstand, die Entfernung von dem Bazillus ›Macht‹ heilen. Vielleicht würde er wieder Mensch werden.

Aber er wollte nicht. Er beurteilte nicht Situationen oder Haltungen, er verurteilte – andere. Er suchte den Schuldigen für seine Misere. Er war zerstörter und gestörter, als ich angenommen hatte. Er spielte sein Machtspiel weiter, und in Ermangelung von Apparaten mußten Haushälterin, Fahrer – und Frau herhalten. Zudem flüchtete er aus der Welt mit Unmengen verschiedener Tabletten, alle Farben und Größen. Stunden konnte er sich damit beschäftigen, die Tabletten zu portionieren und in Döschen zu verteilen. Wenn ich ausnahmsweise schon mal am späten Nachmittag nach Hause kam, lag er im Bett, sah fern und sprach mit schwerer Zunge. Das Privileg, daß die Ärzte zu machen hatten, was die Genossen wünschten, hatte er sich erhalten. Medikamente kamen in Plastiksäckchen ins Haus, seine Vorräte reichten für Jahre.

Aber so paradox es erschien, es fiel mir schwer zu sehen, wie er sich neben mir zerstörte. Das geschah nicht nur durch Tablettenabusus, sondern auch durch seinen totalen Rückzug von allem. Er tat nichts. Er fuhr früh »zur Arbeit«, mittags war er schon wieder zu Hause. Dann ließ er die Haushälterin Inventur machen. Dann schrieb er an den Oberbürgermeister, daß er einen Änderungsschneider brauche, da er so abgenommen habe. Dann schrieb er mir:

»Wenn es für Dich, neben angenehmen Seiten, die es in Deinem Leben immer gab, unerträglich ist, ›von mir gefragt‹ zu werden, so mußt Du das mir mal prinzipiell sagen + nicht nur dünnhäutig + äußerst gelenkig mit protzendem Vokabular ›schnell‹ bei der Hand sein. Ich habe keine Illusionen, daß erst mit ›mir‹ Dein reiches Leben begann oder beginnt, glaube aber, daß es nicht nur Dir zusteht, mich im Umgang mit Anstand zu belehren ... An sonnigen Tagen mit mir nett sein, lieb sein, aufeinander eingehen – das kann wohl jeder – aber vielleicht liegt alles an mir, daß Du von mir enttäuscht bist (Alkohol, im Bett nicht für Dich geeignet).«

Er schrieb die Briefe mit Durchschlägen, die er an andere weitergab. Er schickte mir an unsere gemeinsame Adresse die Briefe mit der Post. Er legte mir aufs Bett Gratulationen zum Internationalen Frauentag und zum 1. Mai. Jede Nacht, wenn ich nach Hause kam, fand ich verwirrte Briefe und Zettel vor, Maßregelungen: Du hast auf der Toilette das Licht brennen lassen! – Liebesbeschwörungen, Beleidigungen, Kränkungen in einer beklemmenden Grammatik, in einer irrsinnigen Orthographie und in einer beängstigenden Syntax geschrieben. Ich legte die neuen auf den Stapel alter Briefe, zog die Uhren auf, kochte und kümmerte mich um den Haushalt.

Er schrieb jeden zweiten Tag einen »letzten Brief«. Einmal fand ich auf meinem Nachtisch zwei Fotos: Naumann mit einer Pistole in der ausgestreckten Hand und ein Bild von Nina mit Widmung.

Als der Psychoterror seinen Höhepunkt erreichte, als er mir eine Scheidungsklage in meinem Namen vorschrieb, als er Heiratsannoncen aufgab, als er als wichtigstes Privileg Fahrer und Dienstauto bezeichnete, beschloß ich, ihn endgültig zu verlassen.

Gregor Gysi, der gegen mich als Intendantin Mandanten vertreten hatte, vertrat mich im Scheidungsprozeß. Ihm verdanke ich viel Heiterkeit in dieser so unerfreulichen Angelegenheit. Als wir den kleinen intimen Gerichtssaal verließen – die »Genossen« hatten dafür gesorgt, daß keine Öffentlichkeit entstehen konnte – beschrieb Gysi, wie Naumann ihn angeguckt hatte: »Mir war es unheimlich, ich kam mir vor wie ein Häftling im KZ, wenn ihn der Aufseher anguckt.«

Das Gericht hatte aber nicht nur die Scheidung ausgesprochen; es war dem Wunsche Naumanns gefolgt und hatte mich mit der Räumung des Neun-Zimmer-Hauses beauflagt.

Besorgt, daß im westlichen Medienwald ein Skandal entstehen könnte, empfahlen mir die Genossen und alle anderen Staatsdiener, schnell auszuziehen. Sie alle versprachen, mir zu helfen, bald wieder eine Wohnung zu finden. Ich zog aus und in einen Postmietbehälter für Singles ein. Meine Habe – Bücher, Möbel, Bett, Klavier und Kleider – verteilte ich auf verschiedene Lager.

Natürlich half mir keiner. Auch meine Versuche, ein Haus zu kaufen, schlugen fehl. Zwei Jahre vergeblichen Hoffens. Da bekam ich die erste und einzige staatliche Zuweisung. Die Lage war herrlich – Müggelsee –, der bauliche Zustand der Wohnung erbärmlich. Er entsprach ganz und gar dem allgemeinen katastrophalen Bauzustand in der DDR. Der lange Marsch durch die DDR-spezifische Handwerkerproblematik begann.

Und während ich in der Marienburgerstraße bei Gregor aus Koffern und Pappkartons lebte, malten wir uns aus, wie ich Bücher, Möbel, Bett, Klavier und Kleider eines Tages holen würde, wie wir dann wohnen, richtig wohnen und arbeiten würden.

Die Tränen liefen, ich hatte kein Taschentuch. Nur sechsundzwanzig Buchstaben für mein Leben, acht Satzzeichen für mein Gefühl. Es ging mir schlecht genug. Ich konnte mir leisten, stolz zu sein.

Dem freundlichen amerikanischen Germanisten, mit dem ich verabredet bin, verschlägt es fast die Sprache, daß man bei der Lektüre der *New York Times* weinen kann. Es ist ja auch nicht zu erklären. In dieser luxuriösen Umgebung, in diesem funktionierenden Land schon gar nicht. Vielleicht träume ich alles nur. Es ist zu absurd.

Nachts in meinem »Paradiesbett« des Marriothotels, unter mir liegt das leuchtende, flimmernde Boston, frage ich mich, nein, frage ich mich nicht, ob ich in Amerika bleiben solle. In dem chaotischen Berlin warten drei Menschen, die ich liebe, wartet »mein« Theater.

»Your lifejacket is under your seat«, leuchtet es auf. So eine Überlebensweste kann ich wohl brauchen. Im Flugzeug neben mir schläft Hermann Kant. Die Maschine wühlt sich über den Atlantik von New York nach Berlin, nach Osten. Hermann schläft erschöpft, zerschlagen. Er war für nur drei Tage nach Boston gekommen, seine Funktionen hatten ihn in Berlin festgehalten. Die Germanisten haben ihn mit bohrenden Fragen eingedeckt, er ist eben nicht nur ein Schriftsteller, er ist ein Funktionär. Der Wunsch, Schuld zu personifizieren, ist bei Germanisten wie allen anderen groß.

»Hermann Kant and Glasnost« hat eine Vorlesung geheißen,

und am Abend fragten mich die Diskutanten: »Hat er viele auf dem Gewissen?« – »Wer?« – »Na, *der*.« Der schläft. Die Kinnlade ist ihm heruntergefallen, der Kopf pendelt. Ich kann nicht schlafen, es denkt in mir. Traum im Traume.

Nur sechsundzwanzig Buchstaben für mein Leben, acht Satzzeichen für mein Gefühl. Es geht mir schlecht.

Im Flugzeug kann ich die Uhr schon wieder auf die gewohnte mitteleuropäische Zeit stellen. Was heißt gewohnte Zeit? Nichts von dem, was wir gewohnt sind im »real existierenden Sozialismus«, funktioniert noch. Aber das Chaos hat ungeheure Chancen. Der Traum: Noch einmal anfangen. Mit dem Wissen von heute, der Erfahrung, dem Können.

Aber ohne Dach über dem Kopf?

Es wird kalt in meinen Gedanken. Unter uns taucht Frankfurt am Main auf. Es ist noch dunkel, und die erleuchtete Stadt am frühen Morgen glitzert. Mir fällt ein Witz ein: »Wenn in der DDR alle Wanzen leuchten würden, sähe es aus wie Las Vegas.« Es ist noch eine gute Stunde bis Berlin.

Gregor holt mich ab, in der Hand eine gelbe Rose, wie von García Márquez. Endlich gibt es für ihn keine Grenze mehr. Ein Trauma ist überstanden. Hermann steht verlegen neben unserer großen Wiedersehensfreude.

Der postgelbe, rostende, treue Wartburg ist gebührensparend geparkt. Hermann klemmt sich mit seinem Koffer auf den Rücksitz, und ich glotze früh um sieben in den Novemberregen, als gäbe es etwas zu sehen. Und ob es etwas gibt: Das Loch in der Mauer auf dem Potsdamer Platz! Vor wenigen Tagen verlief hier noch der Todesstreifen. Es ist ein trostloser Ort. Alte Frauen mit Einkaufstaschen, Uniformierte, Trümmer der Mauer, die Straße ungepflastert. Da sagt Hermann: »So sah es aus, als ich aus der Kriegsgefangenschaft nach Hause kam.«

Aus Amerika zurück zu Hause: Es ist der 21. November, der Tag, an dem Heinrich Kleist am Wannsee Selbstmord begangen hatte, »weil ihm auf Erden nicht mehr zu helfen war«.

Aus Amerika zurück zu Hause: Da habe ich für einen Moment auf der Straße Angst, daß mich jemand schlagen will. Aber der Mann will mir nur Schuhe verkaufen.

Aus Amerika zurück zu Hause: Da entschuldigt sich der Journalist, der die Meldung über mein »luxuriöses« Leben in die Zeitung gebracht hatte, in einer öffentlichen Versammlung im Theater – »für den Mißbrauch der ungeübten Pressefreiheit«. Da erhalte ich die anwaltschaftliche Bestätigung, daß keine Ungesetzlichkeit vorliegt.

Aus Amerika zurück zu Hause: Da muß ich in einer Sitzung beim Direktor des Palastes erfahren, »daß die Rekonstruktionsarbeiten in Vorbereitung des XII. Parteitages des SED planmäßig laufen.«

Aus Amerika zurück zu Hause: Da schreibt mir der Regisseur und Schauspieler E.: »Halten Sie durch! Ich leihe Ihnen meine kleine Stimme.

Das TiP kann sich in den Strukturen des Palastes nicht erneuern. Schaffen Sie ein neues geistiges Zentrum.

Das TiP gehört nicht der SED! Schluß mit der ideologischen Verwurstung.

Das Theater ist überparteilich.«

Als ich endlich wieder zu Hause bin, ist der Tod schon da:

Der Regisseur Bernd Peschke ist tödlich verunglückt. Eine Woche, nachdem die Mauer gefallen war, hat er Gregor angerufen: »Ich komme wieder. Jetzt können wir arbeiten.«

Er kam nicht.

J'accuse!

Vor mir liegen die Kopien von elf Briefen, die ich mit der Bitte um Hilfe für Peschke geschrieben habe, an den Kulturminister, den Theaterverband, die Zeitschrift *Theater der Zeit*, das Berliner Ensemble ... Keiner hat geantwortet oder geholfen. Aus Scham lasse ich die Namen der Adressaten weg. Auch das war bleierne Zeit. Auch das war DDR.

Jetzt geht nichts mehr – denke ich.

Die Tränen liefen, ich hatte kein Taschentuch. Nur sechsundzwanzig Buchstaben für mein Leben, acht Satzzeichen für mein Gefühl.

Im November geht es mir schlecht. Ich habe nicht einmal mehr die Kraft, stolz zu sein.

DEZEMBER

»Das, was wir von uns selber wissen und im Gedächtnis haben, ist für das Glück unseres Lebens nicht so entscheidend, wie man glaubt. Eines Tages stürzt das, was andere von uns wissen (oder zu wissen meinen) über uns her – und jetzt erkennen wir, daß es das Mächtigere ist. Man wird mit seinem schlechten Gewissen leichter fertig, als mit seinem schlechten Rufe . . .«

Alpträume, Trugbilder, Beschimpfungen, flüsternd, krächzend, hohl kommen aus Wand und Decke, zum Fenster hinein und durchs Schlüsselloch. Auch dieser Aphorismus von Nietzsche ist unter den Wortfetzen, die mich treffen. Beim Aufwachen am Morgen, vernebelt durch Schlaftabletten, denke ich, hier unten bleibe ich. Aber dann trinke ich meinen Notkaffee, nehme Textbuch und Erledigungsmäppchen und gehe ins Theater.

Die Situation ist gespannt. Die Leitung des Palastes arbeitet fieberhaft an einem Überlebenskonzept. »Kommerziell« lautet das Zauberwort. Aber statt die Stasi-Leute oder den Wasserkopf Verwaltung zu entlassen, erlassen der Direktor und seine treue Leitung eine neue »Ordnung über Stellung, Leitung und Aufgaben des Palastes«. Ein bürokratisches Dokument, getragen von dem Wunsch, schnell sein Mäntelchen in den neuen Wind zu hängen. Der Direktor zeigt noch Freudsche Fehlleistungen, wenn er von den »bitteren und schweren Tagen im Oktober und November« spricht, gleichzeitig lernt er neue Worte wie Joint-venture, kostendeckend, Know-how.

Aber immer noch sind es die alten Kader, die die neuen Verhältnisse prägen wollen. Und sie tun es, so schlecht sie können. Nur die Farben werden vertauscht. »Bäumchen verwechseln«, hieß ein Kinderspiel. Der Palast hat viele Türen, er ist wie ein Fuchsbau mit vielen Ausgängen. Vergessen die hohe politische Aufgabe, die »Rekonstruktionsarbeiten in Vorbereitung des XII. Parteitages des SED planmäßig abzusichern«, vergessen . . .

Fieberhaft wird weggeräumt, verbuddelt, liquidiert. Verordnungen werden annulliert. Ein Datenspeicher, von dessen Existenz bis dato niemand wußte, wird aufgelöst. Die alten Abteilungen bekommen neue Namen. Der Versuch, der das ganze Jahr und länger angedauert hat, gegen das Theater vorzugehen, soll nun von Erfolg gekrönt werden:

In der neuen Ordnung gibt es kein Theater mehr! Kein Theater kommt nicht vor, kein Theater wird nicht erwähnt, auf dem Papier existiert es schon nicht mehr.

Dieses Amtspapier trägt die Unterschrift von Modrow. Die alten Genossen haben den Polit-Streß genutzt, um eine Unterschrift unter eine scheinbar harmlose Neuordnung zu bekommen.

Ein probates Verfahen. Das Fortbestehen des Theaters, vor allem seiner künstlerischen Konzeption, liegt damit im Ermessen der Genossen der Palastleitung, mit denen ich ja einschlägige Erfahrungen habe.

Ich will nichts mehr sehen und hören, ich kann kein Glied mehr rühren, keinen Schritt weitergehen. Meine Beherrschtheit und meine Kraft sind angeschlagen. Wie weiter?

Natürlich arbeite ich wie immer auf den Proben, organisiere, intendiere, ich kämpfe gegen den Stumpfsinn einer dummen Kommerzialisierung, aber ich bin müde. Ich sehe mich außerstande, in einem »Warenhaus für Kultur« die Abteilung Theater zu leiten.

Durch das amtliche Dokument bin ich als Intendantin ein Papiertiger geworden. Einige halten den Augenblick für gekommen, um an mir Rache zu nehmen: für meine Biographie, für meine Dominanz im Theater.

Es wird erzählt, die Weigel habe einmal gesagt, daß Tyrannei im Theater die einzige Form der Demokratie sei, die sie billige.

Daran denke ich, wenn wieder einmal abgestimmt wird. Ich bin der festen Überzeugung, daß man als Intendantin einen starken künstlerischen Willen haben und das Theater nach außen und innen verteidigen muß. »Durchsetzungsbegabt« – so hatte mich jemand beschimpft. Man wirft mir vor, für das Theater Vorteile eingeheimst zu haben. Das stimmt in der Tat. Für das Theater habe ich mich um Probenbühnen, Lager, Arbeitsräume gerauft, bei Theatertechnik für Ton, Beleuchtung und Bühne hemmungslos zugegriffen. Was waren schon anderthalb Millionen im Jahr für ein hauptstädtisches Theater! DDR-Geld. Anderes bekamen wir nie. Wenige nur im Theater begreifen die Gefahr, in der die Arbeit von Jahren plötzlich schwebt. André P. und Dieter Rumstig sind wohl die einzigen, die verstehen, worum es wirklich geht: Jetzt das Theater eigenständig zu machen, abzukoppeln von der kunstfeindlichen Instanz Palast, eine selbständige künstlerische und juristische Person zu werden.

Davor aber schrecken auch im Theater nicht wenige zurück. In dem Moment, wo die Tür vom Käfig langsam aufgeht, beharren mehr, als ich gedacht hätte, auf dem warmen Stallmief des Zentralismus. Er bietet ihnen bekannte Sicherheiten. Statt endlich das Theater zu machen, von dem man immer geträumt hat, überhäuft man mich mit Schuldzuweisungen: »Du hast in Wandlitz gewohnt!«, zerreißt sich gegenseitig, alte Rechnungen werden beglichen und Untersuchungskommissionen gegründet. Alle bezeichnen sich als revolutionär, nur wenige arbeiten. Die tatsächliche Freiheit im Theater wird dadurch begrenzter denn je.

Da setze ich mich hin und schreibe:

Sehr geehrter Herr Direktor,
ich kündige meinen Vertrag als Intendantin des theaters im palast. Ich sehe in der jetzigen Konstellation keine Möglichkeit mehr, eine konstruktive und künstlerische Arbeit zu leisten.
Hochachtungsvoll

Der Raum um mich gerät in Bewegung, Wände biegen sich, der Fußboden wölbt sich, die Türen klappen.

Dann ist mir etwas zittrig, aber leichter.

Man muß dort stehen, wo die Zerstörung nicht als Abschluß, sondern als Vorgriff aufzufassen ist. Ich brauche Abstand, ich muß mich selbst wiederfinden. Alles, was ich getan habe, war für das Theater. Ich habe nichts für mich gemacht, ich gehe mit leeren Händen als erste in die Arbeitslosigkeit ...

Wieder das bekannte Phänomen, die Katastrophe nicht begreifen zu können. Ab und zu krampft es nur in mir, das ist wohl das schmerzliche Ablösen eines großen Stücks meines Lebens, das dieses Theater für mich bedeutete. Immerhin gehörte meine Intendantenzeit zu den längsten in Berlin.

»Man muß Verluste ertragen können«, sage ich mir. Aber dann merke ich, wie ich mir vormache, ich habe es geschafft, wie ich mir einrede: Ich habe bewiesen, daß ich es aushalten konnte. – Plötzlich bin ich nur Schwäche und Selbstbetrug. Es ist zuviel. Nina liegt mit Gipsbein zu Hause, Mutti geht auf Krücken.

Ich stehe noch, auch wenn ich beim Stehen innerlich vor Schreck auf dem Hintern sitze.

Die Angst vor einer Zeit ohne Theater!

Und alles bereitet sich auf Weihnachten vor. Alle genießen die offenen Grenzen und planen mit ihren 100.– DM »Begrüßungsgeld« große Weihnachtseinkäufe.

Viele Jahre hatte ich im Dezember immer Premiere, so auch

bei meiner ersten Inszenierung, Dürrenmatts *Meteor*. In diesem Stück will ein Dichter sterben, sich und sein Werk aus der Welt nehmen. Aber während er zum Leben verurteilt ist, geht alles um ihn herum zugrunde. Während der Proben zu diesem Stück starb alles um mich: Mein Vater, der Vater unseres Tonregisseurs, zwei Schauspielerkollegen, Dieter Franke und Herwart Grosse. Grosse war Schauspieler am Deutschen Theater und hatte seine letzte Vorstellung bei uns als Bouton in *Die Verschwörung der Heuchler* gespielt. Das war ein wunderbares Stück über Molière von Michail Bulgakow, das Thomas Langhoff phantastisch auf unser Theater zugeschnitten hatte.

Am Nachmittag wollte ich Grosse ins Krankenhaus eine Plastik von Fritz Cremer bringen, die die Ehrenmitgliedschaft des theaters im palast symbolisierte. Am Vormittag rief mich seine Frau Anne auf der Probe an: »Kommen Sie nicht, es ist etwas dazwischengekommen.« Herwart Grosse war tot. Als ich am späten Nachmittag zu ihr kam, saß sie vorm Fenster – reglos. Ich setzte mich still in die Ecke. Nach einer langen Zeit begann sie zu erzählen.

Am nächsten Tag begriff ich schlagartig den riesigen Verlust, ich kippte von meinem Schreibtischstuhl und lag heulend auf dem Fußboden meines Büros. Meine Sekretärin Ingrid K. sammelte mich auf: »Mutter«, sagte sie bei solchen Gelegenheiten, »wollen wir uns nicht ein bißchen zusammenreißen?«

Zur Premiere kam Dürrenmatt. Er war direkt vom Flugzeug ins Theater gekommen. Irgendwie hatte er noch nicht mitgekriegt, daß er in Ostberlin war, denn er forderte uns ständig auf, zum Frühstück zu Kempinski nach Westberlin zu kommen. Das war damals eine absurde Vorstellung.

Die Schauspieler spielten um ihr Leben und waren gut wie nie. Dürrenmatt sagte lauter kluge Sachen: »Diese Inszenierung unterscheidet sich von den übrigen dadurch, daß sie Aussagen bietet, statt Schicksale darzustellen ... Ich bin gegen rhetorisches Theater, ich bin für denkendes Theater, das auf der Bühne auch das Denken zeigt. Das Mitdenken der Schauspieler und denkendes Theater habe ich im tip erlebt.

Die heutige Welt ist ein Schmierentheater, in dem vorwiegend schlechte Stücke gespielt werden. Das können wir uns auf die Dauer nicht mehr leisten.«

Theater ist der Versuch, Leben zu multiplizieren. Das geht für mich jetzt, das ist für mich jetzt zu Ende. In absehbarer Zeit. Was soll ich denn da machen? Ich kann ja gar nichts anderes? Ich komme mir wie der letzte Dreck vor. Mein workaholic Verhältnis zum Theater hinderte mich, angemessen zu reagieren. Wie die Faustin in dem Roman der Gebrüder Goncourt geriet mir alles zum Theater. Ich denke oft an die letzte Szene dieses Buches:

»Die Faustin saß am Fußende des Bettes und weinte. Der Arzt murmelte zwischen den Zähnen: ›Ja, der Tod setzt ein! Sehen Sie, Madame, das seltsame Spiel des Lachmuskels und des großen Jochbeins . . . bereiten Sie sich darauf vor, Zeuge einer ‚sardonischen Agonie' zu werden.‹

Die Mitternacht rückte für die Faustin am Sterbebette heran. Sie blieb von Furcht gebannt auf derselben Stelle sitzen, die Hände vors Gesicht geschlagen. Nach langer Zeit wagte sie, zwischen den Fingern hindurchzusehen, dann ein zweites Mal und noch einmal, plötzlich von wilder Neugier gefaßt. Sie sah sich außerstande, ihre Augen von diesem Gesicht in seinem seltsamen Todeskampf abzuwenden . . .

Der Anblick ließ die Schauspielerin in der Frau hervortreten. Die Faustin wurde unmerklich gleichsam zum Rollenstudium eines wirkungsvollen Todeskampfes für Theaterzwecke verleitet, immer wieder überprüfte sie sich im Spiegel.

Ganz ihrer schauspielerischen Arbeit hingegeben, vernahm sie vom Bett her rasendes Klingeln. Sie wandte den Kopf und begegnete dem Blick des Sterbenden.

Die beiden Diener betraten das Zimmer.

›Turn out that woman!‹ – Schafft dieses Weib fort! sagte der junge Lord mit einer unversöhnlichen Stimme. Die Faustin preßte ihren Mund auf die Hand des Geliebten. Er stieß sie brutal zurück mit den Worten: ›Eine Schauspielerin . . . weiter nichts . . .‹

Und er kehrte sein Gesicht zur Wand, um zu sterben, rief aber noch einmal über die Schulter hinweg: ›Turn out that woman!‹«

Der Tod ist in diesem Jahr mein Geselle. Gregor und ich fahren durch einen düsteren Dezembertag. Im Fond des Autos rascheln die Blumen für das Grab meines Bruders.

Es regnet auf dem Leipziger Südfriedhof, als die Friedhofsangestellte mit der Urne meines Bruders vor uns herläuft. Um es feierlich erscheinen zu lassen, hat sie eine goldbestickte schmuddlige Samtschärpe über das Gefäß gelegt. Von den Fransen tropft der Regen auf ihre Schuhe. Ich kann nicht fassen, daß dieser schwarze Topf etwas mit meinem Bruder zu tun hat. Und doch, als die Urne in ein kleines Loch gepackt wird, als wir unsere Blumen hinlegen, begreife ich durch diese Erbärmlichkeit, daß Axel nicht mehr da ist, nie mehr da sein wird.

Wie in Absence mache ich meine Arbeit. Auf den Proben zu *Männerbiographien in der DDR: Ich bin schwul* muß ich mich mit der Problematik der Homosexuellen auseinandersetzen. Ihre Ängste, ihr Auftrumpfen, die ständige Verteidigungsbereitschaft gegen eine aggressive Umwelt sind mir ganz nah. Die getretene Kreatur gleicht der getretenen Kreatur. Aus Leuten verschiedener sexueller Interessen schmieden wir in der Arbeit ein künstlerisches Team, dessen Offenheit, Kreativität und Arbeitswut mit Lust auf einen Theatererfolg zusteuert.

Weihnachten ist in diesem Jahr ein besonders unpassendes Fest. Wie baut man einer Flut von Tränen vor? – Action und gutes Essen – traditionell Gans mit Rotkohl und Thüringer Klößen. Wir sind nach Leipzig zu meiner Mutter gefahren und haben den Arzt, der sie so gut operiert hat, zum Essen eingeladen. Er ist Junggeselle, und ich erhoffe mir in einem Chirurgen einen guten Trancheur für die Weihnachtsgans.

Dr. N. müht sich verzweifelt mit den stumpfen Messern des Haushalts und räsoniert über seine Dezembererlebnisse. Er ist zum ersten Mal in seinem Leben in West-Berlin, ja überhaupt »im Westen« gewesen: »Daß der Zug überfüllt war, war ja klar. Alles rammelte nach Berlin. Also ich – bis Bahnhof Zoo gefahren, das war das einzige, was ich kannte, und dann den Ku-Damm rauf und runter, rauf und runter. Da bin ich auch in die feinen Banken reingemacht, ich wollte doch meine hundert Mark Begrüßungsgeld holen. Na, die haben mich abfahren lassen. Schließlich habe ich auf einer Post in einer Seitenstraße das Geld gekriegt. Da hab ich mir zwei Kilo Bananen eingesackt und bin sehr bequem stehend mit der Reichsbahn wieder nach Leipzig gefahren. Dort wartete auch schon eine Operation auf mich, einer hatte sich eine Trabanttür ins Knie gerammelt. Für eine solche Operation bekomme ich für die Stunde zwanzig Mark, abzüglich 20% Steuern, da kann ich mir im Delikat zwei Büchsen Himbeerkompott für 18,50 kaufen, wenn ich zwei fuffzig drauflege. Vorausgesetzt es gibt Himbeerkompott. Für eine Stunde Arbeit am Sonntag kann ich eine Flasche Salatfix im gleichen Laden erwerben. Aber ich sage gar nischt. Als ich hörte, die SED heißt jetzt PDS, war ich begeistert. PDS heißt ein völlig resorbierbares Nahtmaterial, das wir verwenden. Das hat mich aufgerichtet.«

Während wir Gänsebraten und grüne Klöße in uns hineinstopfen, lachen wir über die bitter-komischen Geschichten Dr. N.s Tränen. Er ist ein exzellenter und anerkannter Unfallchirurg, der, wie die Goldmarie, aus Stroh Gold spinnen mußte. »Bei ihrer Mutter hatte ich, Gottseidank, noch Material. Eener kann noch kommen mit so nem Bruch, dann isses eben alle«, sagt er. »Was machen Sie dann«, frage ich. »Da wenden wir eben Opas Dampfmaschinen-Methode an, die sin ooch nisch schlecht, dauert eben länger.« Sein sächsischer Humor hat ihn nicht verlassen. Uns hat er über das Weihnachtstief hinweggeschwatzt.

Das Jahr, es geht zu Ende, es ist schon wieder Silvester. Es war kein Jahr, es war eine Epoche, die da zu Ende geht. Aufregender würde das Jahr 2000 auch nicht werden. Wir fliehen aus Berlin mit seinem dicken Sande und aberwitzigen Leuten. Die Grenzen sind offen. Gregor und ich fahren nach Wien. Wir müssen greifen, was die neue Freiheit bringt. Wir müssen raus, weg von den Verlusten. Ich habe das Gefühl zu ersticken. Meine Freundin M. nimmt uns auf, und mit feinem jüdischen Takt versucht sie, die Lasten ein wenig vergessen zu machen. »Also, schau, Du wirsts nicht glauben, aber ich hab Karten für Euch, für das Wiener Neujahrskonzert der Philharmoniker. Weißt, ich kenn doch den Dings, und mit dem hatt ich doch mal . . .«

Da schauen wir nicht schlecht. Schärfer hätte wohl ein Kontrast nicht sein können. Wir sitzen, Gregor im Smoking und ich im feinen Schwarzen im Großen Saal des Musikvereins. Es ist kaum auszumachen, ob die Kronleuchter oder die Brillanten des internationalen Auditoriums so hell strahlen. Zubin Mehta dirigiert.

Hm-ta-ta, hm-ta-ta, hm-ta-ta, der Walzertakt schwemmt uns durch den Saal. Wien bleibt eben Wien.

Jessesmariaundjosef. Wie sagen sie doch: »Die Lage ist hoffnungslos aber nicht ernst, bitte, gnä Frau.« Hm-ta-ta! Ach, du lieber Augustin, alles ist hin. Ich tanze im Sitzen. In Gedanken drehe ich durch einen riesigen Saal, selbstvergessen, schneller, am schnellsten. Gregor hält mich fest. Geschichten aus dem Wiener Wald.

Hm-ta-ta!

Ein Spruch meiner Großmutter: Wenn ein Mann sagt, er

liebt dich und hat kleine Pupillen, glaube ihm nicht. Gregor hat große Pupillen, ganz große. Seine Liebe hat mich festgehalten, hat mir geholfen zu stehen und zu überstehen.

Hm-ta-ta.

Ich hätte sonst nur noch eine Alternative gehabt: mein Leben, der letzte Preis, der letzte Wert.

Hm-ta-ta! Donau so blau, so blau, so blau . . .

Ein Mensch ist so schnell ausgelöscht. Eher Unwert. Ein Nichts. Kein Stäubchen, kein Steinchen. Unser Leben war in diesem Jahr ein Liebesschwur gegen das Leid.

Die Kraft, zwei zu sein, ließ mich nicht resignieren.

Hm-ta-ta! Tralalla, links rum, rechts rum. Donauauau . . .

Gregor, wenn ich Dich nicht gehabt hätte, Du sanfter, starker Langstreckenläufer, allein hätte ich die Last nicht tragen können. Kein Gramm hätte ich von diesen Zentnern geschleppt. Nur Aussichtslosigkeit? Wohin sollte ichs schreien? Hätte ichs ver-spielen, ver- singen können . . . Deine Verzweiflung, Diene Depression, Deine Wut – das gab mir den Mut zu mir selbst zurück, tätterätätä, ratata, meine Feigheit zu überwinden. Weil Du mich liebtest, weil Du es wolltest, Hm-ta-ta! habe ich das Elend angeschaut. Lalala . . .

Man lernt einen Menschen und seinen Zustand ganz anders kennen, wenn Gefahr um Hab und Gut, Leben und Tod, für uns und unsere Liebsten, in der Luft liegt . . . la-lalala-la-la!

Solange sich uns die Wahrheiten nicht mit Messern ins Fleisch schneiden . . . Hm-ta-ta!

. . . scheinen sie uns noch beliebig zu sein, als ob wir von ihnen erwachen könnten! Du, mein Kluger, an Dir entdecke ich alles, was ich an mir so liebe.

Hm-ta-ta! Lalala! Hm-ta-ta! Lalala!

Ach, in unserem Bewußtsein war die Gewohnheit nach einfachen und eindeutigen Entscheidungen zu tief verwurzelt. Juwihassasa . . . Ich liebe Dich, Du liebst mich . . . Hm-ta-ta, lalala!

Aber vielleicht werde ich mich in der Zerrissenheit finden, vielleicht birgt das Chaos eine Chance.

Vielleicht sagt unser Leben mehr über Diktatur und das Totalitäre aus, ach, Wiener Blut, als die Wissenschaft, gar die politische.

Hm-ta-ta, hm-ta-ta ... Wiener Blut, eigner Saft, voller Glut, Wiener Blut.

Komm, schauen wir uns an und tanzen. Das neue Jahr blickt so leer. Alle Feigheit ringsum, alles Versagen, und auch die dumpfe Wut, die in uns allen steckt. Tanz!

Hm-ta-ta?

Das ist doch der Radetzky-, ja der Radetzkymarsch, und nun singe ich mit: »Wenn der Hund mit Wurst übern Eckstein springt, und der Storch in der Luft den Frosch verschlingt.« Die einen drehen sich empört, die anderen belustigt zu uns um. »Was singst du da«, fragt Gregor, und ich singe die nächste Variation: »Wenn der Storch mit dem Eckstein über die Wurst wegspringt, und der Hund in dem Frosch die Luft verschlingt ...«

»Das, was wir von uns selber wissen und im Gedächtnis haben, ist für das Glück unseres Lebens nicht so entscheidend, wie man glaubt. Eines Tages stürzt das, was andere von uns wissen (oder zu wissen meinen) über uns her – und jetzt erkennen wir, daß es das Mächtigere ist. Man wird mit seinem schlechten Gewissen leichter fertig, als mit seinem schlechten Rufe ...«

»Bittä, das geht nicht«, wendet sich lächelnd ein soignierter Herr zu mir. Der Kameramann richtete das Objektiv auf mich, und ich singe, leiser, die zweite Variation: »Wenn die Wurst mit dem Frosch über die Luft wegspringt, und der Eckstein mit dem Storch den Hund verschlingt ...«

Aber was geschieht jetzt? Einer der befrackten Pinguine macht sich auf der Bühne an einer Art alter Kanone zu schaffen? »Wenn der Frosch mit dem Hund über die Luft wegspringt und die Wurst mit dem Hund den Eckstein schlingt . . .«

Mehta tanzt den Radetzkymarsch mehr, denn er ihn dirigiert. Wie spät? Noch Zeit bis zum nächsten Jahr: »Wer sich nach Silvester noch liebt, der bleibt zusammen das ganze Jahr, das kommt«, sagt man. Natürlich wäre es mir am liebsten, es hieße: der bleibt immer zusammen. Aber so heißt es nicht. Also müssen die Liebenden hoffen von Silvester zu Silvester zu Silvester, und mit der Angst vor dem Verlust bezahlen sie die Liebe, die bleibt.

Und nun aus vollem Halse: »Wenn der Gregor mit der Vera über die DDR wegspringt, und die Vera voller Lust Gregorn verschlingt . . .«

Jetzt, nach dem letzten Takt, schießt die Kanone. Wir sitzen unter einem Konfettiregen und lachen und applaudieren und lachen, daß uns die Tränen herablaufen, und ich versuche, Gregor an seine Worte vom letzten Silvester zu erinnern. Das Dakapo des Radetzkymarsches donnert durch den Wiener Musikverein, da lachen wir immer noch und versuchen, die bunten Papierschnipsel zu fangen, und ich denke: Mein Gott, wieso kann ich denn so lachen? Eine Schauspielerin . . . weiter nichts . . .

Turn out that woman!

NACHWEISE

Der Text auf S. 172 ist dem Roman von Stefan Schütz *Medusa* © 1986 by Rowohlt Verlag GmbH, Reinbek, entnommen.
Das Gedicht DAILY NEWS NACH BRECHT 1989 von Heiner Müller – abgedruckt S. 238 – ist dem Buch von Heiner Müller *Kopien 2* © 1989 by Rotbuch Verlag, Berlin, entnommen.
Verlag und Autorin danken den beiden Verlagen für ihre freundliche Abdruckgenehmigung.

ABBILDUNGSVERZEICHNIS

(Die Seitenverweise beziehen sich auf den Abbildungsteil)

Bitte beachten Sie auch
die folgenden Seiten

Günther Dietel

REISEFÜHRER FÜR LITERATURFREUNDE

Brandenburg · Mecklenburg · Sachsen
Sachsen-Anhalt · Thüringen

224 Seiten, 16 Seiten Abbildungen, gebunden

Von Hiddensee bis Ilmenau – Schauplätze der Literatur in der ehemaligen DDR. Günther Dietel stellt 226 Ziele vor, berichtet über Leben und Werk der Dichter und Schriftsteller. Auf literarischen Spuren durch die fünf neuen Länder – dafür gibt es jetzt einen kompetenten Reiseführer.